甘肃省高等学校人文社会科学重点研究基地
西北少数民族宗教研究中心研究成果

མདོ་སྨད་ཁྲི་ཀའི་ས་སྐྱེ་ཡུལ་ལྷར་དཔྱད་པ།

安多藏区的
文昌神信仰研究

看本加　著

民族出版社

图书在版编目（CIP）数据

安多藏区的文昌神信仰研究/看本加著．—北京：民族出版社，2014.12

ISBN 978-7-105-13692-6

Ⅰ.①安… Ⅱ.①看… Ⅲ.①道教—神—信仰—研究—安多 Ⅳ.①B958

中国版本图书馆CIP数据核字（2015）第009585号

安多藏区的文昌神信仰研究

著　　者：看本加
策划编辑：张义军
责任编辑：张义军
出版发行：民族出版社
地　　址：北京市东城区和平里北街14号
邮　　编：100013
网　　址：http://www.mzpub.com
印　　刷：北京彩云龙印刷有限公司
经　　销：各地新华书店
版　　次：2014年12月第1版
开　　本：880毫米×1230毫米　1/16
字　　数：228千字
印　　张：8.25
定　　价：30.00元
ISBN 978-7-105-13692-6/B·660（汉239）

投稿热线：010-58130111　1092781806@qq.com；**发行部电话**：64211734

目　录

导　论

一、研究课题的界定

首先，谈谈撰写本书的缘起与背景。本书所论述的文昌信仰与我的生活环境有着密切的联系。我的家乡在安多藏区的赤噶（贵德），这里既有浓郁的藏传佛教文化，也有被称为“天下黄河贵德清”的自然美景。其中文昌信仰便是一道与众不同的文化景观。我从小便生活在藏传佛教和文昌信仰并存的文化氛围中，因此也经常到文昌庙拜祭，在我的记忆中文昌文化一直印象深刻。2002 年，自从涉足民族学、人类学之后，我开始以所学的一点人类学知识，不断关注自己家乡的地方性知识及藏族文化，曾准备做一些民族志方面的田野调查，积累经验。当时，我首先想到的就是文昌神，认为这是一个非常好的主题。但因各种原因，没有具体付诸实践。只是注意在平日的工作和学习中收集一些资料。每次回老家拜谒文昌庙时，虽然非常留意一些宗教仪式和信众的言行举止，但没有进行真正的观察。2006 年秋，我有幸进入民族学行列攻读博士学位，文昌信仰再次出现在我的视野。在与导师的一次偶然谈话中，提到了文昌神。导师认为此主题非常好，值得去做。当时我还有点犹豫，没有一口答应，只是想着再考虑一下。在随后的暑假里，我做了一次尝试性的调查，并再次与导师进行探讨，最后在导师的指导和鼓励下，我毅然选择了将文昌信仰作为自己研究的选题。

文昌神，亦称为文昌帝君，是道教神灵，在汉族地区被广泛信仰和崇拜。文昌神最早是梓潼人（今四川省梓潼县一带），姓张，名亚子，大约出生于西晋时代。他通晓诗书，谙熟医术，常为百姓治病，扶危济困，深受当地老百姓爱戴。在他去世后，乡民建祠堂庙宇，祭祀崇拜，视他为梓潼地方之神。后来在道教的推崇下，与古老的中原星宿神——文昌星神重合。到元朝延祐三年，元仁宗正式封梓潼帝君张亚子为“辅元开化文昌司禄宏仁帝君”，到此，梓潼神与文昌神完全重合，文昌帝君张亚子开始走出巴蜀，进入中原。元明清以降，历代朝廷都提倡天下学宫建文昌宫、祭祀文昌，以示重视文化教育。据学者王兴平考察，全国文昌宫最多时为 600 多座，现有 400 多座，仅台湾就有 41 座。文昌神随之被纳入道教信仰体系之中，逐渐成为道教神系中一尊重要的神灵。在道教中，文昌神是主管人间禄籍之神，成为众多文人士子的崇奉对象，也得到老百姓的广泛信仰。

文昌神，在安多藏区称为“阿尼尤拉”（ཨ་མྱེས་ཡུལ་ལྷ）。“阿尼”意为“爷爷”或“祖父”，一般是对老年人的尊称。“尤拉”意为“地方保护神”。文昌神的这个藏语称谓，表达了其中蕴含的两层文化含义。其一，从“尤拉”即地方神这一称谓中发现，当地藏族民众视文昌神为地方保护神，把他纳入地方保护神灵体系之中；其二，称文昌神为“阿尼”，这一称谓体现出当地藏族民众非常尊敬、崇拜他，视其为祖先。

关于此神如何传播到安多藏区的历史，民间有许多传说和故事。根据历史文献记载和实地调查表明，明代青海贵德已建有文昌庙，这表明从明代开始当地已有了文昌神信仰。其主要是明朝在安多藏区实施移民政策、安多藏区多民族杂居的社会文化环境及汉藏文化间的长期交流等的影响下传播到贵德地区的。贵德成为文昌信仰在安多藏区传播最早的地带。然后以贵德为中心，逐渐辐射到周边的化隆、热贡等地区，形成了一条黄河上游地区的文昌信仰文化带。目前，在青海省海南藏族自治州的贵德、共和、贵南、同德、兴海县；黄南藏族自治州的同仁县、尖扎县；海东地区的化隆县、湟中县；海北州的部分地区；甘肃省甘南藏族自治州夏河县的部分村落等地区都信仰文昌神，建有四十余座文昌庙，文昌成为安多藏区之部分区域的地方保护神。

本书对上述文昌信仰分布的区域进行了田野调查，探讨在安多藏区藏传佛教文化的大背景下，文昌信仰的传播途径，道教文化和藏传佛教文化互动、整合的独特文化现象，以及宗教所折射出的汉藏民族关系，是全面展现道教文化在安多藏区传播、变迁、涵化的全景式文化志。

二、本研究的理论和现实意义

（一）理论意义

文昌信仰作为一种宗教文化现象，是在一定的历史条件和特殊的地理环境下产生的，是道教文化与藏传佛教文化整合的结果。本研究以文昌信仰为主题，运用人类学的文化传播、文化多元主义、文化整合、文化涵化、文化冲突等理论，以个案研究支持理论研究的思路；用民族志田野调查与文献研究相结合的方法，全面分析安多藏区的文昌文化，发挥宗教在促进社会和谐方面的积极作用，论证和谐的宗教关系带来和谐的民族关系，阐释和完善费孝通先生提出的“中华民族多元一体格局”及“和而不同”的理论，探讨中华民族宗教文化的“多元一体”和多元性，以及文化的“各美其美、美人之美、美美与共、天下大同”的内涵等具有一定的意义。

本研究所涉及的安多藏区之海南、黄南等地区，是多民族聚居、多元宗教文化共存的民族文化走廊，是人类学田野调查的理想之地。其中，藏区文昌信仰文化是这方面的一个典型个案。深入研究文昌信仰文化，运用多种学科的理论与方法，从微观视角进行调查研究，探讨区域文化的多样性与特殊性，对不断拓宽藏学研究的视野，提升藏学研究的理论与方法，具有一定的借鉴意义和学术价值。

本书以文昌信仰为主线，大量运用藏文文献及口述资料，并以人类学实地调查方法为主，探讨道教文化与藏传佛教文化互动、整合的过程，是第一次全面系统地研究安多藏区的文昌信仰文化传播、变迁、涵化的全景式文化志。

（二）现实意义

在历史上，道教文化与藏传佛教文化曾有过一定的互动和交流，但对此的研究成果较少。本书所涉及的道教神灵文昌神及其文化，通过在安多藏区的传播和发展，形成了比较独特的藏传佛教与道教文化整合的模式，这也是佛教与道教文化交流的一个例证。这对于中国传统的两大宗教文化——佛教与道教文化的进一步交流，对中国各民族文化间的相互交流、求同存异，具有重要的借鉴意义。

汉族和藏族，历来是“你离不开我，我离不开你；你中有我，我中有你”的亲缘关系，汉藏民族共同信奉道教神灵不仅说明了汉族和藏族的亲缘关系，而且改变了当地的宗教信仰，对当地藏族民众的意识形态和日常生活产生了很大影响，形成了佛道并存的多元宗教文化格局。多元文化是构建和谐民族关系的重要基础。在当今世界，民族问题已成为影响国内政治乃至国际政治的重要因素，一个多民族国家中具有不同文化的民族如何和睦相处，是一个世界性的难题。因此说，本研究对解决一个多民族国家中不同民族文化如何和睦相处、和谐发展，具有可供参考的经验意义。

贵德是安多藏区文昌信仰的发源地，这里文昌庙宇众多，文昌文化底蕴深厚。其中，赤噶尤拉颇章已有三四百年的历史，被列入青海省级文物保护单位，贵德县政府将其作为贵德县境内的四大旅游景点之一进行开发。贵德地区每年举办的六月会，是以文昌跳神为主的宗教性节日，随着时代的变迁，六月会已成为集跳神、娱乐、物资交流三位一体的大型盛会，是目前海南地区规模最大的物资交流大会，在安多藏区也久负盛名。这些事实表明，有效保护文昌庙宇及其文化，合理开发文昌文化的旅游资源，对于贵德地区的旅游经济发展和非物质文化遗产的保护具有重要的现实意义。此外，热贡六月会是安多藏区最大的宗教节日，其中也有文昌跳神仪式，现已成为青海省的宗教文化旅游品牌，在国内外有一定的知名度，这些文化因素对于热贡地区进一步开发宗教文化旅游资源，发展旅游经济具有积极的推动作用。

三、文献综述与研究概况

本书是首次全面系统地研究安多藏区的文昌信仰，因此，在前期梳理文献的过程中，笔者不仅认识到了本研究的学术价值和现实意义，同时也为文献资料的匮乏而困惑。但是，非常有限的资料和浓郁的文昌信仰文化氛围，以及时隐时现的信仰印迹，使我看到了本研究的学术和创新之价值所在。现将相关文献资料综述如下。

（一）文献综述

1. 藏文文献

关于文昌信仰方面的文献，按其内容可分为历史文献、藏传佛教典籍、民间口述资料三种。

（1）历史文献

藏族历史文献内容丰富、浩如烟海，在整个藏族文化中占很大的比重。在部分历史文献中有对文昌神及其相关内容的记载。藏族著名学者智贡巴·贡去乎丹巴绕布杰的《安多政教史》说黄河下游赤噶（即贵德）等一章中记载：“古城朝南，右尕绒沟……沟口赤噶尤拉颇章（即贵德文昌宫），此后山似宝座，而得赤噶之名。”[①] 这段话说明，“赤噶”这一地方名与尤拉颇章密切相关，并且当时已建有赤噶尤拉颇章，这对于了解赤噶尤拉颇章的建造年代颇有帮助。

---

① 智贡巴·贡去乎丹巴绕布杰：《安多政教史》，296页，兰州，甘肃民族出版社，1982。由笔者藏译汉。

青海省海南州佛教协会、中国藏语系高级佛学院藏传佛教研究室编写的《海南州寺院简介》一书中，对赤噶尤拉颇章有篇幅较长的介绍。现将其重点部分摘录如下：第二世赛赤嘉纳巴的文集记载，黑文殊菩萨的化身地方神之王文昌老爷。怙主第五世达赖喇嘛阿旺洛桑嘉措撰写的《祭拜赤噶尤拉右旋海螺之声》载，慈悲观音菩萨之恩惠，应显众多化身之业力，应化教服众生之天王，撰写祭拜尤拉之妙音。角绒夏珠加措撰写的祈愿文中提到，以萨迦班智达贡噶坚参之命撰写祈愿文。在一汉文资料中写道，此庙始建于元初（约 1179 年），当初有三间小殿，之后逐渐扩建，于明朝（1368 年）竣工。并讲述了几则文昌灵验的民间故事，描述了庙内的主要神像等。对赤噶尤拉颇章做了比较详细的介绍。

（2）藏传佛教典籍

关于文昌信仰的大部分藏文资料，主要集中在藏传佛教典籍（包括历代藏族高僧的文集等）中，内容以祈愿文和酬补经为主。

祈愿文方面有：五世达赖喇嘛阿旺洛桑嘉措撰写的《酬补祈供上神尤拉法》①；在塔尔寺第四世寺主活佛阿嘉洛桑·加央嘉措的文集中，有《祭祀、会供瑜伽厉神赤噶尤拉法·圆满时之祥云》《祷祀佑护佛法众战神之王厉神尤拉·圆满时之祥云》两篇祈愿文②；拉卜楞寺寺主第二世嘉木样晋美旺布在其文集中，撰有两篇祈愿文③；隆务寺高僧堪钦格敦嘉措撰写的《大神

① 民间手抄本。

② 四世阿嘉洛桑·加央嘉措：《四世阿嘉洛桑·加央嘉措文集》，塔尔寺木刻版，西南民族大学藏学文献中心藏。

③ 二世嘉木样晋美旺布：《二世嘉木样晋美旺布文集》，拉卜楞寺木刻版，西北民族大学图书馆藏。

赤噶尤拉现观忏悔、礼赞、敦请仪轨·如意至宝》；夏琼寺高僧色康巴洛桑丹增嘉措的《大神尤拉祭祀文》；夏琼寺高僧哈萨纳·丹巴坚参撰写的《大神尤拉酬补祈请法·任运成就》《依大神尤拉成就催敌梭·闪电之剑》；塔尔寺高僧赛赤洛桑·丹贝尼玛的《赤噶尤拉祭祀文》①；索南本编著的《祭祀颂词集》② 中有四篇署名不清的祈愿文；当代藏族著名学者多识活佛的文集中，有一篇赞颂赤噶的格律诗，其中提到了文昌神。除上述外，在民间还有许多短小精悍、朗朗上口的祈愿文。这些祈愿文不只是祈愿得到文昌神的佑护而赞颂他，其中有文昌神的来源、身世、坐骑、穿着、所在方位、职能等，蕴含了许多文化信息。这些祈愿文对于研究文昌神提供了非常丰富的资料和线索。

酬补经方面：酬补经是在举行一种酬谢恩泽以娱神佛，弥补祭祀亏缺以消罪过的宗教仪式时所念的经文。笔者在实地调查时，在化隆夏琼寺、海南贵南县文昌庙、共和幸福滩寺、笔者家乡的宁玛派僧人处，收集了一些酬补经。经文未署名，其具体创作时间也不是很清楚。但详细记载有举行文昌法事、宗教仪轨时所需的法器、供物、供品及其置放特点，朵玛的制作方式，仪轨的功能等，为进一步研究和分析文昌神的仪式提供了第一手资料。

此外，在塔尔寺第四世阿嘉洛桑·加央嘉措活佛的文集中有一篇《文昌帝君阴骘文》。文章的末尾提到，此文译自蒙古文。《文昌帝君阴骘文》又叫《文昌帝君丹桂籍》，简称《阴骘文》。阴骘文是以文昌帝君之名，扶鸾降笔而作的一篇劝说世人行善积德的劝善文，大约写成于元代。《阴骘文》强调传文阴

① 以上祈愿文为民间手抄本。

② 索南本编著：《祭祀颂词集》，北京，民族出版社，2003。

功，积阴德，即暗中施德于人，暗中作出有德行的事。《阴骘文》在我国民间广为流传，后来又被译成朝鲜文、日文、法文，说明在亚洲及欧洲等一些国家也有传播。笔者在收集资料和田野调查时，还未发现有关这方面的记载，也未曾听说有人提起这篇文章。这是首次发现藏文典籍中有藏译的《文昌帝君阴骘文》。

（3）民间口述资料

在人类学研究领域，除了应用相关的历史文献外，田野调查时所收集的民间口述资料，是非常重要的第一手原始资料，这对于所研究的课题是至关重要的。本研究因历史文献资料相对较少，所以民间口述资料的价值显得尤为重要。

笔者在做前期调查时发现，在民间有许多关于文昌神的口述资料，一是文昌神如何传播到安多藏区、如何显灵、如何护佑某位藏传佛教大师等方面的传说和故事；二是民间编纂的祈愿文；三是未公开刊印的酬补经等口述资料。限于篇幅，这些内容不再一一详述。

2. 汉文文献

关于道教神灵文昌帝君在汉地的传播、发展及其文化现象，在汉文的历史文献、宗教典籍中多有记载，相关的学术论文也发表了不少。据《中华文昌文化》[①] 一书初步统计，自 1931 年起至 2003 年止，已出版了文昌文化专著 19 部，在国内外各种报刊上发表的有关文昌文化的论文 279 篇。本书因以安多藏区的文昌信仰为重点，在此对汉地文昌文化研究的文献资料不详加赘述了。

① 王兴平等编：《中华文昌文化——国际文昌学术研究论文集·序》，成都，四川出版集团，2004。

民国时期姚钧编纂的《贵德县志稿》[①] 记载：文昌庙在城西十二里古城边墙外，依山傍岭，河流萦绕，汉番信仰，士民供奉，每逢塑望，香烟甚盛，有事祈祷，灵应显著，久为汉番祈福捍患之所。同治六年毁于回乱。光绪初年官绅汉番重建，其规模随不复旧，而金碧辉煌为一邑福神第一。

西北民族大学才让教授写的《藏传佛教信仰与民俗》[②] 一书中，有一段以文昌帝君命题的比较长的介绍性文字。该文比较详细地介绍了文昌神在安多藏区的地理分布、文昌神的由来和生平、贵德文昌庙的历史、化隆卡夏德文昌庙的历史、文昌灵应的故事及其文昌的职能等。这是有关安多藏区文昌神最详细的介绍、研究性文字，可信度很强，对进一步研究提供了不可多得的资料和线索。刘夏蓓的《安多藏区族际关系与区域文化研究》[③] 中，提到黄南热贡地区六月会期间，不仅祭祀藏传佛教神灵，而且也要祭祀道教神灵文昌帝君和二郎神。秦永章的《甘青宁地区多民族格局形成史研究》[④] 一书，介绍了文昌帝君的相关情况，其资料来源于才让的《藏传佛教信仰与民俗》一书，无其他内容。

刘海燕的《翰墨英风——文昌帝君与关圣帝君》[⑤]，介绍了贵德文昌庙，但内容多有讹误。其中认为文昌帝君姓刘，当地人称文昌佛祖，举行祭祖活动，这些内容都与事实不符，其学术价值不高。

---

① 青海省民委少数民族古籍整理规划办公室编：《青海地方旧志五种》，西宁，青海人民出版社，1989。

② 才让：《藏传佛教信仰与民俗》，北京，民族出版社，1999。

③ 刘夏蓓：《安多藏区族际关系与区域文化研究》，北京，民族出版社，2003。

④ 秦永章：《甘青宁地区民族格局形成史研究》，北京，民族出版社，2005。

⑤ 刘海燕：《翰墨英风——文昌帝君与关圣帝君》，北京，宗教文化出版社，2006。

此外，《海南州志》《黄南州志》《贵德县志》《化隆县志》等志书中，对比较大的文昌庙及其文化现象做了简单介绍。

（二）研究概况

笔者在查阅、梳理相关文献资料时发现，用藏文撰写的关于文昌信仰方面的研究专著和论文非常少。其中，夏吾卡先的《浅谈藏区的文昌帝君信仰》[①]，这是一篇以研究藏族地区的文昌信仰为主题的论文。文章从文昌帝君的由来、在藏区的传播、汉藏两地不同的特点三方面进行了较深入地研究。该文篇幅较短，但文献资料翔实，分析得当，是一篇颇有学术价值的论文，对本研究有重要的参考价值。另外，恰嘎旦正的《藏民族与地方保护神》[②]、索南东珠的《安多藏区的关羽信仰研究》[③] 等论文提到了文昌帝君这一神名，但未做深入研究。

西北民族大学历史文化学院的硕士研究生刘霞的毕业论文《青海海南藏族地区的文昌信仰调查研究》[④]，是唯一一篇用汉文撰写的以藏族地区文昌信仰为主题的学术论文。该论文以宗教学的视角，运用历史文献法与人类学田野调查法相结合的研究方法，以贵德、共和两地的文昌庙为个案，对海南藏族地区的文昌信仰进行了全面的调查研究。文章分五个部分：（1）文昌信仰如何传入青海海南地区；（2）青海海南地区的文昌信仰状况；（3）青海海南藏族地区文昌信仰的发展变化及特点，其中

---

① 夏吾卡先：《浅谈藏区的文昌帝君信仰》，载《群文天地》，2007（3）。

② 恰噶旦正：《藏民族与地方保护神》，载《中国藏学》，2001（3）。

③ 索南东珠：《安多藏区的关羽信仰研究》，载《中国藏学》，2007（1）

④ 刘霞：《青海海南藏族地区的文昌信仰调查研究》，见唐景福主编：《西北宗教论丛 1》，兰州，甘肃人民出版社，2006。

包括青海海南文昌庙建筑及装饰特点、文昌庙供奉神祇的选择及文昌、奎星现象的变化、祭拜仪轨的特点、有关文昌传说的分析、与文昌相关社会习俗的分析、文昌信仰社会功能的变化等内容；（4）青海海南藏族地区文昌信仰的特点；（5）文昌信仰在当地存在的原因和社会价值，其中包括藏传佛教的包容性和藏族神灵观、文昌信仰的自身特点、人的社会和心理需求等内容。论文内容翔实，资料丰富，研究方法得当，是一篇不可多得的学术论文，对笔者的进一步研究具有重要的借鉴和参考价值。由于文章定位在海南地区，未对热贡、化隆等地区的文昌信仰进行研究，从而不能全面地了解安多藏区的文昌信仰文化，并且受语言等因素的限制，作者收集的藏文文献、口述资料非常有限，这对研究的结论有一定的影响。

中央民族大学班班多杰教授的研究报告《和而不同：青海多民族文化和睦相处经验考察》[①] 一文指出：在甘青地区，藏传佛教吸收道教成分比较普遍。道教崇奉的关公、文昌帝君成为许多喇嘛庙中供奉的对象。文昌帝君也被引入到藏传佛教神灵体系之中，而且在安多藏区有很高的威望和影响。认为这是文化采借中宗教元素采借的现象，是藏传佛教崇拜中的道教成分。该文从文化的层面高度概括，学术价值极高，对本研究具有启迪和借鉴的作用。另外，先巴等的《贵德三屯民间文化调查报告》[②]、张海云、宗喀·漾正冈布的《神圣和世俗间的信仰之旅——青海贵德汉族信仰习俗研究》[③] 等论文，不同程度地研究了

① 班班多杰：《和而不同：青海多民族文化和睦相处经验考察》，载《中国社会科学》，2007（6）。

② 先巴等：《贵德三屯民间文化调查报告》，载《青海民族研究》，2006（1）。

③ 张海云、宗喀·漾正冈布：《青海贵德汉族信仰习俗研究》，载《青海社会科学》，2006（5）。

文昌信仰习俗和贵德六月会的跳神仪式。

另外，在2000年第九届国际藏学会上，法国学者Katia Buffetrille的《安多“神灵”确认的问题：止贡域拉或文昌，藏区的地方神或文学神》一文，分析了青海热贡地区附近“索如”村的地方神止贡域拉（即文昌神）的历史和宗教仪式。

四、研究方法

本研究采取田野调查与文献研究相结合，理论研究与个案支持相结合，并侧重于田野调查的方法。关于文献资料已在上文有所介绍。在田野调查方面，主要采用人类学实地调查方法，即参与观察法、访谈法等方法。

在田野调查中，首先实地调查分布在安多藏区的比较大的文昌庙宇，并以此为中心，对庙宇建筑风格、庙内供奉的神灵形象特征及宗教仪式进行参与式观察，对庙内有价值的碑文及相关文字资料进行记录，对庙管委会成员、祭拜信徒进行深度访谈。在此基础上，走访文昌庙附近的村寨，进行个别访谈。并对庙管、法师、藏传佛教大师等特殊人群进行深度访谈，详细记录个人的生活史，了解地方社会的诸多文化现象。观察大型跳神仪式活动，详细记录仪式的全过程，对文昌信仰仪式做全面而深入的了解。拜访有关藏传佛教寺院，访谈部分僧人，了解文昌信仰与藏传佛教的关系。与此同时，通过访谈，收集口述资料（包括民间传说、故事等）和民间的一些文字资料。

笔者于2007年夏天，对青海省海南州所属五个县的21个文昌庙宇进行实地调查，并观察贵德六月会的跳神仪式。2007年10月底，笔者等一行7人在导师的带领下，前往四川省绵阳市梓潼县文昌神的祖庭——七曲山大庙进行了一星期的实地考察。

2008年夏天，对化隆县的卡夏德寺和热贡地区的六月会进行了实地调查和参与式观察，在卡夏德寺与僧人一起生活了将近一星期。在这次调查期间，还走访了夏琼寺、隆务寺等藏传佛教寺院，与部分德高望重的僧人进行深度访谈。2008年春节期间，在贵德文昌宫对信仰仪式进行参与式观察。在调查过程中，笔者还到贵德县政协、宗教局、统战部、民族语言文字办公室，贵南县宗教局，海南州宗教局等单位进行接触和交流，获取相关资料。在田野调查中，采访当地专家、宗教人士60余人次，撰写田野笔记约3万字，拍摄照片300余张，在卡夏德寺、夏琼寺等寺院及民间搜集藏文手抄本文献6万余字。

在研究态度方面，遵循人类学的原则，坚持文化相对主义理念，正确把握主位与客位的研究取向，参与观察既“走进去”又“跳出来”。在整个田野调查过程中，遵循马林诺夫斯基所说的描述社会规则，增加日常生活的个案，阐释当地人的观点。文昌信仰作为一种宗教文化现象，在宗教研究中，人们往往走向两种极端：或持宗教信仰主义态度对宗教全盘肯定，或持宗教虚无主义对宗教全盘否定。这两种态度都过于偏颇，应坚持树立“学术需理性，信仰要宽容”的研究态度。

五、本书的基本结构与内容简介

本书开头部分为导论，主要说明本研究的背景、理论意义和现实意义、文献综述、研究方法等。

第一章，重点运用历史文献资料，探寻文昌帝君张亚子的历史及研究概况。描述他充满传奇色彩的一生以及成为梓潼地方神后，在道教的推崇下，与古老的中原星宿神——文昌星神重合，得到历代王朝的扶持和册封，成为道教中主管禄籍、文运之神的历史以及文昌信仰的现状。了解文昌信仰在中原产生的文化背景、特征及其内涵，这对于分析安多藏区民众接受、信仰此神的社会文化环境具有一定的意义，并简要梳理了道教神灵文昌帝君的研究现状。

第二章，分析和考察了文昌信仰在安多藏区的传播历史与分布特征。运用历史文献、文化传播的理论、解读民间传说故事等三条路径，分析文昌信仰在安多藏区传播的历史。根据历史文献记载和实地调查表明，明代海南的贵德已建有文昌庙，它主要是在明代向安多藏区实施汉族移民政策、汉藏宗教文化间经过长期交流和相互影响及安多藏区多民族杂居的社会文化环境等途径和影响下传播到贵德地区的。贵德成为文昌信仰在安多藏区最早传播的地带。然后以贵德为中心，逐渐辐射到周边的化隆、热贡等地区，形成了一条黄河上游地区的文昌信仰文化带。它又因为民族分布格局的不同，形成了纯藏区、汉藏杂居区、汉族聚居区三个区域，其文昌文化的特征既有共性，也有差异。在安多藏区，大多数文昌庙都以村庙的形式存在，规模比较小，庙宇管理组织不全，形式多样化。经济来源主要依靠信徒自愿布施和募捐来维持。

第三章，探讨安多藏区文昌神的形象特征及信仰体系。在安多藏区，文昌神被归入地域守护神之列。根据实地调查资料，将文昌庙宇的存在形式、布局、组织形式，以及神灵的形貌特征、结构进行了分类和归纳。并发现在唐卡、壁画等藏传佛教艺术中也有文昌神的现象。我认为，藏传佛教是制度性宗教，以来世、彼岸为重，具有终极关怀的文化意义，而地域守护神信仰体系是民间宗教，以入世、现实为重，具有解决现实问题的文化象征意义。守护神信仰体系和藏传佛教的现实与彼岸、今生与来世的关系，体现了藏族宗教信仰体系的二元结构，形成了守护神信仰体系和藏传佛教并存的宗教信仰格局。

第四章，翻译并解析文昌神祈愿文。祈愿文就是在对神灵进行煨桑献供时所念诵的经文。在藏区，比较著名的神灵都有专门的祈愿祭祀仪轨。通过念诵祈愿文，人们同超自然力量进行对话、沟通，向神诉说，以求神对人的保佑，并实现自己的愿望。笔者通过比较佛教大师和民间收集到的文昌神祈愿文，将其中典型的文本进行翻译，并解读和分析。旨在了解藏传佛教对文昌神的认识、解释以及态度。并对《文昌帝君阴骘文》的藏文译本进行了分析。

第五章描述和分析了文昌神信仰的各种仪式。根据田野调查的资料，笔者把安多藏区文昌信仰的各种仪式分为六种类型：（1）日常信仰仪式：日常信仰仪式主要包括个体信仰仪式、家庭信仰仪式和群体性信仰仪式。（2）六月会：描述安多藏区的两大跳神会——贵德六月会、热贡六月会中的文昌跳神仪式及其相关的活动，展现地域文化的特征。（3）庙会：以一村或几个村联合进行的集体祭祀活动，规模比较大，参加人数也较多，以祭祀文昌为主要内容，并进行集体娱乐等活动。（4）祭祀仪式：文昌的祭祀仪式一般可分为煨桑、血祭、放生三种形式，这是藏传佛教与苯教相融合的一种祭祀方式。信徒们以个体的不同宗教需求采用迥异的祭祀方式，以期达到信仰的目的。（5）羌姆仪式：文昌神在藏传佛教宁玛派羌姆中扮演的角色及仪式表演的过程。（6）降神仪式：通过击鼓、跳舞、穿戴精心制作的盛装，进行降神仪式，神灵附体进入法师之身，法师与文昌神进行交流，以达到神人对话的目的。我认为，举行这些仪式，不仅加强了信徒与神之间的关系，而且也加强了个人作为社会成员与社会组织之间的关系；通过仪式，集团组织便意识到自身的存在。在这些仪式中，人们通过将某种供品或道具作为中介物，向神表示恭敬与顺服，同时请求并相信，神回报他们以福佑，从而实现了人神交流或信息沟通的目的，形成了某种意义上的互惠关系。

第六章对文昌信仰民俗进行了描述和分析。文昌信仰在安多藏区进行本土化改造后，形成了独具特色的民俗文化。笔者详细描述了当地藏族禁止吃黄牛肉的禁忌、占卜祈祷、以文昌命名的习俗，并分析其文化背景与特点。

第七章中对文昌信仰的社会功能作了进一步的分析。第一，文昌信仰除具有宗教本身所具有的功能外，在藏传佛教文化等的影响下，其功能出现了多元化的取向。其世俗功能增加，在行为规范、道德约束、强化伦理意识等方面凸现出很强的生命力。第二，共同的宗教信仰使汉、藏、土等不同民族走到一起，强化了宗教的认同感，缓和了不同民族间的文化冲突，对民族关系的和谐起到一定的积极作用。

第八章是安多藏区文昌信仰的变迁研究。文昌信仰传播到安多藏区后，不仅实现了藏传佛教化的过程，而且其信仰也随着社会文化的变迁发生了变化。信徒不断增加，庙宇逐年增多，神灵数量不断上升，信仰辐射面日益扩大，影响力逐渐增大，城市化中也出现了文昌信仰的文化因素。种种迹象表明，文昌信仰在安多藏区不断地适应和调整，以满足当地人不断变化的信仰需求。

在本书的最后一章中，我力图用人类学的理论对全书的分析进行深化、总结和概况，从而得出如下结论：文昌神信仰是在安多藏区多民族聚居、多元文化共存、多种宗教信仰共生的特殊社会文化环境下，经过藏传佛教化和本土化改造，形成的道教和藏传佛教文化相整合的一种宗教文化体系。文昌神信仰与藏传佛教之间的关系不仅表现为民间守护神信仰体系与藏传佛教并存的宗教文化逻辑，而且也是一种从属、主次、中心—边缘的等级关系。

第一章　道教神灵文昌帝君的由来及信仰仪式

一、文昌帝君的由来[①]

文昌帝君是道教的重要神灵之一。文昌帝君是由文昌星神与梓潼神重合而成。关于此神的由来，还要从两位神灵的起源说起。

文昌星神起源于古代人们的星辰崇拜。“文昌”本为星宫名称，属紫微垣，包含六颗星，亦称“文曲星”　“文星”。《史记·天官书》记载：“斗魁戴筐六星曰文昌宫：一曰上将，二曰次将，三曰贵相，四曰司命，五曰司中，六曰司禄。”《春秋元命苞》进一步将其神化为：紫微垣文昌宫上将（司建威武）、次将（司正左右）、贵相（司文绪）、司命（司寿命）、司口（司灾咎）、司禄（司功名）。[②] 六星的最后一颗是司禄星，它的职责说是“司禄赏功进士”，即司禄星是主管人间奖赏功名

① 本节主要参考了黄枝生的《文昌祖庭探秘》一书，北京，中国三峡出版社，2003。

② 王兴平等编：《中华文昌文化——国际文昌学术研究论文集》，57页，成都，四川出版集团，2004。

和提拔士人为官的工作。由此司禄星的功用不断扩大，最后淹没了其他五星，文昌宫就由多职责的星座变成了专职星座，成了只管文运的星座，成了主宰追求禄位的读书人命运的星座。后来，文昌星神与梓潼神整合形成了人们常说的文昌神。

梓潼神是指巴蜀梓潼的地方守护神张亚子。张亚子并不是传说中的人物，他的名字曾散见于《华阳国志》《明史》《太平寰宇记》等古籍和道教书籍中。据东晋袁山松《郡国志》和后魏崔鸿《后秦录》记载，张亚子乃蜀中奇人，曾住梓潼七曲山，又曾“与姚苌为友”，多有建言，言而有验，人称“神君”，后来“仕晋战殁”，后人感其德行，为他立庙。《集说诠真》云：“西晋武帝太康八年丁未二月三日，文昌化生，变形于越裳之西，越西之南金马山老张家，取名亚。”太康八年即公元287年。金马山在今凉山州越西县中所坝，金马山至今有文昌宫和紫府飞霞洞遗址。《华阳国志·汉中志》即称：“（梓潼县）有善板祠，一曰恶子。民岁上雷杼十枚，岁尽不复见，云雷取去。”民族学家任乃强教授在所著《华阳国志校补图注》中注说：“善板词，即今梓潼县北八十里七曲山之文昌帝君庙。今俗传其神名张亚子，晋越西郡人，为司禄命之神。科举时代，儒士皆奉之，为蜀地若干迷信中心之一。”又谓：“造文昌说者，亦言其为母报仇，杀人亡命，来于此。”宋元以来，以张亚子扶鸾降笔所著的道书如《清河内传》《梓潼帝君化书》《道藏辑要·文昌帝君阴骘文》及《三教源流搜神大全》中，皆记有一些文昌帝君和梓潼神的事迹。如称梓潼神姓张，名亚子、垩子或蛮子。先世为越西人，曾任官职。未尝虐民酷吏，救人之难，济人之急，悯人之孤，容人之过。他生于晋太康八年（287年），稍长，喜独居，爱读书，常离群独处，体能发光，事父母至孝。父死，奉母迁梓潼七曲山居住。《明史·礼志》、明《一统志》也记有他为越西人，仕晋战殁，蜀人（氐人）为他立庙奉祭等简单纪事。[①] 这些史料和神话传说说明了这样一个事实：张亚子并不纯粹是一个传说中的神话人物，原来是越西氐人，是该地的一个大族，为报母仇，亚子杀了邛都县令，后来举家逃到梓潼七曲山避难，后仕晋为将，生前与建立后秦的姚苌有交往。死后，氐羌人哀悼，在七曲山建祠祭祀他。

道教自东汉末年传入梓潼，据《搜神记·续》记载："有神姓张名恶，道术显著，庙在梓潼。"道教说张亚子是三清之一的元始天尊的弟子，元始天尊授予张亚子《太上无极总真文昌大洞仙经》一部，相传张亚子在七曲山盘陀石诵经而坐化成仙。张亚子在世时还写过《明丽浩荡》一书，全面阐述道教教义。[②]

东汉顺帝（125 年）时，张陵来到西蜀，改造了土著蜀人崇拜的鬼道，吸收了氐羌人斗星崇拜、斋醮信仰、三官崇拜等原始信仰，才创立了"五米斗道"。东汉末年，张鲁又功取汉中，建立了政教合一的政权近 30 年，古梓潼郡与汉中郡相邻，又有金牛古蜀道相连，"五米斗道"当然不肯放过在古梓潼郡早已为氐羌人崇拜的地方保护神，自然要被纳入道教神系，成了道教的重要尊神。

道教称梓潼帝君张亚子，上主三十三天仙，中主人间寿夭祸福，下主十八地狱轮回。宣称玉皇大帝令其掌管文昌府事及人间禄籍。道教还以扶鸾降笔的方式，撰写了《太上无极总真文昌大洞仙经》《高上大洞文昌司禄紫阳宝箓》《文昌大洞治瘟宝箓》三部重要著作，另有《清河内传》《文昌帝君本传》《梓

① 王兴平等编：《中华文昌文化——国际文昌学术研究论文集》，59 页，成都，四川出版集团，2004。

② 王兴平等编：《中华文昌文化——国际文昌学术研究论文集》，215 页，成都，四川出版集团，2004。

潼帝君化书》《文昌孝经》《文昌忠经》《文昌心忏》等。

唐宋时期，道教地位显赫。封建统治者为了借梓潼神保护自己，把梓潼神变成了统治阶级御用道教的尊神。唐玄宗李隆基“安史之乱”奔蜀途经梓潼七曲山时，自言有梓潼神保驾，于是封张亚子为左丞相。唐僖宗幸蜀，效法先皇，封张亚子为济顺王，许诺梓潼神张亚子娶兴唐公主为妻，还解佩剑挂于神庙以示笼络。到北宋，宋太祖平定后蜀，把巴蜀作为后方物资供应基地，支持其全力抗金。因此，两宋封建帝王仍借助梓潼神张亚子安定巴蜀，宋真宗赵恒封张亚子为“英显武烈王”。宋高宗赵构又封张亚子为“神文圣武孝德忠仁王”，宋理宗赵昀则封张亚子为“忠文英武孝德仁圣王”，朝廷第一次在敕封中钦定梓潼神有主宰文运科举的职能。

佛教也不甘落后，也说梓潼帝君张亚子广行阴骘，以忠孝为本，利人利物，三十功满，证果天仙，后因夙孽，自蜀皈依如来，被如来授记为“证果定慧王菩萨”，后来又授记为“梵镇如来”和“证安乐不动地游戏三昧王菩萨”“释迦梵证如来位”。梓潼帝君张亚子由道教推崇，受儒生文人奉祀，还被佛陀释迦牟尼授记，真正成了道儒佛三教尊奉的大神。

古人十分信仰文昌星，自唐朝开科取士以来，热衷功名的文人学子认为文昌星远在天庭，期盼文昌能近在咫尺，求得佑护。道教不失时机大造舆论，说梓潼帝君张亚子是张翼二宿下凡，玉皇大帝令其掌管文昌府事，南宋绍熙元年（1190 年），抢先封张亚子为“文昌帝君”，赢得了广大学子的认同，为梓潼帝君与文昌帝君的重合奠定了群众基础。

梓潼帝君完全代替文昌星神还是在元朝延祐三年（1316年），入主中原的蒙古皇帝元仁宗爱育黎拔力八达颁下诏书，正式封梓潼帝君张亚子为“辅元开化文昌司禄宏仁帝君”，钦定为

"忠国孝家益民正直之神"，改七曲山灵应祠为"佑文成化庙"。从此梓潼帝君与文昌帝君完全重合，走出巴蜀，进入中原，张亚子由地方小神经过历史的整合，成为天下共祀的大神。明清时，天下学宫皆建文昌宫，塑文昌帝君张亚子像。明弘治元年（1488年）张九功为文昌请正祀，自此举国学子，有读书之处，都必须奉祀文昌帝君。到了明末清初，大西王张献忠与张亚子联宗认祖，下诏追封张亚子为"始祖高皇帝"，把七曲山文昌宫认作家庙，俗称大庙。从此七曲山大庙成为天下文昌宫的祖庭。据学者王兴平考察，全国文昌宫最多时为600多座，现存400多座，台湾就有41座。

关于文昌神张亚子的族属，目前学术界认为：张亚子出生于梓潼，梓潼当时是一个大族集聚区，人口众多，历史悠久。梓潼二字"莽曰子同"可以设想二字是译民族本语的音，并无汉文取义。学者肖崇素认为，"子同"一族应该是氐族，是氐人国鱼妇从广元西迁经梓潼，在此发展。后不断向西北之白马氐区扩张，并与白马氐杂居融合。由此可见，张亚子是"子同"氐人的祖先。他被"子同"氐人尊奉为族神，在七曲山紫云岩建善板祠为他塑像，把他尊奉为雷神、蛇神、树神，乃至科举之神，在封建帝王和道教、儒生的推崇下，最后达到人神的顶峰，被捧上文昌帝君的宝座。①

根据文昌神起源的历史，文昌神信仰的形成过程经历了三个阶段。第一阶段：自然崇拜阶段（约在秦汉至隋朝）。（1）族神崇拜。张亚子原是越西氐人，是该地的大族，为母报仇，亚子杀了邛都县令，后来举家逃到梓潼七曲山避难，后仕晋为将。死后，氐羌人哀悼，在七曲山建祠祭祀他。（2）雷神崇拜。

① 黄枝生：《文昌祖庭探秘》，168～181页，北京，中国三峡出版社，2003。

张亚子被作为雷神崇拜。远古先民把雷神奉为司命之神，雷神有布雷行雨、赐福禳灾、惩恶扬善、司生司死的职能。（3）树神崇拜。在七曲山盘陀殿后有株古柏，相传是文昌帝君张亚子亲手种植，人称“龙柏”或“神柏”，进行膜拜。（4）蛇神崇拜。蛇是古代氐人的一种图腾崇拜，传说张亚子是蛇神。第二阶段：道教推崇阶段（唐朝至两宋）。道教自东汉末年传入梓潼，梓潼的地方保护神被纳入道教神灵体系。唐宋时期梓潼帝君张亚子，不断被封建帝王追封，道教信徒以扶鸾降笔方式撰写了大量著述，体现出西蜀氐羌文化与原始道教的融合。第三阶段：文昌崇拜阶段（元朝、明朝、清朝）。元、明、清时期，梓潼神张亚子与天上文昌星合而为一，成为道教的尊神。①

综观文昌神的历史，文昌神起源于道教，但又受到儒家思想和佛家文化的影响，成为儒释道三教共奉的神灵。

二、七曲山大庙的现状

七曲山大庙是现存的文昌帝君的祖庙。它位于四川省绵阳市梓潼县的七曲山，经元、明、清等历代的修复，保存比较完整。庙宇结构及神灵布局如下：

七曲山大庙距梓潼县城10公里左右，整座庙坐东向西，依山而建。庙门挂一题有“帝乡”二字的匾额。自大门而入，魁星楼、文昌宫正殿、桂香殿就是一条纵向中轴线，自下而上，成为大庙古建筑群的主体，居于整个寺庙的中心。正殿左侧是瘟祖殿、五瘟殿、白特殿、风洞楼、家庆殿、天尊殿、观音殿

① 王兴平等编：《中华文昌文化——国际文昌学术研究论文集》，155～169页，成都，四川出版集团，2004。

图 1－1 四川绵阳市梓潼县七曲山大庙

等，右侧是关帝庙、灵官楼、盘陀石殿等。

文昌宫正殿始建于明代，位于七曲山大庙寺庙群之中心，是供奉文昌帝君张亚子的主殿。进入庙门，登上二十四级台阶，就是正殿拜厅前的平台。依据相关文献记述，如今的正殿基本保持了元明时代和道教的建筑风格。正殿内居中供设文昌帝君的铁铸像，两侧供设 8 位侍从的立像。文昌帝君铁铸鎏金坐像，头戴冕旒，面方额宽，两耳硕长，双手过膝，身着九龙袍，手捧玉笏，端坐于神坛上翕之内，神龛两旁是滚龙抱柱，享受其帝王的等级。文昌面容慈祥和善，神情睿智典雅，形神兼备，令人敬畏。两侧 8 位侍从，形象刚毅魁伟，但姓名职位不甚清楚。有人考证这八位侍从即天聋、地哑、考功郎和文选郎四值功曹。殿内左右墙上画有文昌帝君乘白特的壁画。

魁星楼位于七曲山大庙建筑群的中轴线前端，坐东北，向西南。此楼始建于明代初年，楼有三层，底楼是通往文昌帝君正殿的过道，二楼正中置有铁铸魁星像。魁星右手高举朱笔，左手执“富贵花”，右脚直立鳌头，左腿朝后翘起。魁星赤发怒目，面部凶恶狰狞，青面獠牙，上身着红色短披，胸前挽结，下体着红色短裤，胸、腹、腿裸露，肌筋暴胀。蓝色风带从头顶飞绕脚下，大鳌尾部有腾起的海浪和五色祥云，右膝盖上为方孔金钱。魁星信仰是伴随古代科举制度而产生的，魁星是奎星之讹，奎星是西方白虎的第一宿，奎星共有16颗。在科举时代，读书人非常崇奉此神。

桂香殿位于正殿之后，塑有文昌帝君的坐像，以及两位侍从天聋和地哑的站像。

启圣宫又叫圣父殿，系明代建筑。圣父乃文昌帝君张亚子家父，姓张名隆祖，俗称张公。塑有圣父张公的泥像。

瘟祖殿位于文昌正殿左侧。瘟祖殿的瘟祖乃文昌帝君的化身，他右手持有法器如意，左手形似鹰爪，剑眉倒竖，瞪眼瞠目，令人望而生畏。相传瘟祖有九十四化，法力无边，玉皇大帝曾派遣五名瘟神，掌管东、南、西、北、中五方散发瘟疫，以此惩戒不服“王化”的刁民。张亚子代天宣化，收瘟摄毒，辅正除邪，助国救民。后来张亚子在敕法台降服五瘟，减少了人间瘟疫，百姓从此就尊奉他为瘟神。

图1-2

七曲山大庙文昌神像

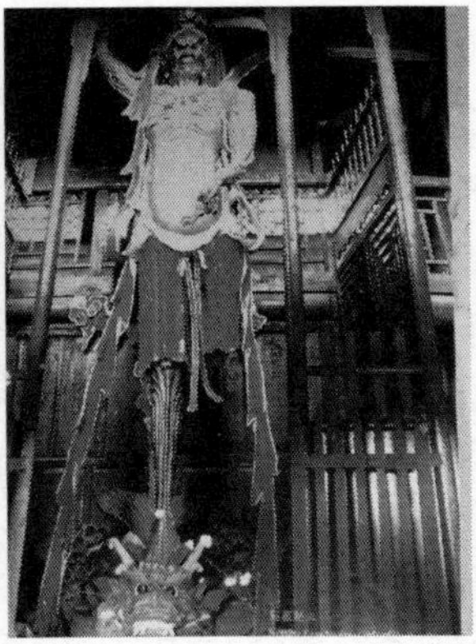

图1-3

七曲山大庙魁星

五瘟殿在瘟祖殿旁边。殿内塑像为五瘟使者，这是中国古代信奉的司瘟疫之神，即春瘟张元伯、夏瘟刘元达、秋瘟赵公明、冬瘟钟仕贵、总管中瘟史文业。

白特殿依石崖而建，在风洞楼之下。该殿后壁石岩之上，有一天然石洞，俗称风洞，洞前砌有尺许高的须弥座，座上塑有马耳、驴面、骡尾、牛蹄的怪兽，是文昌帝君张亚子的坐骑，全身白色，名为白特神兽，俗称“四不像”，该殿由此得名。白特殿是根据明朝知县张斌根据张亚子乘坐白特去长安求学的故事，于明朝洪武十四年（1381）所建。殿内塑有白特和少年张亚子及侍从天聋地哑像。白特殿下面是观音殿，塑有观音菩萨像。

风洞楼在白特殿之上，因楼下白特殿后壁有“风洞”而得名。楼内塑有张献忠像及佛祖释迦牟尼的塑像。

家庆堂，又称启元殿。殿内塑有文昌帝君全家五世 14 位家庭成员的像。

天尊殿位于七曲山主峰鳌山之巅。天尊殿左右为配殿。殿正中塑像为元始天尊，左侧为灵宝天尊，右侧为道德天尊，还塑有十二金仙像。右侧配殿塑有女娲、九天玄女、泰山娘娘、送子观音、药王等像，左侧配殿塑有牛王、谷神、嫘祖像。

关帝庙位于文昌正殿右侧，由关圣殿、拜庭、皋门组成，始建于明代。关圣殿正中塑有关羽坐像，通体鎏金，头戴冕旒，五绺长须，身穿绣龙袍，腰束玉带，执笏正坐，金脸黑髯，神情威严，两旁有六位侍神。左边侍神为关平、关兴、赵累，右边侍神为王甫、关索、周仓。

灵官楼在文昌正殿之侧，殿内塑有道教护法尊神王官灵。

七曲山大庙现已成为梓潼县的重要旅游景点之一。参观庙宇每人收取 50 元的门票。大庙前建有酒店和卖民间工艺品的商店。据实地考察发现，前来朝拜的人非常多，尤其在魁星楼里挂满了金榜题名的锦旗。笔者从相关资料得知，每年高考期间，前来朝拜七曲山大庙的考生及家长非常多。这一现象也正符合文昌神的职能范围。

三、文昌帝君信仰仪式

文昌帝君张亚子从一地方神灵成为道教尊神，形成了颇具道教特色的信仰体系和宗教仪式。关于文昌神的信仰体系，主要包括文昌神的历史、神话传说、教义等表象系统，从上文已有了解，不作详论。在此重点讨论道教体系中的文昌信仰仪式。

（一）迎神会

迎神会是祭祀文昌的集体仪式活动，于每年春节正月十二在梓潼举行。其主要内容是把文昌及圣父、圣母从七曲山大庙迎接到梓潼县城，并在县城的文昌宫供奉 7 天，唱 7 天文昌大戏后送回大庙。这种仪式活动大约创立于清朝初期。

根据姚光普的《文昌庙会与梓潼民俗》[①] 一文记载，民国以前迎神会的主要程序和内容如下：

1. 扫　荡

“扫荡”是荡涤之意。梓潼迎神会的“扫荡”是在迎神会正月十二日之前的正月初一开始，这项活动主要由城郊各地的文昌宫负责主持，其意是在文昌帝君下山之前，要“扫荡”城郊各处“瘟疫鬼怪”，以保证文昌下山之后有个清净的环境。

① 姚光普：《文昌庙会与梓潼民俗》，见王兴平等编：《中华文昌文化——国际文昌学术研究论文集》，591～606 页，成都，四川出版集团，2004。

“二郎神”以及“当方土地”、“勾愿判官”紧随文昌、圣父、圣母、瘟祖所乘大轿进行“扫荡”。

其过程大致如下：由当地农民高抬着文昌坐像，随同仪仗队及执事人员，到各家将文昌像高台坐定，享受该户主的敬献之礼，各家力所能及地供献文昌。各家准备酒菜，“扫荡”队伍走一家吃一家，吃不完的酒菜“扫荡”之后打包带走。正神抬走后，要“二郎”跳神，将剩下的供品全部带走。最后，化装的“土地神”说一些吉利话，祝愿来年风调雨顺、五谷丰登。

2. 迎 神

正月十二日为文昌帝君的正式迎神日，十八日为送神日。十二日前为迎神的准备阶段，上元会清点仪仗执事，并装饰文昌行祠，安置巫师、和尚等准备工作。居民则买香、纸、鞭炮、糖果等，并擦洗神器等用具。

十一日晚，糊制新龙灯，游城内各寺庙，并且敬香，准备次日出发。

正月十二日早上 6 点左右，有二面“道锣”第一次巡游各街道，鸣锣开道，表示当日迎神，要诸邪回避。8 点左右，道锣第二次巡回开道，要求清除街道。城内居民准备好新鲜柏枝，在门口焚烧以示解除秽气。9 点左右，道锣第三次巡回各街开道，预告各家准备摆设香案。随即上元会雇人打着全套仪仗和执事出动，遍游各街，以示民众迎神队伍已出发了。这时，三乘八人大轿也装好出发。与此同时，“城隍”带仪仗乘轿出来，至县城北门外接官亭等候文昌帝君从七曲山驾临。

8 点左右第二次道锣响后，组织民众有养马者即上街遛马一次，然后向七曲山竞走，称为“善走”。三次道锣不久，先头的骑马者背着文昌大印盒、如意等物，在街上跑一次，表示文昌神已由山上起驾进城，并且将印盒等物送到文昌行祠中安置。

各家各户敞开大门，摆好供桌，铺好红地毯。桌上摆有各种敬神器物、水果、鱼肉、鸡肉等。

早在十二日 7 点左右，七曲山文昌起驾后，即分乘三乘大凉轿，由两班人马轮换抬着快速下山，抬至城北 30 里处的孝子碑，有专人在此高搭布棚摆设文昌所穿的蟒袍，并为到来的文昌穿换。然后，抬入事先由县城文昌宫抬来的八人大轿内。

文昌进城巡游顺序，由总执事统一安排，总执事由当地有威望、有能力的人士代表担任。

最先开道的是龙灯。龙灯到时，即点火放鞭炮。此时锣鼓喧天，狮子灯沿街玩耍，民众争相观看。

龙狮灯之后，是威严的仪仗队伍。仪仗队首为 36 对高脚御牌，由 36 名仪仗人员高举，最前面一对御牌写有“肃静”、“回避”四个仿宋大字，其余的御牌刻有《文昌帝君阴骘文》全文。御牌之后是 120 面龙凤大旗，上面刺绣有龙凤飞禽走兽及各种神像。之后是伞、幡等仪仗队伍。仪仗队前后还穿插了锣鼓和管弦乐队。仪仗队中还有艺人装扮的八仙诸神和特殊的“七星灯组”。

文昌帝君一行在游行中的顺序：一是瘟祖，瘟祖传说是文昌的化身，它走在前面有“驱疫逐瘟，清道安民”之意。二是文昌，三是圣父，最后是主人身份的城隍。而回山的顺序则是：一是圣父，二是文昌，三是瘟祖、城隍，送至北门后即归还城中原庙。

游行中，文昌、圣父、瘟祖、城隍四大轿前，各有掌轿一人，系由执事等人担任。文昌等神所乘大轿，外套高级黄色贡缎，轿檐刺绣花卉、鸟兽图案。每轿配有龙凤旗一对、孔雀伞一把、孔雀扇一把、提炉一对。轿前由戏班演戏。轿前还有护卫 8 人。

迎神会的仪仗队及护卫神灵的男女信众游行经过梓潼县城的重要街道，由北向南，由东到西，最后在文昌宫前结束。文昌、圣父、瘟祖三乘大轿及坐像放置在宫内，停留6天后于正月十八日送回山。

3. 祭　神

一是官祭。当文昌乘凉轿下山到达城北孝子碑处换来八人大轿后，随即在仪仗队和数千民众的护卫下巡城。入北门处关岳庙接官亭，早已在那里等候的梓潼县令率众官员、绅士、地方贤达、名流、文人学士及道门团体首脑人物、宗教首领等见大轿来，即焚香跪拜，跪拜之后县令读祭祀颂词，并献丰厚之供品以表谢意。这种祭祀称为官祭。现已不举行这种祭祀活动了。

二是民祭。民祭是指家户祭祀的仪式。在文昌大轿到来之前，各家各户的全体家丁在门前等候。等神轿到达后，由家长焚香、祭酒，叩头祈祷。并且男人们手执香将神轿送至文昌行祠内，将香敬献于炉内，至此民祭完毕。

三是祠祭。文昌神轿坐定城内文昌行宫之后，六天的祭祀活动便开始了。这些活动主要有两个内容，一是唱大戏，二是诵经。文昌入行宫的当天下午，即开演大戏，一共要演6天，所演戏都称为"文昌戏"。

行祠内的诵经活动是不间断的。参加祠祭的有和尚、道士、执事及广大信徒。

4. 送　神

送神是指文昌等神在城内文昌宫行祠内享受祭典7日后回山的一种仪式。

在正月十八日前的正月十五日，瘟祖出驾，"扫荡"全城。数十人抬着瘟祖出行周游一圈，示清除邪恶之意。

正月十八日一早，由仪仗队开道，敬送文昌帝君、圣父、瘟祖返回大庙，城内民众手执燃香送至北门孝子碑，由大庙下来接驾的仪仗队将文昌等神送回山，至此迎神会的仪式过程全部结束。

（二）春秋祭典

春祭是祭祀文昌帝君的仪式活动之一，一般是在农历二月初一到十五举行，民间俗称“文昌会”。农历二月初三为文昌帝君的圣诞日，春祭以此为中心进行祭祀。秋祭一般在农历八月初一至十五举行，民间俗称“瘟祖会”。春祭和秋祭的仪式过程都大致相同，只是时间不同而已。

春秋文昌祭祀皆由地方最高行政长官县令担任主祭官，教谕为陪祭官，训导为承祭官，通赞都由县衙礼房吏员担任，祭祀第一天，由知县领衔，县衙、教谕署、训导署、兵弁署、典史署等吏员，绅士、学子、民众数千人，在七曲山文昌正殿御阶列为9排，祭拜文昌。

祭祀时，司乐掌管祭祀乐章，有歌童6人，舞生36人，乐工53人。大祭前三天，主祭官要“斋宿”沐浴斋戒。祭祀厅中央设贡品台，台左后方设通赞台，右后方设引赞台，左前方设承祭台，正殿门前设焚化炉。祭品规格固定，牛100斤重，黑色乳牛，牛角对称。羊30斤重，纯白。猪80斤重，纯黑色。宰杀前都要披一块黄绸子。正祭之日即二月初三五更时分，各官员着朝服齐集，入侧门内。先敬天地，再敬文昌。叩拜文昌时，要唱赞词，读疏文，烧表章，念祭文，奏乐章。这就是春秋祭祀文昌帝君的大致过程。

四、文昌帝君研究综述

对道教神灵文昌帝君的研究时间较早。从民国开始，一些学者就着手调查搜集整理梓潼洞经音乐及文昌民俗活动。

1979年，七曲山文昌宫恢复了传统庙会，其他地方的相关文昌的民俗活动也陆续恢复。与此同时，相关的研究也同时展开。1995年9月在文昌祖庭七曲山成立了“四川梓潼文昌学会”，会上首次提出了“文昌文化”这一概念。随后，四川省社科院、四川东华综合科学院先后建立文昌文化研究所，梓潼创办《文昌文化》报。1996年9月，在梓潼七曲山召开了首届文昌文化学术讨论会。据《中华文昌文化》一书记载：据初步统计，自1931年起至2003年止，已出版了文昌文化专著19部，在国内外各种报刊上发表的有关文昌文化的论文279篇。道教专家卿希泰评价说：“文昌文化经过千百年来的历史积淀和发展，它所涉及的内容十分丰富，包含了伦理道德、音乐绘画、建筑雕塑、文学艺术、中医中药、科仪祭祀、民风民俗以及宗教学、民族学等，既是巴蜀文化中亮丽的风景线，也是中华传统文化中的珍贵遗产之一，至今仍有其重要的学术价值和现实意义，备受当今国内外不少知名学者的关注，他们纷纷从不同学科、不同角度对文昌文化进行了学术研讨”。①

文昌文化不仅在中国内地和台湾等地有着广泛地影响，而且很早以前就传播到国外。在韩国、日本以及东南亚、欧美的华人聚居区建有文昌宫等祭拜文昌神的活动场所，人们定期进行祭祀。与此同时，这些国家或地区的部分学者开始对文昌文化进行学术研究，出版了相关的论文和著作。关于这一点，王兴平的论文《文昌文化在国外的传播和影响》中有详细介绍。

综观道教神灵文昌帝君的历史与相关文化特征，我们发现，

---

① 王兴平等编：《中华文昌文化——国际文昌学术研究论文集》，成都，四川出版集团，2004。

文昌神从一梓潼地方的小神，经过与文昌星神相结合，并且在道教的推崇下，逐渐成为道教神系中地位较高、颇有影响的一位神灵。在此基础上形成了比较完善的信仰体系和宗教仪式，形成了独具特色的文昌文化现象。

关于文昌文化，黄枝生先生在《试论文昌文化的架构及成因》① 一文中定义为："文昌文化就是指在梓潼帝君到文昌帝君历史积累而重合的整个过程中，形成的社会意识形态，并由此派生的制约人们行为方式和生活方式的一切文化成果。"又说："文昌文化承于道教文化，但又不同于道教文化，它直接吸收儒家思想文化营养，又受佛教文化影响。"文昌文化是在中国儒释道的大文化环境中发展起来的，承载有儒释道文化融合的种种迹象。这一点，从上述文昌神的历史、文昌庙宇中的神灵布局、各种宗教仪式、《文昌帝君阴骘文》及其诸多文昌文化现象中可见一斑。

① 黄枝生：《文昌祖庭探秘》，221页，北京，中国三峡出版社，2003。

第二章　文昌神信仰在安多藏区的传播历史与格局

一、文昌神信仰在安多藏区传播的历史考察

安多藏区是藏族三大区域之一。《安多政教史》载，从阿尼玛沁雪山至祁连山之间的广大地域，被称之为安多。范围大致包括今青海省除玉树藏族自治州以外的藏区、甘肃省的甘南藏族自治州和天祝藏族自治县以及四川省的阿坝藏族自治州等地区。

作为道教神灵，文昌神是如何传播到安多藏区的？通过何种渠道传播的？这些问题是研究安多藏区文昌信仰的关键，也是全面了解安多藏区文昌信仰特征的突破口。根据历史文献资料和实地调查发现，安多藏区的文昌神信仰主要分布在青海省海南藏族自治州、黄南藏族自治州、青海省海东地区以及甘肃省甘南州的部分地区。下面通过解读民间传说故事、藏传佛教典籍、历史文献资料等路径，分析文昌神信仰在安多藏区传播的历史和原因。

（一）文昌神信仰在安多藏区传播的历史

1. 民间传说中的文昌神

关于文昌神传播到安多藏区的历史，民间有许多传说故事。虽然是民间口述资料，但对于了解文昌神传播的历史大有裨益。下面将几则典型的故事摘录如下：

［故事一］

据《海南州寺院简介》① 一书记载：传说尤拉任皇帝大臣主持政务时，遭几位大臣妒忌迫害残遭死刑。死后转世为一非人勇士。赛赤嘉纳巴嘉央丹贝尼玛（1689—1762）任国师时，一奸臣向皇帝进谗道："国师笔筒里装有刀子欲弑你，若不信，试探便知。"皇帝打开国师的笔筒，尤拉显身将削笔小刀（奸臣所谓的凶器）隐藏起来，刀子未被发现。然而，奸臣又进言道："这次他因警惕没拿刀子，下次请您在他无防备的情况下突击检查。"一日，皇帝发现了国师笔筒里的刀子，便将国师关进了监狱。国师在监狱里祈求尤拉的帮助，并承诺以万户之众供奉尤拉。尤拉显身欲设法解救国师。某日，尤拉捏着皇帝宠妃的腰，使她疼痛难忍。皇帝想方设法治疗无果。于是从监狱恭请法力无比的国师医治。国师在妃子的寝宫门前念诵了一段赞扬尤拉的祈愿文，并抛洒粮食，妃子的病立刻痊愈。从此，皇帝更加崇信国师，并欲委以重任，但国师婉言谢绝，远赴安多地区。途中，乘舟渡黄河时，想起落难时对尤拉的诺言，便随口念诵

① 青海省海南藏族自治州佛教协会、中国藏语系高级佛学院藏传佛教研究室编：《海南州寺院简介》，35～36页，西宁，青海民族出版社，1999。由笔者藏译汉。

祈愿文《吉祥右旋海螺》：喂！勇猛的尤拉大神，所谓汉地的相马天子，请带上您的眷属留驻赤噶，享用美味祭品，佑护众生心想事成。而后尤拉便长居于现文昌宫址的一块白色巨石之中。

［故事二］

据《贵德文化史》[①] 记载：传说阿嘉活佛的某位前世，曾任国师时，一位蒙古族大臣心怀恶意，向皇帝进谗言道："阿嘉活佛的笔筒里装有刀子，欲弑你。"皇帝召阿嘉活佛到殿前，问道："你的笔筒里有何物？让朕看看。"阿嘉心想，笔筒里有削笔的刀子，不知如何是好。于是想起非常灵验的勇猛大神——尤拉，便祈祷尤拉帮助。果然，尤拉显灵将笔筒里的刀子隐藏起来，皇帝未发现刀子，于是严惩了那位蒙古族大臣。阿嘉活佛回到寝宫后发现，削笔刀挂在墙上。为表感谢，阿嘉活佛承诺，将在环境优美的地方为勇猛的尤拉大神建造宫殿。后来，阿嘉活佛依据尤拉大神的意愿，在现今的文昌宫址处为尤拉修建了宫殿。

［故事三］

青海化隆卡夏德文昌庙的建立与清朝著名高僧色康巴·洛桑丹增嘉措（1780—1848）大师有关，据说他曾在卡夏德（今化隆县境内）地方坐禅静修，见当地人生性懦弱，认为需要一位威力无比的神来护佑，遂选择了文昌神，派人从贵德文昌庙将文昌神迎请至此处。[②]

① 贵德县政协文史资料室编：《贵德文化史》，1997 年内部印刷。由笔者藏译汉。

② 才让：《藏传佛教信仰与民俗》，131 页，北京，民族出版社，1999。

［故事四］

传说章嘉若必多杰（1717—1786）与一位道士在皇宫竞国师之位时，那位道士向皇帝进谗言说："章嘉活佛的笔筒里有刀子，欲弑你。"有一次，章嘉活佛进宫后，皇帝准备查看他的笔筒，被一位守门的侍卫解围。这位侍卫就是尤拉，后随章嘉活佛在去拉萨的路上，卒于贵德。于是便修冢立庙，这就是现今的贵德文昌宫。①

［故事五］

传说文昌神（指张亚子）小时候来到贵德地区，寄宿于某庙。平时，文昌神骑着一匹白骡子在石家寺附近与石家寺的小僧侣一起玩耍。有一次文昌神带小僧侣到他的庙中玩耍。小僧侣回来后向石家寺当时的寺主角合绒夏珠嘉措详细描述了文昌神的情况。后来当地人确认此男孩为贵德地区的保护神即文昌神。②

另外一则故事与故事一和二的内容相似，都是家喻户晓的民间传说故事，但主人公则是色康巴·洛桑丹增嘉措。

还有一则故事与上述内容完全不同，传说文昌神（指张亚子）小时候，从河州的黄河逆水漂流到贵德地区，被贵德境内的一藏族妇女搭救，后来他就成为贵德地区的神灵。③

2. 藏传佛教典籍中的文昌神

在浩如烟海的藏传佛教典籍中，涉及文昌神的文献微乎其

① 根据对夏琼寺僧人尼玛的访谈整理。

② 根据对贵德县宁玛派僧人仁增的访谈整理。

③ 根据对贵德县贡巴村扎西老人的访谈整理。

微。仅有的一些主要存于佛教大师的文集和流传于民间的手抄本中。其内容主要是宗教仪轨文和祭祀祈愿文。这些文献也零星地记载或提到了关于文昌神传播到安多藏区的历史。

塔尔寺四世阿嘉洛桑·加央嘉措（1767—1816）在其文集中写道：显现怙主无量佛和本尊莲花王智慧——治理世间之王的形象，赞扬在其传记中十七世连任大臣，并因利他而达天神之位。今在汉地被奉为文化守护神，我等一切黄帽（指格鲁派）教派之主——怙主达赖师徒二人不仅撰有祈供此守护神的文章，尤其是与格鲁教派之明灯——大法台嘉纳巴·洛桑丹贝尼玛、贤哲转轮王东科索南嘉措二人如影随形，故成为遵命照办的守护神。二位圣贤撰写的祈供此神的祈愿文，从卫藏之地到东方大海之滨，成为许多活佛高僧、达官显贵以及僧俗民众日常念诵的经文，对此神的成就笃信甚深，因故如此努力供奉。又，此大神的详细传记在汉文的文献中普遍认为：怙主法王宗喀巴大师诞生之圣地，离蓝毗尼林（即释迦牟尼诞生地，今尼泊尔境内）第二——十万佛像大法苑（指塔尔寺）不远之地，从前法王阿育王建造的千万佛塔之一，吐蕃法王赤热巴巾亲自膜拜，将发辫置于塔像内藏，并修葺的白塔；另外，天然生成的观世音菩萨；尤其是文殊怙主萨迦班智达建造的珍珠寺，修建了内置三世佛像——膜拜即可除病魔等组成的许多殊胜佛塔；诸多圣贤大师源源不断莅临的圣地赤噶（即贵德），十美之地的精华——哈本山梁（即现贵德文昌宫所在地），在世间的意识中以大臣之身显现，工匠艺人在此遗体之上塑造佛像，现镀金时不需沙子等而直接“享用”，威力四射而远近闻名的金脸赤噶尤拉（即贵德文昌神），被东方的皇帝尊称为相马天子或文昌帝君，欲向此神进行会供等祈供。[①]

哈萨纳丹巴坚参，即色康巴洛桑丹增嘉措大师的兄弟，为夏琼寺高僧。他撰写的文昌神祈愿文《大神尤拉酬补祈请法·任运成就》曰：喂！汉地赤噶翰巴宫的厉神，文昌尤拉及眷属，心情迫切邀请之，不要驻留快速至此地。具三恩根本上师，无数怙主先辈法王，按其嘱托兴教立业，快速莅临此地。

其他一些相关文献中也提到有关赤噶阿尼尤拉的一些传说故事，在此不一一举例。这些佛教典籍有一个共同的特点，即所有文献（包括非贵德籍大师所撰写的文章）的名称、文章的开头或末尾都有赤噶阿尼尤拉一词。定语赤噶（贵德的藏译名）一词说明文昌神位居贵德，阿尼尤拉是贵德的地方神灵，从而在地域上界定了文昌神的所辖范围。这些文献提供了文昌神首先传播到贵德地区的历史文化信息。

3. 历史文献中的文昌神

关于文昌神传播到贵德地区的文献记载非常有限，但亦可管中窥豹。据现有资料来看，最早记载有贵德地区文昌神的是民国时期姚钧编纂的《贵德县志稿》。其中记载：文昌庙，在城西十二里古边墙外，依山傍岭，河流萦绕，汉番信仰，士民供奉，每逢朔望，香烟甚盛，有事祈祷，灵应显著，久为汉番祈福捍患之所。同治六年（1867 年）毁于回乱。光绪初年官绅汉番重建，其规模虽不复旧，而金碧辉煌为一邑福神第一。[②] 笔者在贵德文昌宫实地调查时，看到贵德文昌宫内有一河西文昌宫简介牌，现将全文摘录如下：河西文昌宫，也称“河西文昌

① 四世阿嘉洛桑·加央嘉措：《四世阿嘉洛桑加央嘉措文集》，塔尔寺木刻版，西南民族大学藏学文献中心藏。由笔者藏译汉。

② 青海省民委少数民族古籍整理规划办公室编：《青海地方旧志五种》，745 页，西宁，青海人民出版社，1989。

庙’，藏语称“尤拉”或“尤拉康”。始建于明代后期（约1590—1600）。民国时期编修的《贵德县志稿》云：文昌庙，在城西十二里古边墙外，依山傍岭，河流萦绕，汉番信仰，士民供奉，每逢朔望，香烟甚盛，有事祈祷，灵应显著，久为汉番祈福捍患之所。同治六年毁于回乱。光绪初年官绅汉番重建，其规模虽不复旧，而金碧辉煌为一邑福神第一。1958 年后又遭破坏，全部建筑物荡然无存。1982 年河西乡上下刘屯，下排、格尔加等村乡老 12 人多次倡议并自行组成文昌宫筹建组，在县为外募化，汉藏群众踊跃捐资，从 1984 年至 1995 年，历经十余年，在旧遗址上按原规模复建。全部殿堂依山坡辟三个平台而筑，形成台阶式的寺观，登石阶而上，第一平台建有天门，二平台上三面修有楼阁，东楼为魁星阁，塑有脚踩鱼头，足撑七星的魁星站像，南北两角为钟鼓楼；北楼为火祖阁，塑有火神、牛王、马祖三座像；南楼为娘娘阁，塑有王母娘娘、送子娘娘、献花娘娘三座塑像。三平台上建有雄伟的歇顶式的大殿，高 10 米，正面阔五间，进深 8 米，殿顶为琉璃脊，屋面盖琉璃瓦；殿内塑有文昌帝君的座像，两旁塑有“天聋”、“地哑”侍从站立像。

文昌宫整个建筑布局严谨，结构精巧，错落有致，雕梁画栋，气势雄伟，金碧辉煌，堪称贵德寺观建筑之最，名遐县内外。

藏族著名学者智贡巴·贡去乎丹巴绕布杰（1801—1867）的《安多政教史》中讲述黄河下游赤噶一章时写道：“古城朝南，右尕绒沟……沟口有赤噶尤拉颇章（即贵德文昌宫），此宫后山似宝座（藏语称‘赤’），而得赤噶之名。”[①] 这段话说明，作者当年游历贵德时已建有赤噶尤拉颇章，并指出“赤噶”这一地方名是因尤拉颇章的后山似宝座而命名的，这些信息有助于了解贵德文昌宫建造的具体时间。

青海省海南州佛教协会、中国藏语系高级佛学院藏传佛教研究室编写的《海南州寺院简介》一书记载：贵德文昌宫坐落于贵德县城之西，离今河西乡约2公里处的夏本东纳。怙主第五世达赖喇嘛阿旺洛桑加措撰写的《祭拜赤噶尤拉右旋海螺之声》称：慈悲观音菩萨之恩惠，应显众多化身之业力，应化教服众生之天王，撰写祭拜尤拉之妙音。

文献记载，此庙始建于元初（约1179年），当初有三间小殿，之后逐渐扩建，于明朝（1368年）竣工。建有琉璃瓦的文昌宫殿，文昌眷众等五尊神像和壁画。左右为偏殿，东边是魁星阁，其内塑有翰巴梓潼（即魁星）。传说他从前是皇帝的近侍学者，为人善良，遭他人诬陷受罚，于是投江自尽。后来，被湖中的鳌托起，北斗七星相救，转世为欲界之神。此神为右脚被鳌托起，左脚朝后翘起，手握北斗七星的形象。参直亥活佛认为，翰巴梓潼为文昌眷众，但不是眷众四部。另外，还有鼓楼、厨房、病房、三扇门房等，总的有80余间小房。房屋为古式建筑风格，绣柱雕梁，金碧辉煌，为贵德四大佛寺和八大风景之一。在历史的长河中，文昌宫屡遭战火。以前的旧殿在一次战争中被火烧毁。此后，出生于贵德贺尔加的阿嘉活佛于1919年重建。第十六热迥土狗年（1958年），藏传佛教受劫难时，文昌宫遭到灭顶之灾，全部被毁。第十六热迥水狗年

① 智贡巴·贡去乎丹巴绕布杰：《安多政教史》，296页，兰州，甘肃民族出版社，1982。由笔者藏译汉。

（1982 年）重建。第十六热迥火兔年（1987 年），修马祖阁，塑后殿文昌眷众及翰巴梓潼等神像。阿嘉活佛为各个神像内装藏，置经文、金银等，并加持开光。尤其在文昌神像内装有第十世班禅大师盖有印章的文集。水猴年（1992 年），在北楼塑火神、牛王像，在南楼塑王母娘娘、度母、献花娘娘等 19 尊神像。有很多壁画和雕刻图案。

每年农历六月二十一至二十四日，在巨龙般的黄河之滨举行祈福秋收的节日——贵德六月会。届时，贵德县的汉、藏、回等民族群众载歌载舞，欢庆节日，并且商贾云集，人们进行物资交流。二十二日一天，人们把文昌神和二郎神像分别用轿子从东西两边的庙宇中抬至六月会场，举行跳神仪式，并进行歌舞表演。六月会结束的那一天，又举行跳神和歌舞表演，把二位神灵“送”到各自的宫殿。这就是所谓的贵德六月会。①

图 2－1　贵德文昌宫

由贵德县政协文史资料室编的《贵德文化史》（藏文）一书，记载了贵德县境内所有寺院的历史，其中也有贵德文昌宫

① 青海省海南藏族自治州佛教协会、中国藏语系高级佛学院藏传佛教研究室编：《海南州寺院简介》，32～39 页，西宁，青海民族出版社，1999。由笔者藏译汉。

的历史，现翻译如下：

1. 文昌神的由来

从前，曾考取汉地皇帝的侍臣、最高的官位、闻名的大臣，得名号而称文昌。他以四真谛教导人类，并拯救众生，而在此世间得高官之位，在天界也得到最高的官职，为天界的主神之一。又说，有一星被称为文昌星或文曲星。关于此星有很多历史，有关神灵的史书中认为是昴宿六星之一。诗人杜甫的诗篇“北方微风送明朗，水中文昌空中飘”，给人们留下了深刻的印象。为获取高官爵位，士大夫有勤奋努力的心愿，但十年寒窗，未必官运亨通。有人中榜，认为是文曲星赐予的。传说，众多天星掌控左右着人间的官位，住在七曲山的张亚子逝世后，人们认为他是文昌的化身。张亚子是何许人也？据明代史书记载，他是东剑（此为音译，具体不明——译者）人，为报母仇，举家从故乡越西搬迁至四川梓潼的七曲山。他不仅精通空门教义，而且谙熟医学。当时，社会动乱，人们的生活非常困难。张亚子无论走到何地，都是敬老爱幼，济贫行善，调解纠纷，而且行医施药，受到民众的尊敬和爱戴。张亚子逝世后，人们修庙祭祀。传说，他有七十二种化身。有一次，为了人们的利益，他化作一条青龙，使潼江大发洪水，淹没了西洲地区，根除了贪官污吏。据医学典籍记载，他还是一位著名的医生。据儒家史书，他的先祖十七代曾为官。唐朝时期，逃至四川的唐玄宗和唐僖宗，先后封他为左丞相和济顺王。南宋光宗提升张亚子的地位，封他为文昌大神（文昌帝君）。北宋初年，宋真宗封张亚子为英显武烈王。第二热迥火虎年，即 1146 年，为他建了一座皇宫般的庙宇。各地有文昌大神（文昌帝君）的称号。传说，农历二月初三是张亚子的诞辰日，这一天，朝拜者众多，络绎不绝。

2. 文昌神的诞生地

从 1664 年 3 月开始，文昌宫记有文昌神的相关历史，并且唐、宋、元、明、清等五代有相关的名胜古迹，如详细讲述，将显得冗长，下面分几部分介绍。

（1）七曲山大庙四周遍地古松，在应梦仙台旁有稀而珍贵的晋柏，此为柏树之王，传说为西晋时张亚子栽种的，至今有 1600 多年的历史。有诗人赞誉道：如佛子身不生不灭，同孔坛杏有千有年。

（2）风洞楼和白特殿在家庆殿的右侧，建筑风格独特，是明朝洪武八年（1375 年）所建。

（3）大殿前的盘陀石殿内有一圆如月亮般的巨石而得名。此殿建于元初，清嘉庆二十年（1800 年）重修。

（4）桂香殿在正殿之后，曾为张亚子殿和应梦殿。现今的建筑是明初按蜀王的宫殿建造的，因殿前有檀香、莲花、桂花而得名。

（5）瘟祖殿位于正殿右侧，始建于明初 1279 年，后遭焚毁，清 1776 年重修。

（6）百尺楼或忠孝楼、魁星楼、星主楼，始建于 1368 年，又名为西蜀名楼。建筑设计新颖，华丽堂皇，闻名遐迩，可与金尺楼、岳阳楼、黄鹤楼媲美。后焚毁，于 1732 年重修。

（7）文昌宫桂花殿内塑有 600 年前的文昌神铜铸像和天聋地哑两位侍从像，重 120 余斤，造像优美，堪称精品。文昌神为何以两位聋哑为侍从呢？文昌神是世间守护者和主管人间禄籍的神灵，聋者两耳不闻，一概不知，哑者虽闻却不能言。因此，一位看守禄籍机要，另一位掌管象征权力的印章。另两位儒学专家的文集中记载有关世间的箴言：治国要善，公平正义，行为端正，智行合一，齐家治国以平天下，凡事以善为先。李白的“蜀道难”等诗句表明，梓潼有许多三国时期的名胜古迹。如刘备御马岗之战、孔明驻扎青龙岗、张飞瓦口关大战、蜀汉诸葛亮北伐金牛道、李渊墓等。还有汉代的石房、唐朝的石雕像、宋代的雕刻版画、五足鼎和重300多斤的铜像等。

3. 古今文昌宫建设事宜

文昌宫坐落于离贵德县河西镇约2公里处的翰巴纳山根。占地面积大约有469平方米。东面是河滩，南面是下刘屯村，西面是翰巴滩，北面是黄河。此宫始建于1179年。关于文昌宫的选址有这样的传说：起初塔尔寺阿嘉活佛的某位前世，准备在贵德热水沟兴建，待所有材料准备齐全。不料，某日晚上发洪水，将备好的材料全部冲走，但奇怪的是材料完好无损，堆积在现今的文昌宫附近，于是顺应天意在此地修建了文昌宫。另，传说阿嘉活佛的某位前世，曾任国师时，一位蒙古族大臣心怀恶意，向皇帝进谗言道：“阿嘉活佛的笔筒里装有刀子，欲弑你。”皇帝召阿嘉活佛到殿前，问道：“你的笔筒里有何物？让朕看看。”阿嘉心想，笔筒里有削笔的刀子，不知如何是好。于是想起非常灵验的勇猛大神——尤拉，便祈祷尤拉帮助。果然，尤拉显灵将笔筒里的刀子隐藏起来，皇帝未发现刀子，严惩了那位蒙古族大臣。阿嘉活佛回到寝宫后发现，削笔刀挂在墙上。为表感谢，阿嘉活佛承诺，将在环境优美的地方为勇猛的尤拉大神建造宫殿。后来，阿嘉活佛依据尤拉大神的意愿，在现今的文昌宫址处为尤拉修建了宫殿。

建造此宫并非一帆风顺，因故没能一次竣工。1179年修了三间经堂，此后逐年修建，到1368年宫殿才得以全部完成。三间大殿的屋顶是琉璃瓦，左右偏殿有16间。东边的魁星阁上下有12间，其中塑有魁星像。北楼上下12间为青灰色瓦房。大殿内塑有5位文昌眷属神灵像，其他都是壁画。大殿左右有马祖、千里驹和万里云的塑像。还有鼓楼、厨房、病房、三扇门房等，总共有 80 余间小房，都是古式建筑，布局严谨，亭台楼阁，绣柱雕梁，金碧辉煌，做工精细等，巧夺天工，因此，现在是贵德地区闻名的八大景区之一。至今有 800 年的历史。

明朝中期，因武装起义，除大殿外其他房屋被烧毁，后地方上进行维修。民国八年（1919 年），因发生暴乱，部分经堂失火，后来由阿嘉活佛资助而重建。1958 年“文化大革命”期间，文昌宫整个被毁坏，11 尊塑像被毁，还有 4 口古钟、2 座石狮、2 张精美的供桌、2 个铁铸的祭坛等都毁于一旦。300 多个石阶被掠夺，尤其是一条价值连城的珍珠念珠（据说是清政府赐的）不翼而飞了。

4. 修缮的情况

十一届三中全会以后，藏区的众多信徒纷纷提议，要求重建文昌宫。之后，12 名老人自行组成文昌宫筹建组。民众纷纷募捐，于 1982 年开始制订计划，并购置木材。此年农历八月二十五日大殿竣工，屋顶为琉璃瓦。1986 年 8 月 16 日，海南州 86 第 97 号文件同意批准文昌宫为宗教活动场所。1987 年，重修了两间马祖阁和地方神庙三间，而且重塑了文昌神和眷属翰巴梓潼、马祖、千里驹、万里云等 11 座像。1990 年农历六月六日，重修了北楼上下十二间房和转经路。1992 年农历八月底，在北楼塑火神、牛王、马祖像，在南楼塑王母娘娘、度母、献花娘娘等 19 尊像，并涂颜料。以上所讲宫殿的结构是按以前的布局重建的。除角楼、柱子等雕刻了花纹外，南北楼雕以七层花纹而比以前更精美，尤其是重视对宫殿的每个神像进行装藏，特请文昌宫名誉主持阿嘉活佛。在他的支持下，对每个神像装一定数量的文集和金银珍珠等藏，并进行加持。最为珍贵的是，在文昌神像里装有班禅大师盖有私印的文集一部。

东楼翰巴梓潼阁是1994年农历十月二十六日竣工，钟楼和鼓楼于1995年农历五月二十六日完工，其具体修建情况无文字记载，以后再讲。[1]

《贵德文化史》对文昌宫历史的介绍，是有关文昌神历史的藏文资料中最全面、最详细的文献。其中不仅有贵德文昌宫的历史，而且详细介绍了梓潼七曲山大庙的情况，其文献价值不言而喻。但其中对七曲山大庙的情况介绍，有些表述不太正确，有违事实。有些地名和人名的翻译也不甚准确，需进一步探讨和研究。

从上述藏汉文献资料来看，几乎都没有提到文昌神是如何传播到贵德的历史，只讲文昌宫修建的历史。关于文昌宫修建的具体时间，上述文献也各执一词。藏文资料认为贵德文昌宫修建于元代，而汉文资料则认为，贵德文昌宫修建于明代后期。故而文昌神传播到安多藏区及文昌宫修建的具体时间尚有待研究。

文昌神作为道教神灵，其信仰主体是汉族。然而在安多地区却恰恰相反。这不仅与汉藏文化间的交流有关，而且与明代的移民实边政策有着密切的关系。下面结合安多地区的相关历史文献资料以及贵德地区的历史文化发展轨迹，探讨文昌神传播到贵德的历史。

贵德历史悠久，出土文物表明，早在新石器时代，在黄河两岸的台地上就有先民在这里繁衍生息。公元前60年，西汉在今贵德地区置河关县。后凉吕光置浇河郡，北周建德五年（576年）置廓州，隋初设河津县。唐仪凤年间设积石军。此后曾几

---

① 贵德县政协文史资料室编：《贵德文化史》，183～188页，1997年内部印刷。由笔者藏译汉。

度为吐蕃属地。元代至元八年（1271 年）设贵德州，明洪武三年（1370 年）改贵德为归德。明洪武八年（1375 年）改归德州为归德守御千户所，隶临洮府河州卫。清乾隆三年（1738 年）归德改隶西宁府管辖。乾隆二十六年（1761 年），复改归德为贵德。乾隆五十七年，置贵德厅。民国二年，改厅为县。1949 年 9 月 18 日贵德解放，建立县人民政府。1953 年，隶海南藏族自治州。①

据《青海历史纪要》记载：明太祖洪武三年（1370 年）夏，明征西将军邓愈攻占河州，元吐蕃等处宣慰使何锁南普投降。明朝统治力量达到青海地区，邓愈率兵至莽喇川，占领今循化、贵德。明洪武八年（1375 年）修筑归德城，至十三年（1380 年）竣工，城周长 2278 米，四周有护城壕，开有南北二门，上有门楼，筑有翁城。东南角和北面建有魁星阁、文昌宫……②《贵德县志》记载：万历二十年（1592 年），归德玉皇阁建成。又载：《题归德创建玉皇阁万寿观碑记》中……统贯诸像神宇，东西雷祖、玄帝、文昌三官，后洞三教，前庭拜殿，钟鼓角楼，门厨房舍，余不及载，壮丽风采，涣然规洪。万历二十年（1592），河州卫世袭指挥同知任归德游击前授诰怀远将军结峰长略撰书。③ 从上述史料可以看出，明初贵德城内建有文昌宫，但据笔者实地调查发现，这座庙现已荡然无存。玉皇阁内至今还有文昌殿，塑有文昌神像。

---

① 贵德县地方志编纂委员会编：《贵德县志》，1－2 页，西安，陕西人民出版社，1995。

② 贵德县地方志编纂委员会编：《贵德县志》，54 页，西安，陕西人民出版社，1995。

③ 贵德县地方志编纂委员会编：《贵德县志》，10 页，西安，陕西人民出版社，1995。

明以前贵德地区的居民以藏族为主，元时这里定居农业户不多，汉族很少，甚至没有。之后，随着明朝军队的进入，才逐渐有了汉族人口定居，或者说他们均已被别的民族同化了[①]。《贵德县志稿》记载：明洪武十三年（1380 年）于河州拨民 48 户来贵德开垦守城，自耕自食，不纳丁粮。又于河州卫拨世袭百户王（王猷）、周（周鉴）、刘（刘庆）三人，各携眷口，赴贵德守御城池。[②] 永乐初，镇守河州都指挥刘昭奏请，全调一所于归德，二百守城，八百屯种。[③] 清乾隆龚景瀚《循化志》载："明初立河州卫，分兵屯田。永乐四年（1406 年）都指挥使刘钊奏调中左千户一所，贵德居住守备，仍隶河州卫，保安其所属也。贵德共十屯，而保安有其四。"该志还载："屯兵之初，皆自内地拨住，非蕃人也。故今有曰吴屯者，其先盖江南人，余有河州人。历年既久，衣服语言，渐染夷风。其人自认为土人，而官亦目之蕃民矣。"[④] 据《贵德县志》载，洪武十三年（1380 年），归德城修建竣工，历时 7 年。三月，明朝迁河州农民 48 户至归德，"免其赋税守城"。后又调河州百户王猷、刘庆、周鉴携家眷来归德守御城池，设王、刘、周三屯。此后，又继续在归德辖区设立 7 屯（今尖扎县康、杨、李屯，同仁县的脱、季、李、吴屯），共 10 屯。[⑤] 随着大量汉族人口的迁移，

---

① 芈一之：《青海汉族的来源、变化和发展》，载《青海民族研究》，1996（3）。

② 青海省民委少数民族古籍整理规划办公室编：《青海地方旧志五种》，752 页，青海人民出版社，1989。

③ 贾伟、马兴盛：《试论明代青海河湟地区人口迁移》，载《青海民族研究》，2002（2）。

④ （乾隆）龚景瀚纂：《循化志》卷 2，甘肃省图书馆藏。

⑤ 贵德县地方志编纂委员会编：《贵德县志》，10 页，西安，陕西人民出版社，1995 年。

汉文化也逐渐向贵德地区传播。明洪武十三年后，道教逐渐传入贵德，信教者为汉族。①

通过上述资料分析，明初文昌神随着人口迁移传播到贵德地方，但仅仅是官方的移民实边政策而已，未普及到民间，更没有得到藏族民众的信仰。贵德地区自唐代开始为吐蕃属地，境内几乎全是藏族。藏族全民崇信佛教，藏传佛教文化是其主流文化，扎根于民间，颇具影响力。在这种藏传佛教文化占据主导地位的文化背景下，藏族民众无缘无故信仰文昌神是不可能的。那么，广大藏族民众是如何接受文昌神的呢？笔者在实地调查时，听贵德文昌宫庙管会前主任讲，贵德文昌宫刚开始是在阿嘉活佛的某位前世的倡导下，与县政府联合修建的，时间大概是明代后期。这句话有一定的道理，但缺乏历史依据和事实根据，值得进一步推敲。关于文昌神在贵德的初传，贵德地区有两种比较流行的说法：一说认为是赛赤嘉纳巴·洛桑丹贝尼玛接受的，另一种说法是色康巴·洛桑丹增嘉措请了文昌神。据文献记载，赛赤嘉纳巴·洛桑丹贝尼玛生于1689年，卒于1762年；色康巴·洛桑丹增嘉措生于1780年，卒于1848年，两位大师都生活在有清一代。综观藏传佛教发展的轨迹，任何教义或神灵的推广和崇拜，都是自上而下传播开来的，也就是说只有在寺院或者是在上层人士当中得到崇信，方可传播到民间，这是一条规律。尤其是藏传佛教大师或活佛，对宗教文化传播的作用是不可替代的。只要他们信仰或崇拜，老百姓自然就会追随。

笔者在田野调查时，收集到有关赛赤嘉纳巴·洛桑丹贝尼

---

① 贵德县地方志编纂委员会编：《贵德县志》，550页，西安，陕西人民出版社，1995。

玛（1689—1762）、章嘉若必多杰（1717—1786）、嘉木样二世晋美旺布（1728—1791）、阿嘉·洛桑加央嘉措（1767—1816）、色康巴·洛桑丹增嘉措（1780—1848）、智贡巴·贡去乎丹巴绕布杰（1801—1867），还有哈萨纳丹巴坚参、角绒夏珠加措等高僧的历史文献和一些散落民间的资料。对所得资料进行研究，有两点值得注意：其一，撰写文昌祈愿文时间最早的是赛赤嘉纳巴·洛桑丹贝尼玛；其二，上述大部分高僧的出生地在今天的贵德、尖扎一带。另据一篇赛赤嘉纳巴·洛桑丹贝尼玛的文昌祈愿文《文昌神祈愿文心意圆满》的跋中写道：此是在身边出现文昌神的迹象，由贡巴曲热之嘱托，由洛桑丹贝尼玛在文殊皇帝之行宫——第二天宫花园（即雍和宫）创作，格西嘉央彭措执笔完成。

关于赛赤嘉纳巴·洛桑丹贝尼玛的生平事迹，《藏传佛教高僧传略》记载：赛赤洛桑丹白尼玛，意为“善慧佛日”。青海蒙古右翼所辖黄河南岸央桑地方（约在今青海省尖扎县和贵德县之间）人，蒙古族，为尖扎拉毛察汗诺门汗三世阿旺洛桑丹白坚赞（1660—1728）之兄卫津台吉之子。他既是拉毛德钦寺系统主要活佛，又成为该寺的活佛，后来有功于塔尔寺的建设，在塔尔寺建有自己的府邸。清雍正至乾隆期间，担任北京、承德、内蒙古的掌印喇嘛，为青海藏传佛教界颇有名气的蒙古族学者，兼通藏蒙汉三种语言文字，为藏蒙汉民族间文化交流做出过一定贡献。土蛇年（1689 年）洛桑丹白尼玛出生后，由二世章嘉·阿旺洛桑却丹（1642—1714）和三世拉毛察汗诺门汗经请示五世班禅洛桑益西大师及降乃均护法神后，正式认定为阿旺洛哲嘉措的转世。因阿旺洛哲嘉措在噶丹寺有格鲁派教主的“金座”，藏语称为“赛赤”，故以后称这个活佛的转世系统称为“赛赤活佛”。追认阿旺洛哲嘉措为第一世赛赤，洛桑丹白尼玛为第二世赛赤。水鸡年（1693年），灵童被迎入拉毛德钦寺坐床。从金蛇年（1701年）起学习般若、中观、释量、俱舍等格鲁派格西必修的五部大论。金虎年（1710年），拉卜楞寺第一世嘉木样协白多杰大师来拉毛德钦寺时，他在大师前立宗辩论。后来又先后赴广惠寺、塔尔寺、夏琼寺、隆务寺、叶什郡寺、拉卜楞寺等寺广参名师闻习经法。水虎年（1722年），进西藏朝圣，在拉萨布达拉宫拜谒七世达赖喇嘛噶桑嘉措和五世班禅洛桑益西，向噶丹、哲蚌、色拉三大寺广放布施。又去后藏札什伦布寺从五世班禅受比丘戒，赐法号洛桑丹白尼玛。回到拉萨后从七世达赖喇嘛噶丹寺第五十四任法台阿旺却丹学习较高深的经论。水兔年（1723年），在拉萨神变祈愿大法会上巡回讲经，尤其与罗桑智美等著名论师辩论获胜后，声誉大振，被僧俗称为博学多识的大学者，当年返回拉毛德钦寺。从火马年（1726年）到木虎年（1734年）任该寺法台，治理寺院政教事务。木虎年（1734年，清雍正十二年）七月，受雍正皇帝召请到北京，九月抵达北京后觐见雍正皇帝和三世章嘉国师。木兔年（1735年），久住京师的三世土官·洛桑却吉尼玛因辞朝返乡，经提议，洛桑丹白尼玛被皇帝敕封为北京、承德、蒙古地区的掌印喇嘛，执掌这些地方的教务。清乾隆元年至五年，赛赤活佛夏秋季节住蒙古七海寺弘传佛法，冬季住在皇宫里，给第十七王子等人讲授经典。从金鸡年（1741年）十月十五日开始，由章嘉国师和赛赤活佛担任译主，另有几位通晓经籍的高级佛学家以及许多通晓蒙藏两种语言文字的翻译家开译，至水狗年（1742年）十一月十五日，将《丹珠尔》译成蒙文。水鼠年（1744年），奉乾隆皇帝之命，赛赤活佛协助章嘉国师将雍和宫改建为藏传佛教寺庙。赛赤洛桑丹白尼玛完成了京城的弘法事业后回到青海拉毛德钦寺，于藏历第十三绕迥之水马年

(1762 年) 在该寺圆寂。其著述有四函。[①]

从赛赤洛桑丹白尼玛的传记来看，他久居京城，兼通藏蒙汉三种语言文字。同时，他被皇帝敕封为北京、承德、蒙古地区的掌印喇嘛，与皇帝关系密切，并为皇亲国戚传授佛法，自然有机会接触文昌帝君等道教神灵。自唐朝开始实行科举考试制度以来，文昌神也成为文人学子的崇拜对象。明、清以来，朝廷规定天下学宫都要建造文昌宫。尤其是清代，每年文昌帝君生日那天，朝廷都要特意派遣大臣前往北京文昌庙祭祀。[②] 由此看出，当时朝廷非常推崇文昌帝君。而就在赛赤洛桑丹白尼玛留驻京城的这一时期，道教的另一位神灵关帝也进入了藏传佛教的领域。关帝信仰传入藏区后，被吸收进藏传佛教的护法神灵体系，这主要是清代藏传佛教高僧大德所为。[③] 章嘉创作《关老爷之祈供法》大概时间是在 1748—1750 年左右。也就是说，关帝在 18 世纪中叶正式进入藏传佛教护法神灵体系……可以说关帝纳入藏传佛教护法神灵体系之中，首先是由章嘉活佛与七、八世达擦活佛推动的，其主要缘由是明清时期全国各地各民族中流传着关帝信仰。[④]

由上述关帝信仰传播到藏区的历史了解到，关帝被纳入藏传佛教护法神灵体系之中的关键人物是章嘉国师，时间大约在 1750 左右。而此时章嘉国师和赛赤洛桑丹白尼玛都在京城，他俩不仅有师徒关系，而且一起将《丹珠尔》翻译成蒙古文，将雍和宫改建为藏传佛教寺院等，从事弘扬藏传佛教事业。这种

---

① 拉科·益西多杰编译：《藏传佛教高僧传略》，415～417 页，西宁，青海人民出版社，2007。

② 黄枝生：《文昌祖庭探秘》，198 页，北京，中国三峡出版社，2003。

③ 才让：《藏传佛教中的关公信仰》，载《中国藏学》，1996 (1)。

④ 加央平措：《关帝信仰和格萨尔崇拜》，载《中国社会科学》，2010 (2)。

历史的境遇，致使赛赤洛桑丹白尼玛有了接触和认识关帝和文昌帝君等道教神灵的机会，并以此为契机，撰写了文昌祈愿文《文昌神祈愿文心意圆满》。由此推断，赛赤洛桑丹白尼玛是将文昌帝君纳入藏传佛教神灵体系之中的关键人物。

总之，通过对历史文献、民间传说、佛教典籍等的解析，我们发现文昌神是在明代安多藏区实施汉族移民政策、汉藏宗教文化间经过长期交流和相互影响及安多藏区多民族杂居的社会文化环境等大背景下，藏传佛教高僧大德将其纳入藏传佛教护法神灵体系之中而传播到藏区的。贵德遂成为安多藏区文昌神信仰传播最早的地方。另外，在化隆和黄南州等地区，当地民众都称呼文昌神为赤噶阿尼尤拉，并且认为是从贵德来的。对此，我认为，文昌神信仰的最早传播地是安多藏区的贵德，而后由此逐渐向其他藏区传播，形成了目前安多大部分藏区信仰文昌神的局面。

（二）文昌神信仰在安多藏区传播的原因分析

1. 相近的宗教文化因子是文昌神在安多藏区传播的心理基础

文昌神的祭祀习俗和藏族的原始宗教苯教的祭祀仪轨有很多共同点。其一，牲祭习俗。据清嘉庆版《四川通志》和咸丰版《梓潼县志》中记载的关于文昌神的祭祀过程，其中提到："祭品：……俎实（纯黑牛、羊、猪一头）……""宰牲：前祭一日，承祭官俱蟒袍，补助监灾牲，并埋毛血东北偶坎内。"[①]从上述可知，祭拜文昌神时有牲祭的习俗。其二，烟祭习俗。

① 王兴平等编：《中华文昌文化》，605页，成都是，四川出版集团，2004。

祭星习俗始于上古，《周礼·大宗伯》载："以实柴祀日、月、星辰，郑玄注云：司中司命，文昌第五、第四星也。"《周礼》又说："以槱燎祀，司中司命。"由此可见祭祀已列入《周礼》的国家祀典中，采用方式是"燔柴祭"，就是采用"烟祭"仪式祭祀文昌神，至今在梓潼文昌帝君出巡时，民间仍有"煨柏桠"实行"烟祭"的习俗。[①] 由此可知，烟祭是祭祀文昌神的形式之一，在民间从古延续至今。

祭祀文昌神的两种形式即牲祭和烟祭，在藏族原始宗教苯教中是经常使用的祭祀仪轨。苯教是藏族的本土宗教，其主要目的是"下镇鬼怪，上祀天神，中兴人宅"。[②] "苯教每年秋天要举行'鹿角祭'，杀死许多公鹿，取血肉献祭，冬天要各杀死三千只（头）绵羊、山羊、牦牛等公畜献祭苯教神祇，春天要举行名叫肢解无角母鹿的祭祀，将四只无角母鹿四蹄折断，以血肉献祭，夏天要举行苯教祖师祭，以各种树木和粮食煨桑祭祀，在人有病痛时，要施舍赎命，视个人经济情况从最多杀公畜母畜各三千到杀公畜母畜各一头献祭神祀，人死以后为了制伏鬼魂，也要像上述那样杀牲祭祀。此外，还有祈福、送鬼、赎替、卜算、预测生死等仪式内容。"[③]

烟祭虽起源于苯教，现如今却成为藏族宗教生活中最为常用的祭祀仪式，许多宗教仪轨都离不开烟祭。苯教著作中记载："柏树比野蒿好，它是苯教的圣树，常常被称为众神之长青柏树；长青柏树也是苯教四种永恒的标志之一。人们认为焚烧植物，特别是焚烧柏树所产生的烟雾能净化人所遭受的各种污秽。去病免灾有两种方式。'参'可以免除病痛，而祸灾要用烟雾

① 黄枝生：《文昌祖庭探秘》，218 页，北京，中国三峡出版社，2003。
② 丹珠昂奔：《藏族文化发展史》，438 页，兰州，甘肃教育出版社，2001。
③ 班班多杰：《藏传佛教思想史纲》，56 页，上海，三联书店，1992。

（煨桑）加以净化。净化仪式焚烧柏树所产生的香气是专门敬给山神的一种最普通的贡品。但供奉所使用的词‘桑’与净化仪式使用的词是相同的。‘煨桑’是净化之意。供奉桑的仪式在以后几百年中在苯教中得到了很大的发展。”① 由此可见，苯教和文昌神的祭祀仪式基本是相同的。

佛教传入藏区后，与苯教发生过不同程度的文化冲突。在吐蕃时期，曾发生了三次大的灭苯事件，佛教徒极力反对牲祭习俗。然而，佛教要在雪域高原生根发芽，彻底摈弃苯教是不可能的。苯教作为藏族的本土宗教，在广大民众心中有不可替代的作用，其影响是根深蒂固的。只有选择性地借鉴和吸收苯教的文化因子，将佛苯有机地整合到一起，佛教才能有所发展。这就是文化的本土化过程，也是文化发展的一般规律。因此，苯教的牲祭和烟祭的习俗也未彻底消失，而融入到藏族的宗教生活中，并得到了不同程度的发展。牲祭依然是苯教的祭祀形式之一，烟祭已成为藏传佛教仪式中不可或缺的祭祀仪轨。这和相似的祭祀仪式使得藏族人从心理上易于接受文昌神信仰，也为文昌神信仰的传播奠定了心理基础。我们回头看看道教的祭祀习俗便可发现，在文昌神祭祀仪式中，仍然有牲祭的习俗，烟祭更是习以为常了。

文昌神虽是道教神灵，但在其定型的过程中吸收了其他宗教的成分，是多种宗教文化结合的产物。其中也不乏佛教的文化因素。主要表现在：一是佛教授与文昌帝君封号。在文昌帝君被道教和封建帝王授予各种封号时，佛教也积极迎合，封了各种名号。“佛教也不甘落后，也说梓潼帝君张亚子广行阴骘，

① 桑木旦·噶尔梅：《概述苯教的历史及教义》，向红笳译，见《国外藏学研究译文集》（第十一辑），拉萨，西藏人民出版社，1994。

以忠孝为本，利人利物为心，三十功满，证果天仙，后因夙孽，自蜀归依如来，被如来授记为‘证果定慧王菩萨’，后来又授记‘梵镇如来’和‘证安乐不动地游戏三昧王菩萨’、‘释迦梵证如来位’。”① 二是《文昌帝君阴骘文》中充满佛教的色彩。《文昌帝君阴骘文》是以文昌帝君之名，扶鸾降笔而成的劝善书。其中有许多佛教理论，如“吾十七世为士大夫”，“或拜佛念经”，“近报则在自己，远报则在儿孙”等佛教生死轮回说和因果报应论，另外也汲取了佛教的一些戒律，如“或买物而放生，或持斋而戒杀”，“举步常看虫蚁”，提倡慈悲、戒杀、放生等佛教理念。三是佛道合璧的神灵布局。根据上述文昌祖庭七曲山大庙内的神灵布局，我们发现，这里供奉的大都是道教神灵，但也不乏佛教神佛，如塑有释迦牟尼像，并且还有专门的观音殿，形成了佛道合璧的神灵布局结构。上述三点说明，文昌帝君虽是道教神灵，但其中也蕴涵着佛教的色彩，佛道并行不悖，安然共处，这一特征与藏民族的佛教信仰不谋而合，从心理层面上为信仰此神奠定了基础。根据当代传播学的原理，在文化传播过程中，受传者必须具备一定的知识和经验，才能理解新信息的内容。同时，受传者对于传播中的信息，采取选择性接受，人们总是特别注意选择那些同自己的兴趣有关、与自己的固有观念一致、和自己的信仰吻合并支持自己的价值观念的信息。②

因此，我们说文昌神信仰与藏族宗教信仰二者，在祭祀仪式和宗教理论方面的共性，也就是所谓的相同的宗教文化因子，是文昌神信仰在安多藏区传播的心理基础。

---

① 黄枝生：《文昌祖庭探秘》，217页，北京，中国三峡出版社，2003。

② 班班多杰：《藏传佛教思想史纲》，57页，上海，三联书店，1992。

2. 功能方面的需要

在道教中，文昌神是一位重要的尊神。关于他的职责，《历代神仙通鉴》中说："文昌帝君上主三十三天仙籍，中主人间寿夭祸福，下主十八地狱轮回。"① 他是主宰人间的功名和禄位的神灵，成为世代读书人崇拜的重要之神。

在安多藏区，人们称文昌神是黑文殊菩萨的化身。这一点，与文昌帝君的职责相似。文殊菩萨是释迦牟尼佛的上首弟子，在大乘菩萨中被誉为智慧第一。在藏传佛教中，认为文殊菩萨是智慧之神，得到无数佛教大师的推崇。藏传佛教还认为，整个汉地是文殊菩萨的教化之地，汉地文教之发达也与文殊菩萨有关。在藏传佛教中文殊菩萨有白文殊、黑文殊等。② 而之所以认为文昌神是黑文殊菩萨的化身，这其中有一定的含义。藏族历史上一般称汉地为"嘉纳"（རྒྱ་ནག）。《藏汉大辞典》"རྒྱ་ནག"词条解释为："汉地，内地，主要指我国内地汉族聚居的地方。字面意谓幅员辽阔，衣着以深色为主者。"③ 因此，藏族认为文昌帝君也应是衣着深色者，是黑文殊菩萨化身。这样一来，黑文殊菩萨成为文昌神的代名词，顺理成章地被藏族民众所接受。进一步说，在藏传佛教范畴，人们非常崇信文殊菩萨，许多信徒经常念诵文殊咒语。藏传佛教大师顺势而为，用黑文殊菩萨的化身替代文昌帝君，此举正好符合民众的信仰需求，顺应了信仰的愿望。具有相似文化的群体，由于有相似的文化特质，比较容易互相适应，文化的互相借用数量更大。④ 宗教的相同功能为

---

① 黄枝生：《文昌帝君》，319 页，成都，巴蜀书社，2000。

② 才让：《藏传佛教信仰与民俗》，33 页，北京，民族出版社，1999。

③ 张怡荪主编：《藏汉大辞典》，532 页，北京，民族出版社，1993。

④ 夏建中：《文化人类学理论方法研究》，214 页，北京，中国人民大学出版社，1997。

文昌帝君的传播起到了积极的作用。

3. 藏传佛教大师的推波助澜

综合上述传说故事等文献资料，我们认为文昌神传播到贵德地区的主要原因有二：一是内因。在明代，贵德地区实行移民实边政策，部分汉族移民从河州迁入贵德。与此同时，修筑贵德城，城内建有文昌宫，之后修贵德玉皇阁，其中塑有文昌神像。这些事实表明，从明朝开始贵德地区就出现了文昌神，这就是文昌神初传的萌芽，具备了催发信仰的条件，但需要外部力量的介入或推动才能开花结果，这个条件就是文昌神传播的外因。外因主要是通过藏传佛教大师的介入和他们推波助澜而产生的作用。分析上述历史文献和民间传说，明代以前贵德地区几乎没有其他民族，以藏族为主，藏传佛教为其意识形态和主流文化。在这种大的文化背景下，当地民众信仰文昌这一外来神灵的原因何在？我认为，在有了文昌神信仰萌芽的基础上，佛教大师们将此神供奉为地方保护神，然后逐渐传播到民众当中的。这一点，上面的几则民间故事为我们提供了很好的解释。虽然，口碑文献的变异性与不易保存使事件传播显得模糊，但都说明了一个共同的历史事实，即文昌神是由某位佛教大师迎请到安多藏区的。这些民间故事，以口述的形式记忆了历史，建构了一个民族的文化传统和地方性知识。在内外因素的作用下，文昌神逐渐渗透到贵德地区的民间，当地民众也自觉或不自觉地接受了此神。从此，贵德成为安多藏区文昌神信仰的发源地。随后，以此为中心逐渐传播到周边的化隆和热贡等地区，形成了安多藏区文昌神信仰的宗教文化圈。

根据民间传说故事和本人的实地调查，贵德地区的文昌神传播与塔尔寺的赛赤洛桑丹白尼玛和阿嘉活佛有关，化隆地区的文昌神与夏琼寺的赛康巴·罗桑丹增嘉措大师有关联，热贡地区的传播也与隆务寺的堪乾更登嘉措有密切的联系。因此，文昌神在安多所有地方的传播都与当地的佛教大师息息相关，在大师们的崇拜及推波助澜下才得以进入民间信仰，以至使其成为安多地区比较有影响的地域守护神。

4. 藏传佛教具有吸纳其他民族的神灵为地方神或护法神的传统

综观藏传佛教发展的轨迹，我们不难发现，佛教在雪域高原的落地生根，是经过了一系列不同文化的整合过程，尤其在神灵的结构方面，它吸收了诸多苯教神灵，并进行了不同程度的改造。佛教初传藏区，曾与苯教发生了三次大的文化冲突。虽然以佛教获胜而告终，但佛教也不能彻底抛弃苯教，而是将部分苯教神灵作为佛教的护法神，请进了佛教的神殿。苯教神殿聚集着为数众多的神灵，它们可能分别起源于象雄、印度、汉地，还有一些起源于波斯和西藏本土。[①] 佛教也遵循苯教的这一规律，吸收了非藏区的诸多神灵，其中包括印度和汉地的。这种文化发展模式的逐渐延续，导致今天的藏传佛教成为神灵体系庞杂、名目繁多的神灵信仰结构，形成了藏传佛教和民间守护神并存的宗教信仰格局。基于这种文化发展的路径，我们不难理解雪域高原的山山水水为什么弥漫着神灵的气息。这里的神灵是跨地域和族群的，只要是灵验者，都可以成为万神殿中的护法神。如此推断，文昌帝君成为安多藏区的地域守护神也就不足为奇了，它在安多藏区的传播具有肥沃的文化土壤。与文昌帝君雷同的道教神灵还有关帝、二郎神等，同样在安多藏区得到人们的崇信。

---

① 桑木旦·噶尔梅：《概述苯教的历史及教义》，向红笳译，见《国外藏学研究译文集》（第十一辑），拉萨，西藏人民出版社，1994。

因此，文昌帝君成为安多藏区的地域守护神，不仅有此类文化发展的先例可循，而且这也是藏传佛教的包容性和藏传佛教文化世俗化的表现。

5. 独特的地理位置

文化传播的范围或借用的程度决定于两个民族之间接触的持续时间与密切程度。[①] 文昌神信仰传播到安多藏区，与安多藏区特殊的地理环境有密切的关系。安多藏区处于青藏高原的东部边缘地带，为藏族、汉族过渡和交接地区，也是藏文化的边缘带。历史上，这里曾进行过大规模的人口迁移，从而形成了以藏族为主的多民族杂居的居住格局，汉藏杂居尤为明显，在此基础上形成了宗教多元、文化多元的区域文化圈，是多民族聚集、多元文化共存、多种宗教信仰共生的地带。[②] 关于安多藏区的地理位置，费孝通先生曾说是黄河上游的民族走廊。正是这一区域位置，使该地区的文化与汉文化有了持续接触的机会，也有了借鉴和吸收他文化的环境。这就为文昌神在该地区的传播创造了环境条件。

二、安多藏区的文昌神信仰分布格局

文昌神信仰传播到安多藏区的贵德后，贵德成为文昌神信仰的中心，然后逐渐辐射到周边的化隆、热贡等地区，形成了一条黄河上游地区的文昌信仰文化带。据笔者实地调查，安多藏区的文昌神信仰主要分布在青海省海南藏族自治州的贵德、

① 夏建中：《文化人类学理论方法研究》，212 页，北京，中国人民大学出版社，1997。

② 刘夏蓓：《安多藏区族际关系与区域文化研究》，5 页，北京，民族出版社，2003。

贵南、共和、同德、兴海五个县，黄南藏族自治州的同仁和尖扎县，海东的化隆县，西宁市的湟中县和海北州天峻县的部分牧区。另外，甘肃省甘南藏族自治州夏河县的部分村落也信仰文昌神。目前，文昌神已成为青海省除果洛、玉树两个藏族自治州以外的大部分藏区所信仰的地域守护神。因地域文化环境和民族成分的异同，各个区域的文昌神信仰分布也各具特色。下面重点介绍海南、黄南及化隆三个区域文昌神信仰的分布状况。

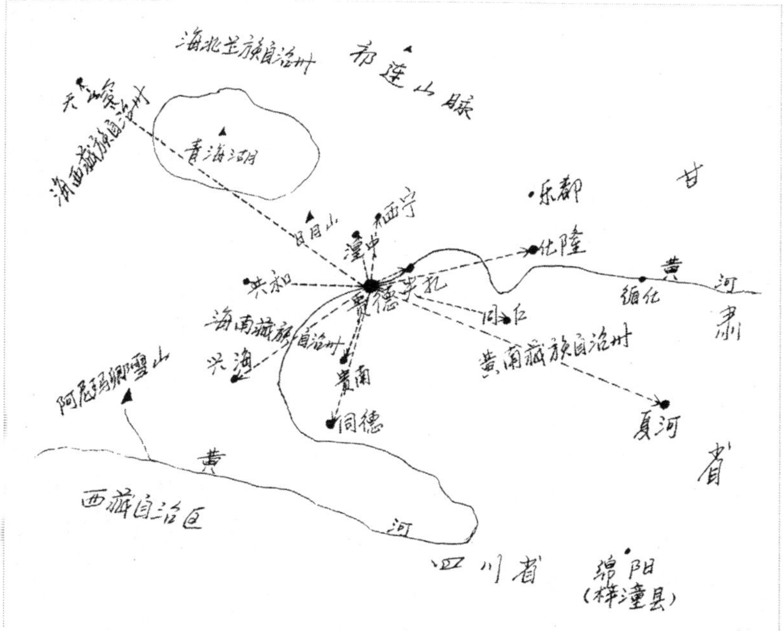

图 2－2 海南、黄南及化隆文昌神信仰分布图

（一）海南地区文昌神信仰的分布状况

海南藏族自治州地处青藏高原东北隅，位于著名的青海湖之南，故名海南，属安多藏区。现辖共和、贵德、贵南、同德、兴海五县。州内生活着藏、汉、蒙古、土等 24 个民族的 40 万人。其中藏族人口 23.1 万人，占全州总人口 58%。全州藏传佛教信教群众约达 26 万人，藏传佛教占据一定的位置并具有重要的影响。[①] 据调查，海南地区的文昌信仰主要分布在贵德、贵南、共和三县，其他两县也有分布，而且海南是安多藏区文昌庙宇最多、信仰最广泛的地带。

贵德县境内大约有 13 座文昌庙，其中，河西镇有贵德文昌宫、贡拜村文昌庙，河东乡的贡巴村、麻巴村、哇里村、杰伟村、太平村、周家村等，新街乡的上卡岗村、陆切村，常牧镇的梅加村等有规模比较小的村庙。另据调查，在贵德玉皇阁、东沟乡周屯二郎庙、河西当车二郎庙等其他庙宇中也塑有文昌神像。其中，贵德文昌宫，始建于明代后期（1590—1600 年）之间，是海南州境内建庙时间最早、规模最大的文昌庙。据参直合·更登拉夏丹巴嘉措活佛撰文说，贡巴村文昌庙距今有 300 年的历史。在调查中发现，贡拜文昌庙有一块简介牌写道：贡拜村文物古迹（文昌庙）是我们前辈创造的群众祭祀、聚会、朝拜神灵的场所。公元一九零八（光绪三十四年）建立……其他庙建庙时间比较晚，无具体历史记载。

贵南县的沙沟乡唐乃海村、旺什科村，过马营镇的过马营村，茫曲镇（县政府所在地），茫拉乡的下洛哇村、郭拉村等有大小

① 根据海南州宗教局2006 年工作总结材料。

不等的几座庙。在访谈中发现，因无任何文字记载，庙管们也对具体建庙时间不甚清楚，只是零星地介绍一些故事或民间传说。

共和县境内大约有三座文昌庙，一座位于恰卜恰镇幸福滩，一座在东巴乡加隆台村，另有一座位于海南州府恰卜恰镇，其具体情况下文将做详细介绍。在兴海县县城附近、同德县巴沟乡森多村各有一座。在海南境内，除上述文昌庙外，还有一些庙宇，但因以家庙的形式存在，规模非常小，所以无法一一统计，本文只是将村庙或比村庙大的作为统计的对象，家庙不在此范围内。

图 2－3 共和幸福滩寺文昌神殿

经笔者实地调查发现，海南地区文昌信仰的分布有以下几个特点：

1. 文昌庙的分布呈以农区和半农半牧区为主，汉藏杂居区较多的布局。据实地调查的资料，海南地区的文昌庙中，除贵南县沙沟乡旺什科村庙属纯牧区外，其余均在农区或半农半牧区。从民族居住的格局来看，汉藏杂居地区较多。贵德县历来是个汉藏杂居地区。至2003年共辖6乡2镇，107个行政村，有汉、藏、回、土等13个民族。其中，以汉族为主包括均为汉族的行政村29个，以藏族为主包括均为藏族的行政村共有43个，汉藏等民族杂居的行政村有31个。贵德县境内的文昌庙达十几座之多，可见汉藏杂居区是文昌庙主要分布的地带之一。

2. 庙宇建筑具有汉藏合璧的风格。海南地区文昌庙的建筑风格，大致可分为三类：第一类是藏式的。贵南的茫曲镇、共和的幸福滩（这两座庙修在藏传佛教寺院内）、共和的加隆台、贵德的贡巴村等的文昌庙，与藏传佛教寺院的建筑风格一样，无任何差别。这类庙占大多数。第二类是汉藏合璧式的。以贵德文昌宫最为典型。其外部颇具汉式建筑风格，但有金顶、时轮、煨桑台、经幡旗等藏式宗教法物。第三类是汉式的。这类庙只有几座，贵德县的太平村、周家村等汉族聚居村落的文昌庙，一般都是按汉式风格修建的。

3. 文昌信仰发展较快，庙宇不断增加，信仰群众以藏族为主体。上文提到，除几座庙的历史比较长之外，其余大部分都是最近几十年内修建的。在实地调查时，笔者看到贵德文昌宫内部分工人在施工，约有十余间房屋基本建成，部分房间内安置有尚未染色的泥像；在贵南县，也看到过马营村庙内大兴土木，新的文昌庙颇具规模。据庙管说，新的文昌庙已投资30万元左右，还需5万元，竣工时要举行开光盛典。庙管还邀请笔者参加仪式。由此可见，最近几十年，文昌信仰影响渐大，庙宇规模不断扩大。

在藏族聚居的地方，信仰文昌神的全都是藏族群众，这一

图 2－4　汉族集居区的文昌庙（贵德河西贡拜村）

点毋庸置疑。然而，在汉藏杂居的贵德县，据赤噶尤拉颇章的庙管说，前来朝拜的大多是藏族民众，汉族较少。在汉族比较集中的贵德县太平村、周家村等村的文昌庙，笔者看到其庙宇建筑破败不堪，香火不旺，有很长时间没有烧香的迹象。据村旦人说，平日很少开门，在良辰吉日时，部分村民前往烧香，但人非常少。从这一点我们看出，在海南地区，信仰文昌神的民众以藏族为主体，汉族等其他民族则较少。

（二）化隆夏琼卡夏德寺与文昌神信仰

化隆县位于青海省东部，东与民和县毗连，南与循化、尖扎县隔河相望，西与贵德、湟中县接壤，北与平安、乐都县相邻。有藏、汉、回、撒拉等民族。文昌神在藏汉民族中普遍信仰。文昌庙很少，其中夏琼卡夏德寺是全县最大、也是在安多藏区除贵德文昌宫外最大的文昌庙，在文昌神信仰区域内颇具影响力。

夏琼卡夏德寺，藏语称“卡夏德静房”。位于县城西北48.5公里处，在今雄先乡北2公里的九夏村附近。卡夏德意为鹿出没的地方。《夏琼寺志》云，该静房由加哇央贡巴所建，为夏琼寺属寺。① 因此，现称为夏琼卡夏德寺。据《甘青藏传佛教寺院》记载，明万历四十六年（1618），吉雪巴·丹增罗桑嘉措从西藏来安多传教，翌年到夏琼寺讲经，此后一度在化隆西部卡夏德静房和吉日赛康一带活动。明天启七年（1627），吉雪巴在今雄先乡南约2公里的乙麻昂村南建一梵塔，取名“南杰乔什典”，意为尊胜塔。此后，青海藏传佛教界以赛康巴·罗桑丹增嘉措（1780—1848）为吉雪巴转世。赛康巴于清嘉庆年间，应夏琼寺第五十五任法台夏日东活佛阿旺丹增之请来夏琼寺讲经传法，于卡夏德静房之侧建时轮塔一座，称之为卡夏德塔。② 各种历史文献中都没有记载关于文昌神的历史。

2008年夏天，笔者到卡夏德寺进行实地调查，正值寺院维修施工之际，寺院附近是一片忙碌的景象。卡夏德寺规模比较小。依山而建，外围有墙。寺院的大门比较小，门前有一对石狮子，大门内侧有两位门神，对于这两位门神，寺里的僧人也不甚清楚，在笔者看来很像道教神灵。寺里有一庭院，院内植有几棵松树，长得很茂盛。从门前径直走过去是一座比较大的血祭台，其后并排有三个小的血祭台。正对门依山而建的便是文昌神像殿。其右侧为藏传佛教护法神殿，殿前有一座大的煨

---

① 才旦夏茸：《夏琼寺志》，269页，西宁，青海民族出版社，1984。

② 蒲文成主编：《甘青藏传佛教寺院》，95页，西宁，青海人民出版社，1990。

图 2－5　化隆夏琼卡夏德寺

桑台。在寺院的右侧建有一座大的佛塔，这就是由赛康巴·罗桑丹增嘉措所建的卡夏德塔。寺院大门两侧及四周建有僧舍、客房、厨房等一些低矮的平房。寺院背部的半山腰有一座拉则，里面插放了箭等各种祭祀用品。

为了了解文昌神传播的历史，笔者与三位僧人前往离寺院不远的赛康修行处，拜访一位年逾 96 岁的高僧。高僧讲述了一些寺院的历史，但对于文昌神的历史不甚了解。由于缺乏文字记载，难于说清文昌神传播到化隆地区的历史。只能通过当地关于文昌神传播到此地的传说故事，来进一步了解其历史。据说清朝藏族著名高僧色康巴·洛桑丹增嘉措曾在卡夏德（今化隆县境内）地方坐禅静候，见当地人生性懦弱，认为需要一位威力无比的神来护佑，遂选择了文昌神，派人从贵德文昌庙将文昌神迎请至此处。[1] 关于这一点，还有一则故事：传说色康巴派一侍从到贵德文昌宫请文昌神，命他拿一块镜子，将文昌神像照到镜子里，然后用布包好，不准打开。侍从按活佛的吩咐，完成任务，拿着用布包好的照过文昌神的镜子返回。当侍从越过黄河，来到今卡夏德寺院址附近时，忍不住打开布，看镜子里的文昌神究竟怎样了。结果，镜子反光照射到对面的山腰上，也就是现在的卡夏德寺所在地，文昌神便驻留此地，于是人们就在此地建了卡夏德寺院。[2] 所以说，卡夏德寺文昌神的由来与色康巴活佛是息息相关的。

据卡夏德寺寺管会主任讲，历史上此寺院是夏琼寺的属寺，后来不知是何原因，由哇姆滩等几个村在管理。再后来哇姆滩的一夏琼寺还俗僧人将其交给夏琼寺管理，夏琼寺接管已达20年之久。

（三）黄南地区文昌神信仰的分布状况

黄南藏族自治州位于青海省东南部，东与甘肃省甘南藏族自治州夏河县相邻，西与青海省海南藏族自治州贵德县隔山相望，南边为泽库县，北与尖扎县接壤，东北部则与循化撒拉族自治县为邻。

黄南藏族自治州的文昌神信仰主要分布在同仁县和尖扎县。同仁县广大农区信仰文昌神，但文昌庙非常少。隆务镇的苏乎日村建有一座神庙，称为“诸金刚降魔神殿”。其中有文昌神及其他守护神。神殿位于苏乎日村中央，有两层，绿色琉璃瓦建

---

① 才让：《藏传佛教信仰与民俗》，131页，北京，民族出版社，1999。

② 根据卡夏德寺管委会主任阿卡端智的访谈整理。

筑，藏传佛教的特色不明显。据村里的老人讲，这座神殿主要供奉文昌神，因此神殿也颇具汉式建筑风格。一层为地方神或地域守护神，楼上是藏传佛教诸神灵。神殿建得很高，一层下面还建有走廊，廊内绘有壁画，并建有一些简易的房屋。神殿前有一处露天的庭院，是举行各种宗教活动的场所。神殿和庭院是由一扇单门隔开，要朝拜必须通过这扇门才能进得去。庭院中间安置着一座拉则，里面插放有各种箭和长矛等兵器。在拉则的旁边，专门设有煨桑台。同仁县的隆务村神庙内有文昌神像，其他地方则没有专门的文昌神庙，但在二郎神庙或其他庙宇里有文昌神像或壁画，并且好多家户置有文昌神的唐卡，以此作为祭祀对象进行祭拜。

图2－6　热贡苏乎日村神庙

尖扎县的文昌神信仰主要分布在直岗拉卡和康杨两镇。这里也没有专门的文昌神庙，只是在二郎神庙或其他庙宇里有文昌神像或壁画。据卡夏德寺的寺管会主任说，到此朝拜的尖扎县信徒特别多。由此看出，因尖扎地区没有大的文昌庙宇，所以人们到其他地方朝拜。

从上述文昌神信仰分布的地域来看，文昌信仰主要集中分布在农业区和半农半牧区，纯牧业区几乎没有文昌庙宇，他们主要通过唐卡或到大的文昌庙来达到信仰的目的。从民族分布来看，民族杂居和历史上曾人口迁移的地区文昌信仰比较浓厚，如贵德和化隆地区汉藏杂居相处，还有回、蒙古、土等十余个民族；贵德和同仁地区在历史上有过几次人口迁徙的活动，形成了多民族融合的格局。虽然上述区域的文化主体是藏传佛教，藏传佛教文化的影响根深蒂固，但也存在着苯教、藏族民间信仰、道教、伊斯兰教等宗教，文昌信仰便是这种多种宗教信仰共生地带的产物。

三、文昌庙宇的组织形式与经济状况

（一）文昌庙宇的组织形式

我们从宏观角度看，文昌神信仰主要分布在上述区域。但从文昌庙宇分布和存在的形式看，除几座大的文昌庙以外，大部分庙都以村庙的形式存在，规模比较小，庙宇管理组织不全，形式多样化。

在文昌信仰分布的区域内，除贵德文昌宫、贵南茫曲镇幸福寺、共和幸福滩寺、化隆的卡夏德寺外，其他均是一村或几个村联合修建的，规模比较小，以村庙的形式存在。如贵德的哇里、共和的加隆台等村的文昌庙，只有一两间屋子，而且比较简陋。其中，贵德文昌宫是最大的，由贵德县政府宗教局等部门管理，贵南茫曲镇幸福寺由贵南县塔秀寺管辖，化隆的卡夏德寺为化隆夏琼寺属寺。

几座比较大的文昌庙宇有健全的组织和管理制度。下面以贵德文昌宫和卡夏德寺为个案进行说明。

贵德文昌宫以藏传佛教的名义登记注册，属贵德县宗教局等部门管理。青海省人民政府于1998年12月28日定为省级文物保护单位。宫管理委员会成员由7人组成，主任、出纳、会计各1人，成员4人，都是普通百姓。其中5人为汉族，是河西镇刘屯村人，2人为藏族，为河西镇下排村村民。据管委会主任张正业讲，管委会成员是由父子传承担任的，他们的父辈担任庙管，现在有些去世了，有些年龄大了就干不动了，他们是接父辈的班。每人每月有500元工资，半年轮换一次。为了搞好文昌宫的日常管理工作，管委会制定了一系列管理制度，主要有《文昌宫管理制度》《财务制度》《治安消防管理制度》等。笔者在实地调查时看到，庙内专门设置了一块宣传栏，张贴有贵德县藏传佛教"平安寺院"建设目标责任书、贵德县发展计划经济贸易局下发的《关于文昌庙旅游收取门票的通知》《值班安排表》等相关文件。

化隆的卡夏德寺历来是夏琼寺的属寺，由夏琼寺直接管理。属藏传佛教寺院。卡夏德寺管理委员会由5人组成，主任1人，成员4人，都是夏琼寺的僧人。其中，主任由夏琼寺管理委员会成员担任。卡夏德寺管委会全体成员每3年轮换。每人每年有1000元的报酬。

其他各地的文昌庙宇一般都没有正式的庙管，也谈不上庙管委员会，主要是由当地村民自愿管理，没有任何组织和管理制度。对于庙管的报酬，部分村落有适当的补助，但有些无任何报酬，纯粹是自愿的。在对当地宗教局工作人员的访谈中发现，这些以村庙形式存在的文昌庙宇，都没有在宗教管理部门登记注册，工作人员也不知具体有多少座庙宇。

我们从上述文昌庙宇的组织形式看，文昌庙一般有以下四种存在形式。第一种是文昌庙或文昌宫。这种以文昌命名的庙宇，主神为文昌神，规模一般都比较大，如贵德文昌宫、贵南县过马营镇过马营村文昌庙等。第二种是与藏传佛教寺院合建的文昌庙宇。这种一般以寺冠名，不仅供奉文昌神，而且有诸多藏传佛教神灵，规模比较大，一般情况下是某一寺院的属寺。如化隆的卡夏德寺、共和的幸福滩寺、贵南县茫曲镇的幸福寺等。第三种是与玛尼康等并存的文昌庙宇。这种庙一般称为拉康或玛尼康，庙内不仅供奉文昌神，而且也有藏传佛教神灵，规模大小不一。如同仁县苏乎日村神殿、贵南县洛哇村玛尼康等。第四种是类似于村庙的神殿。这类庙数量比较多，一般是以村为单位修建的，规模小，有些只有一间房。主神为文昌神，其他神灵主要是当地的地方保护神。笔者在此用“类似于村庙的神殿”来界定此类庙宇，意在指此类庙宇不能等同于村庙。在安多藏区，几乎每个村落（农业区）都有自己的神殿（指玛尼康或称为拉康）和所属的寺院，这些神殿等同于汉族民间信仰中所称的村庙。它是村落社区进行神灵崇拜的重要场所，是村落社区居民的宗教活动中心，也是他们日常交往的活动中心。它应具备如下条件：（1）有一定建筑面积的公共场所；（2）传统对象为社区神；（3）有相对固定的信仰人群；（4）每年都有定期的集体性信仰活动；（5）场所内有当地居民自发成立的管理组织。[1] 而类似于村庙的文昌庙宇不具备上述条件，并且大部分建在村落的边缘，不在村落的中心地带，也没有定期的集体信仰活动。神殿一般都建在村落中央，是传统社区的标志性公共建筑。

（二）文昌庙的经济状况

在安多藏区，几乎所有的藏传佛教寺院都有自己的田地和牛羊或其他资产，并且靠信徒的布施得以维持日常的宗教开支。文昌庙宇一般没有田地和牛羊，其经济来源主要是信徒的布施。下面以贵德文昌宫和化隆卡夏德寺为个案进行说明。

据笔者实地调查的资料，贵德文昌宫的经济收入以信徒的布施为主，每月信徒的布施在 5 ~ 6 万元之间。从贵德县计经局下发的文件得知，文昌宫从 2005 年 7 月开始收取门票，每人 5 元，以外地游客为主，信教群众不收门票。据会计秦国元讲，每月门票收入大约在 800 元左右，游客以西宁和外地人为主，有时也有外国人。另外，宫内有一小卖部，专门出售酒、香等祭祀用品，这些收入归文昌宫所有。

2008 年 8 月，我再次到文昌宫进行实地调查时，宫内新建了饭馆、旅社等，以方便外地游客，同时也为增加收入。因刚开业不久，收入情况不甚清楚。同时，我在宫内的主殿门前看见几个人在数钱。后来向庙管询问了相关情况。庙管说，每月底银行的工作人员来庙里，将信徒布施的钱数清后存到银行里，这样比较安全。我顺便问了一句，“每月的收入大概有多少?”

---

① 甘满堂：《村庙与社区公共生活》，76 页，北京，社会科学文献出版社，2007。

庙管回答说："五六万左右"。没有说具体数字。从上述经济来源看，贵德文昌宫的收入比较可观。

文昌宫的开支主要用于兴建神殿。据庙管介绍说，他们的收入基本上能够支付建设资金，不够的一部分通过一些生意人或活佛的资助方可解决。

化隆卡夏德寺的经济收入主要来源于信徒的布施，而且其大部分信徒为外地人。据寺管会主任阿卡端智讲，寺院一年的收入大约三四十万元，平均每天1000元左右。开支主要用于维修房屋、举行大的仪式活动等。

除上述的贵德文昌宫和卡夏德寺外，贵南和共和的寺院主要收入是信众的布施，收入比较可观。而其他规模较小的大部分文昌庙都没有固定收入，以自愿布施的方式筹措资金。笔者在自己的家乡贵德调查时，采访了贡巴村文昌庙筹备小组成员之一，也是本人的爷爷。听他说，贡巴村的文昌庙历史比较长，具体年代不清楚，"文化大革"命时被毁。1990年请示了参直活佛后，霍尔部落的几位老汉自愿承担了重建文昌庙的任务，到处去筹钱。他们到村上的每家每户（除几家回族外）去要，给多少算多少，全是自愿的。有的给钱，有的给粮食，有的给木材，还有的给树。他们还请求本村在外地工作的人员捐助。他们去了很多地方，包括海南各县以及西宁等地方。大概筹集了10万元左右，便开始动工修庙。庙修完后，张榜公布具体收支情况。

可以看出，许多规模小的文昌庙都没有固定收入，是通过信徒自愿布施的钱物来维持日常的宗教活动开支。

第三章　安多藏区文昌神的形象特征及信仰体系

文昌神传播到安多藏区后，与当地的藏传佛教文化、苯教文化及藏族传统文化发生了一系列的互动。从一开始的冲突、碰撞，逐步地相互采借和吸收，到最后的重构与整合，形成了比较完整的文昌信仰体系，并且有正规的信仰场所、完整的神灵结构体系，同时也有一整套系统的祭祀仪轨。

一、文昌神与藏区地方保护神

（一）“阿尼尤拉”的含义

文昌神，在安多藏区称为“阿尼尤拉”（ཨ་མྱེས་ཡུལ་ལྷ）。“阿尼”意为“爷爷”或“祖父”，一般是对老年人的尊称。“尤拉”意为“地方保护神或地域守护神”。在安多藏区，称呼地方保护神时一般在其名称前冠以“阿尼”，表示敬意。藏语“尤拉”是藏族对地方保护神的总称，而非是某一神灵的名称。我们分析文昌神的这一藏语称谓，可以看出其蕴含的两层文化含义：第一，从“尤拉”即地方神这一称谓中发现，当地藏族民众视文昌神为地方保护神，把他纳入地方保护神灵体系之中；第二，称文昌神为“阿尼”（即祖父），这一称谓体现当地藏族民众非常尊敬、崇拜他，视其为“阿尼”，在一定意义上是当作祖先的象征来看待；第三，称文昌神为“阿尼尤拉”，以全称涵盖某一神灵，其原因是文昌神作为外来的道教神灵，无藏语称谓，所以用了一个普通民众易于接受而无陌生感的藏语称呼，掩盖了其作为外来神灵的属性，信徒的排外心理也得到了缓解。

在安多藏区，关于阿尼尤拉是否为道教神灵文昌神的问题，还有一些争议。我在实地调查时发现，部分百姓认为阿尼尤拉是三国时期的魏延将军，而不是文昌神的原形张亚子。也有学者撰文认为，阿尼尤拉是汉族历史上真正出现过的大将军魏延。此人去世后转世为神，汉语称为“文昌老爷”。[①] 有这种不同的看法也是正常的。文昌神毕竟是道教神灵，对藏族来说是非常陌生的。此神传播到藏区后，人们很难准确定位，他们用不同的手段描述其他民族文化，于是产生了不同的名称和诸多相关的民间传说故事，导致文昌神的原形越来越模糊，这也是产生不同说法的根本原因。

（二）藏区的地方保护神

地方保护神，亦称为地域守护神，是藏族宗教文化中重要的信仰对象，源于藏族古老的自然崇拜，即山崇拜。青藏高原是山的世界，这里有巍峨多姿的雪山、绵延千里的山脉，如珠穆朗玛峰、唐古拉山等等，数不胜数。这些山峰高耸云端，终

① 旦正措：《浅析热贡苏日村的“鲁绕”（巫术）民俗及文化内涵》，载《西北民族大学学报》，2005（2）。

年积雪，让高原居民感到神秘莫测，产生一种敬畏感和恐惧感，相信每座山上都有神灵居住，认为他主宰着人们的周围环境和生活的世界。由此便产生了崇拜山的信仰体系。在西藏，任何一座山都会被认为有神灵居住其上。[①] 在藏区，人们把地方保护神称为“域拉意德”，意为地方保护神或地域守护神，这些神灵主宰着藏区大小不同的地理区域，成为一方水土的神圣主人。在藏语中，地方保护神与山神的概念基本相同。藏语中没有汉语中的“山神”这个词，这是根据实际内容而译为“山神”。藏语对山神有多种称谓，如“地方神”“地方主宰”“念神”“赞”“生神”等等，称为地方神或地域神，是因每一地方都有各自特定的山神，保佑着某一地区，即山神的管辖范围是有一定的地域限度。[②] 有时候，山神就是某一村落、某一族群或者某一区域的保护神，但地方保护神的涵盖面较大，它还包括其他神灵。

藏族民间认为，雪域藏地有世界形成之九大山神。它们是沃德贡杰、雅拉香波、念青唐古拉山、阿尼玛卿山、汶卿顿日、岗巴拉杰、雪拉居保、觉沃月甲、西乌卡日。除此之外，各地区还有自己的神山，如青海果洛的年保玉载匝日，西藏阿里的冈底斯山，西藏定日的长寿五姐妹女山神，甘肃天祝的十三山神，云南的卡瓦格博，四川的墨尔多山神等。在《西藏的神灵和鬼怪》[③] 一书中列出了许多山神和地方保护神的名字，作者没有详细地统计其具体数目，经笔者粗略估算有100多种，可见其数目之庞大。这其中还未包括那些小地方的山神和保护神。

① ［奥地利］勒内·德·内贝斯基·沃杰科维茨：《西藏的神灵和鬼怪》，谢继胜译，233页，拉萨，西藏人民出版社，1993。

② 才让：《藏传佛教信仰与民俗》，83页，北京，民族出版社，1999。

③ ［奥地利］勒内·德·内贝斯基·沃杰科维茨：《西藏的神灵和鬼怪》，谢继胜译，485页，拉萨，西藏人民出版社，1993。

佛教传入藏地后，在与苯教和藏族本土文化的冲突、整合、重构的过程中，将上述山神和地方保护神以及苯教的诸多神灵加以吸收，并进行改造，纳入自身的系统，作为佛教的护法神或地方保护神，以传播、维护、深化其教义。根据《莲花生大师本生传》、《五部遗教》等藏文史书记载，赞普赤松德赞邀请莲花生大师来吐蕃传法。他协助藏王创建佛寺，降妖除魔，弘扬佛法，降伏了以十二丹玛为首的诸多山神和妖魔鬼怪，并收为佛教的护法神。从而，藏传佛教也逐渐成为神灵体系庞杂、名目繁多的宗教信仰体系。

针对名目繁多的神灵体系，藏传佛教有一套自成体系的分类模式，以辨别不同神灵的所属和职能。佛教显密教各自有众多护法神，一般将佛教的众神以世间的事业为重或者以来世的事业为目标而分为世间神和出世间神两种类型。其中，出世间神是达圣道，且以各种化身出现在人们的眼前。其又分为佛和菩萨。世间神分为众生入道和未入道两种类型。未入道者被称为善护法神，包括曾谒拜佛，听闻佛法，立誓护佑四众弟子，即比丘、比丘尼、近事男和近事女。虽未拜佛，在印藏等地的佛教大师足下受正愿和救难戒。受命立誓的护法神，有他化自在天的眷属魔鬼邪恶等。①

根据藏传佛教各派的共同观念，护卫佛法免受妖魔的袭扰；维护佛教教义的完善被确认是属于一类这样重要的神灵的职责，这类神灵就是护法神。这类护法神或称保护神，与藏传佛教万神殿中一些著名的神灵相比较，可以将其分为两大类：第一类是具有超大神力的高级神灵，称为“出世间护法神”，即“出离六道轮回之神灵”。第二类是仍然和众生有情居住在今世间的神

① 才让加：《论西藏地方政府的护法神》，载《中国藏学》，2009（3）。

灵，他们也过着藏传佛教的宗教生活，大部分的神灵时时通过神巫之口传达其意志。① 据说世间护法神和出世间护法神的主要区别之一在于：世间护法神中的许多神灵以确定的次数控制男人或女人作为他们的代言人；通过这些代言人，神灵在一定的场合使他们的意愿为人所知或者是给那些祈请答复的问题做出预言式的解答。② 关于这一点，在藏传佛教典籍中有很多理论学说。据藏传佛教典籍《俱舍论》记载：佛教将一切生灵分为三界六道，即无色界、色界、欲界为三界，天、非天、人、畜生、饿鬼、地狱为六道，只有天位于色界和无色界及欲界的六天界中，其余都在欲界。在藏传佛教寺院的壁画、唐卡及各种书籍中有六道轮回的图案和文字解释。对于佛教徒来说，这是个家喻户晓、人人皆知的佛教概念。在当地人们的观念中，神分为世间神和出世间神。地方保护神属于世间神的范畴，当地人有时也称为“久旦贝拉”，意为“世俗世界之神”。关于世间神和出世间神的划分，我们也可以从涂尔干对宗教的论述中加以理解。他说：“我们已知的所有的宗教信仰，不管简单还是复杂，都表现出同一种共性：它们都以事物的分类为前提，无论是真实的还是想象的事物，人们都把它们分为两类，相互对立的两种类型，一般以两个清晰的、表达得相当确切的词来表示：世俗的和神圣的。世界被分成两部分，一部分包括所有的圣物，另一部分包括所有的俗物，这就是宗教思想的特征。”③ 人类学

① ［奥地利］勒内·德·内贝斯基·沃杰科维茨：《西藏的神灵和鬼怪》，谢继胜译，233页，拉萨，西藏人民出版社，1993。

② ［奥地利］勒内·德·内贝斯基·沃杰科维茨：《西藏的神灵和鬼怪》，谢继胜译，485页，拉萨，西藏人民出版社，1993。

③ ［法］涂尔干：《宗教生活的基本形式》，林宗锦、彭守义译，36页，北京，中央民族大学出版社，1999。

家利奇指出："一条界线将社会空间—时间的两块地带分割出来，它们是正常、有时间限度、明确、在中心、世俗；但实际上充当这些界限的空间和时间标记成分，本身就是异常、无时间限度、模糊、在边缘、神圣。"[①] 上述两位社会学、人类学大师把宗教分为世俗的和神圣的，用这一理论分析藏族宗教，尤其是世间神和出世间神的分类，颇有启发意义。世间神处于人们所生存的环境当中，虽然用人们的肉眼看不见，但通过祭祀等方式可以招呼到自己的身边，人们也相信他时时刻刻注视和保护着某一地域的生命和山山水水，他离人们很近。他像世俗世界里的人类，有房屋、妻室儿女、权力、职位、侍从及大臣等，人们拥有什么他都拥有。正如涂尔干所说："宗教生活的根源就是社会。"[②] 社会的一切属性在神灵身上得到了很好的印证。然而，出世间神高高在上，位于人们无法触及的天界，他是神圣的，人类可望而不可及，当人们的生命终结后，得到临终的关怀，引导人类度过死亡的恐惧，帮助人们进入另一个世界。从这个意义上看，藏族宗教中的世间神和出世间神，也是世俗和神圣世界的代表，完全吻合涂尔干对宗教世界的分类和对宗教的定义。

在佛教的宇宙观建构中，地方守护神被安排在六道轮回之中的"非人界（即非天界）"，由于他们自身处在轮回之中，他们也就没有参与救赎和帮助人类解脱的能力，因而他们与人类社会的关系是不同空间的同一社会或同一社会在不同空间的两

---

① ［英］利奇：《文化与交流》，卢德平译，39 页，北京，华夏出版社，1991。

② ［法］涂尔干：《宗教生活的基本形式》，林宗锦、彭守义译，466 页，北京，中央民族大学出版社，1999。

部分。[1] 他们的使命是协助上师维护佛教，按佛教大师之命行事。在藏传佛教皈依法中明确规定，僧不拜世间神。意思是说，僧人行礼膜拜世间神灵，则违反了佛教的戒律。为了世俗的利益皈依世间神、大梵天、因陀罗、四大天王、世间护法、山神、土地之类，为了治病消灾等供养世间神，也有效应，可以利用，但不能当作正皈依对象，否则，就会违犯皈依戒规。[2] 普通信徒同样应以三宝为皈依处，不能皈依世间神。

从上文了解到，文昌神虽是道教神灵，但传播到安多藏区后，当地人将其作为地方保护神来崇拜，并按藏传佛教的神灵体系划分标准，把文昌神归于世间神的行列。从这个意义上讲，我们可以把文昌神定位在安多部分藏区的地域守护神，是藏族民间守护神体系中重要的神灵之一，而未真正纳入藏传佛教神明体系之中。关于地方保护神是否纳入藏传佛教神明体系之中的问题，众说风云，莫衷一是。在我看来，包括文昌神在内的众多地方保护神，虽然得到普通民众和僧人的祭祀，而且其香火非常旺盛，这些仅仅是为了世俗的利益，而不是为了佛教的终极目标。正如前面所说，不能将其作为皈依对象。但是，真正的佛教教义和一般信徒的理解程度之间存在着一定的差异，致使广大信徒对藏传佛教和民间信仰体系中神灵的概念比较模糊，在他们的心目中两者都是神灵，往往作为同一类型来崇拜。在世俗世界里，人们的这种双重信仰，体现了人们对现实与彼岸，即入世和出世的信仰需求，形成了藏传佛教和民间守护神并存的信仰格局。

---

① 索端智：《藏族信仰崇拜中的山神体系及其地域社会象征》，载《思想战线》，2006（2）。

② 多识·洛桑图丹琼排：《爱心中爆发的智慧》，370页，兰州，甘肃民族出版社，1998。

二、文昌庙宇中的神灵供奉体系及特征

（一）神灵供奉体系

笔者在上文中已介绍过，文昌庙的形式有四种，即独立的文昌庙、与佛教寺院合建的庙宇、与玛尼康等合建的庙宇和神庙。因此，文昌庙中的神灵供奉体系也随着庙宇形式的不同而发生变化。下面我们依次做详细的描述。

第一种是独立的文昌庙内的神灵供奉体系。这类文昌庙的规模都比较大，其内供奉的主神是文昌神，但还有其他诸多神灵，神灵名目繁多、体系庞杂。以贵德文昌宫内供奉的神灵体系为例进行说明。贵德文昌宫全部殿堂依山坪坡辟三个平台而筑，形成台级式的寺观。登石阶而上，第一平台建有山门，上书“文昌宫”匾额。穿过山门，是雕梁飞檐的“文治光华”牌坊。二平台上三面修有楼阁，东楼为魁星阁，有阴阳两面，阳面是塑有脚踩鳌头，足撑七星的翰巴梓潼（魁星）站像；阴面是黑文殊菩萨的塑像。南北两角为钟鼓楼。北楼依次建有佛堂，里面无塑像，墙上挂有文昌神和藏传佛教部分神灵的唐卡；在此旁的小殿里塑有八扎爷、药王爷、千里驹的像；紧挨次修建的火祖阁，塑有火神、牛王、马祖三座像。南楼为娘娘阁，塑有王母娘娘、送子娘娘、献花娘娘三座塑像，旁边有两间小殿，各塑有万里云、翰巴拉果（羊师大将）的像。在北楼和东楼之间有一口钟，在南楼和东楼之间有一架鼓。三平台上建有雄伟的歇山顶式的文昌大殿，殿门上方有三块匾额，正中竖匾题“文昌宫”；左右横匾分别题“神明远著”、“永佑一方”。殿顶为琉璃脊，屋面盖琉璃瓦，殿内最里面塑有文昌帝君父母的座像，其顶部有一座小的佛祖释迦牟尼铜像，在此前塑有文昌帝君的座像，两旁塑有“天聋”、“地哑”侍从站立像。大殿左侧的小殿里塑有土地爷、黑儿赵公明、穿黄二郎、城隍爷、山神像。大殿右侧的小殿里塑有阿米加堂、红善开路、关公、天帝、龙王像。每座像都用藏、汉两文详细标明有神灵的名称。

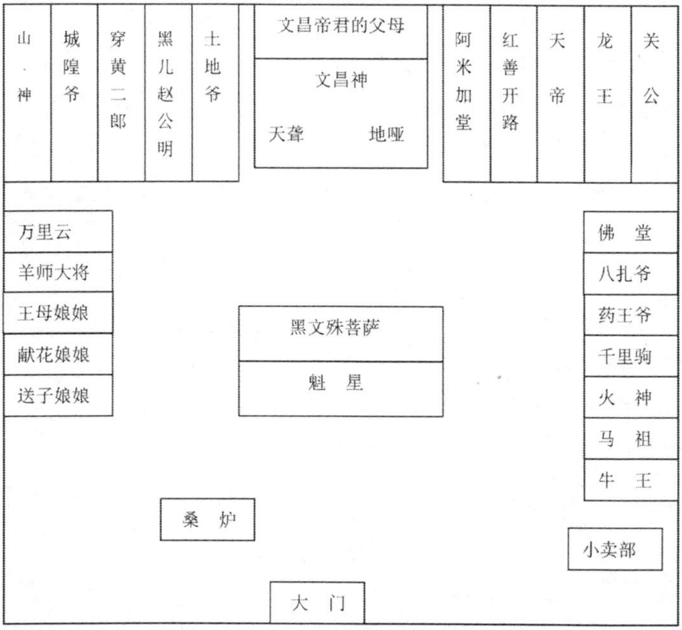

图 3－1　贵德文昌宫神灵布局示意图

第二种是与佛教寺院合建的神灵供奉体系。这类文昌庙里不仅有文昌神，而且有诸多藏传佛教神灵。如化隆的卡夏德寺、共和的幸福滩寺、贵南县茫曲镇的幸福寺等。我们先来了解一下化隆卡夏德寺内的神灵结构。卡夏德寺由文昌神殿、护法神殿和卡夏德佛塔三部分组成。其中，文昌神殿内供奉有主神文昌神及伴神翰巴梓潼和翰巴拉果，殿门外侧是四位道教神灵的壁画，具体名称不甚清楚，据寺院的主任介绍说，他听部分汉族信徒说是三国时期的诸葛亮、关羽等四位大将。还有两位当地的地域守护神的壁画。护法神殿内主要是宗喀巴三师徒、六手大黑护法神、马头明王、大威德金刚等护法。卡夏德塔的塔底四周都建有佛堂和转经筒，主要供奉有佛陀、观世音菩萨、色康巴活佛等。

我们再来了解一下共和幸福滩寺的神灵供奉情况。共和幸福滩寺是一座以纪念已故的十世班禅大师而建的以佛塔为中心修的寺院。寺内主要有佛塔、大经堂、宗喀巴大师殿、文昌神殿等。佛塔四周设有转经筒。大经堂塑有弥勒佛、无量佛、佛祖释迦牟尼、宗喀巴三师徒等的像，并有十六罗汉、三怙主、阎罗王、二十一度母等的壁画和唐卡，《大藏经》和《宗喀巴文集》等佛教经典。宗喀巴大师殿主要设有宗喀巴三师徒、吉祥天女、千手观音等的像，还有药王佛、三怙主、二胜六庄严的壁画和唐卡等。文昌神殿内设有主神文昌神，其右侧是翰巴梓潼，左侧是翰巴拉果的塑像，殿门两侧有骑白骡的翰巴梓潼和翰巴拉果、更噶坚参王、众屠夫之王火星摧敌的壁画，外墙内侧有阿米瓦旺和阿尼华特的壁画。

第三种是与玛尼康等合建庙宇内的神灵设置。这一类型并不多见。庙宇规模一般。庙内既有文昌及其伴神，也有一些藏传佛教神灵。如热贡地区苏乎日村神殿、贵南县洛哇村玛尼康等。我们看一下贵南县洛哇村玛尼康内神灵供奉的情况。贵南县洛哇村玛尼康规模较小，共有五间房。其中正殿四间有莲花生大师、宗喀巴三师徒、雍增活佛等的塑像，侧殿只有一间，塑有文昌神、翰巴梓潼、翰巴拉果的像，并且非常小。而苏乎

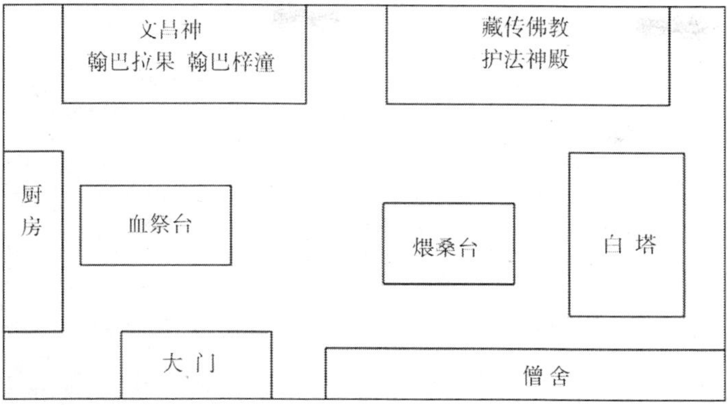

图 3－2　化隆夏琼卡夏德寺神灵布局示意图

巴村神殿比较大，有两层。其中第一层为地方保护神殿，内有五尊神像。位居中央的是阿尼玛沁神。在其低处有两尊小神像，右侧是德合隆神，左侧是阿尼尤拉神。阿尼玛沁神的右侧是其子占堆旺秀。此神左边是马头辛巴热果神。阿尼玛沁神的左侧是其大臣阿尼冷波神，其左边是伦波辛巴紫同神。四周的墙上绘有上述诸神灵在一起的壁画，并挂有造型不同的文昌神的唐卡。第二层主要供奉有莲花生大师、宗喀巴三师徒、大堪布更登嘉措等藏传佛教的众多塑像。

第四种神庙内的神灵供奉体系。这类庙宇主要供奉文昌及其伴神，其他神灵只是以壁画等形式存在。规模小，小的只有一间，大则三四间。一般是一村或几个村修建的。此类庙宇比较多。据笔者调查发现，安多藏区的大部分文昌庙宇是都以神庙的形式存在。如贵德县贡巴村文昌庙、共和县加隆台村文昌庙等。下面以贵德县贡巴村文昌庙为个案，了解其神灵供奉的情况。贡巴村文昌庙规模一般，有三间房之大。庙内位居中央的是文昌神，在文昌神像的顶部有一座莲花生大师的小塑像。

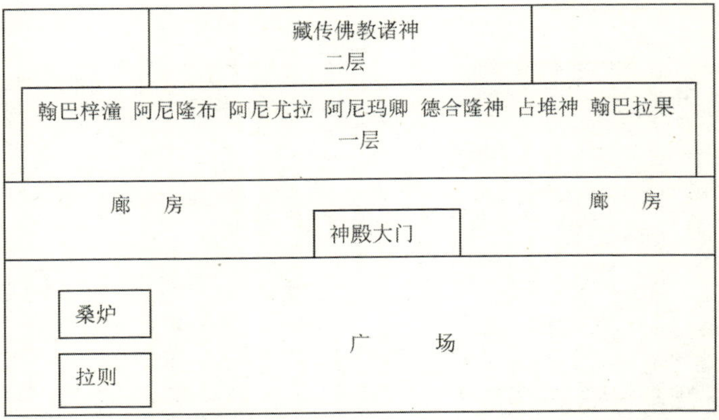

图 3－3 热贡苏乎日村庙神灵布局示意图

在文昌神像低处有两尊小神像，是文昌的侍从天聋和地哑。文昌神的左侧是翰巴梓潼，右侧是翰巴拉果。文昌神像后面的墙上绘有黑文殊菩萨的壁画，其左边绘有无量光佛、阿尼神宝神、阿尼玛沁神、战神的壁画，右边绘有马头明王、阿尼直亥、阿尼加堂、文昌神及双亲的壁画。还挂有文昌神的唐卡，以及班禅大师等活佛的图片。

另外，实地调查发现，除贵德地区的毕家寺、石家寺和周屯寺等几座寺里有文昌神的壁画以及唐卡外，安多藏区的藏传佛教寺院里几乎没有文昌神像。

我们从上述的神灵布局看到，文昌神及其伴神翰巴梓潼和翰巴拉果，这三位神灵是安多藏区文昌庙宇中的主神，任何形式的庙宇中都有其神像。同时也看到，神灵的供奉体系比较庞杂，而且名目繁多。有佛陀、黑文殊菩萨、马头明王、莲花生大师、宗喀巴大师等藏传佛教神灵；城隍爷、王母娘娘、关公等道教神灵；阿尼玛沁、阿尼神宝、德合隆神、阿尼瓦旺、贡布直纳等地方保

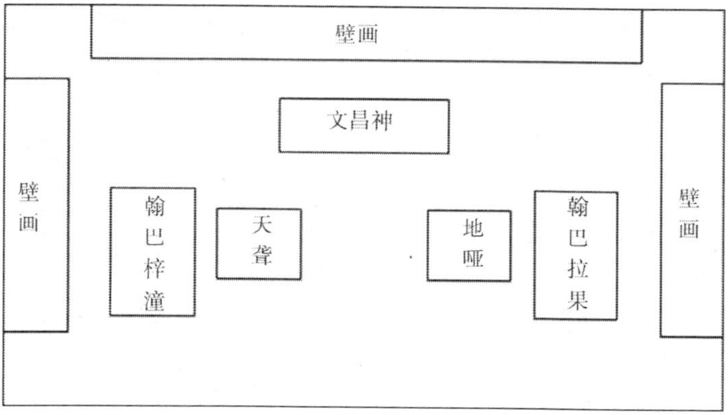

图 3－4　贵德县贡巴村文昌庙神灵布局示意图

护神；山神、战神等苯教神灵，还有十世班禅大师和其他一些藏传佛教高僧大德的唐卡及壁画。从神灵的布局来看，形成了共同供奉藏传佛教、道教、苯教神灵的多元供奉体系。

同时，我们从神灵的布局发现，文昌神虽是安多藏区颇有影响的地域守护神，但其在整个藏传佛教神灵体系中的地位是比较低的。在藏传佛教寺院中，文昌殿往往修在大门内侧或位于偏殿，而且规模也相对较小，主殿则属于佛教神灵，

图 3－5　贵德贡巴村文昌庙

规模较大，如共和的幸福滩寺、贵南县茫曲镇的幸福寺等，这一特征非常明显。在神灵的设置结构上，文昌殿内文昌虽是主神，但在其顶部或后背的墙上，置一佛陀或莲花生大师，或者是黑文殊菩萨等的小塑像或者壁画。如贵德县贡巴村文昌庙、同仁县苏乎日村神殿等。这种设置也不是随心所欲的，它是有讲究的，有一定的等级秩序和主次之分。从这个意义上讲，在藏传佛教文化底蕴非常深厚的安多地区，佛教文化是大传统文化，它具有一套严密的宗教文化体系，影响着其他文化。在长期的历史过程中，佛教和民间守护神信仰发生了一定程度的整合和并接，由于佛教的普世性和绝对正统地位，在社区权利和文化网络中处于支配地位，因此，社区文化的秩序自然也就体现出佛教文化主导的显著特点；佛教将民间守护神信仰纳入自身的体系，按佛教的逻辑诠释民间守护神信仰。① 在这种文化环境的影响下，人们的脑海中也自然而然地形成了等级的观念。于是，这种观念体现在神灵的形象上，从而产生了藏传佛教神灵和民间守护神信仰之间的等级和从属关系。

（二）神灵的形貌与特征

文昌神传播到安多藏区后，其形象也相应地发生了变化。而且由于地域文化特色和人为因素，导致文昌神在安多藏区的各个地方也有所不同。笔者根据实地调查的资料，将文昌神的形貌特征归纳为四个个案，通过这些个案来了解一下文昌神像的形貌特征。

［个案一］

卡夏德寺文昌神一幅善相，表情温和。呈坐姿，披一身绸缎袈裟。头戴古代汉式官帽，脸颊呈金色，留有黑长须。胸前

---

① 索端智：《藏族信仰崇拜中的山神体系及其地域社会象征》，载《思想战线》，2006（2）。

挂一块铜制的胸镜，胸镜的中央写有“宏”字。（该寺严禁拍照，故无法提供照片）

［个案二］

贵南沙沟乡唐乃亥文昌庙，文昌神表情严肃，呈坐姿，披一身绸缎袈裟。头戴古代汉式官帽，脸颊呈金色，留有黑长须。右手持短剑，左手呈于胸前，并握有一颗心脏。胸前挂一块铜制的胸镜，胸镜的中央写有“宏”字。

图3-6　贵南唐乃亥文昌庙内的文昌神

图3-7　共和幸福滩寺文昌神

图3-8　贵德贡巴村文昌庙内的文昌神

图3-9　汉族聚居区的文昌神像（贵德上卡岗村文昌宫）

［个案三］

共和幸福滩寺，文昌神以怒相呈现。身穿绸缎藏装。两手扶膝。头戴藏式皮帽。白脸，眼睛圆而大，眉毛上翘。神情威严。留有黑长须。胸前挂一块铜制的胸镜，胸镜的中央写有“宏”字。

［个案四］

贵德贡巴村文昌庙中的文昌神像别具一格，很有特点。文昌神表情威严。身披绸缎藏装。两手扶膝。头戴藏式皮帽。脸颊呈金色，眼睛圆而大，眉毛弯曲，留有一缕胡须。两耳下垂。胸前挂一块铜制的胸镜，胸镜的中央写有“宏”字。其形象酷似藏传佛教中的莲花生大师。

［个案五］

安多藏区汉族集居地的文昌神。在贵德县河西镇贡拜村、河东乡的太平村和周家村等汉族集居的村落也有文昌庙，其中的文昌神与七曲山大庙的形象基本相似，但也有一些地域色彩。

通过以上个案，我们可以将文昌神的形象归纳为三种类型：第一种类型是佛道（汉藏）合璧式的，以个案一和二为典型；第二种类型是藏传佛教（藏）式的，以个案三和四为典型；第三种类型是道教式的，以个案五为典型。其中，佛道（汉藏）合璧式的，其头冠、脸颊、胡须都与道教的文昌神一样，而服饰、佩带的兵器和铜镜等具有藏传佛教的特征。而藏传佛教（藏）式的，将文昌神的形貌都藏化了，有些甚至看不出其原型。第三种类型的文昌庙宇非常少，只有三四座，而且规模也小。但这类文昌神也有一些藏文化特征，如供桌上的海螺、哈达等。

笔者在翻阅有关文昌神方面的藏文典籍时发现，在各种文昌神祈愿文中都提到了骑白特的文昌神。与此同时，我到四川绵阳梓潼七曲山大庙考察时，也亲眼目睹了白特殿内骑白特的文昌神像。据我的田野调查，在安多藏区的文昌庙宇中没有文昌神骑白特的塑像，而只有绘制在唐卡和壁画上的。关于这一点，将在后文中详细描述，暂且不谈。

接下来我们了解一下文昌神的伴神，即翰巴梓潼和翰巴拉果两位神灵的形貌。翰巴梓潼是藏语，即为道教中文昌神的伴神魁星。关于翰巴一词，藏文有三种不同的写法，即ཧ་འབེན། ཧ་འབུམ། ཧན་པ།，其中经常使用翰巴，意为“屠夫”。我认为，称翰巴不正确，应该称为哈本（ཧ་འབེན）。其原因有二：一是贵德文昌宫所在地的藏语名称为“哈本”，在藏文祈愿文中也称文昌宫所在地为“哈本”；二是在一般情况下，当地的藏族民众不可能将自己信奉的神灵称为“屠夫”。翰巴是从哈本变来的，只是以讹传讹，人们习惯于这种称呼而已。“梓潼”一词是藏语音译，无任何意思。我认为，这一词语的发音与梓潼二字特别相似，而且文昌神的发祥地是梓潼，所以将“梓潼”二字音译成藏语了。我们再做进一步的推断，文昌及其伴神传播到安多藏区后，无藏语名称，将地名“哈本”冠在前面，其后加了文昌神的发祥地“梓潼”二字，便产生了一个易记忆、有内涵的名称。而且，在有些藏文祈愿文中，把文昌神也称为“翰巴尤拉”。通过以上分析，我认为，“翰巴”一词为地名，具体指现今的贵德文昌宫所在地。

关于翰巴梓潼的形貌，与道教的魁星相比，简直是判若两神。翰巴梓潼一身黑蓝色或黑色，生有一面、三眼（有的是两眼）、二手。他的右手高举毛笔，左手呈于胸前，持一本长条经书。面孔呈怒相，眼睛大而圆，张着大嘴，獠牙龇露，头发直立，呈红色，有骷髅头冠。两耳佩带大耳环，戴有白色或黄色项链。胸前挂一块铜制的胸镜，胸镜的中央写有“宏”字。右脚踩一只鳌头，左腿朝后翘起。其形貌酷似藏传佛教中的神灵持金刚。然而，道教的魁星右手高举朱笔，左手执“富贵花”，右脚直立鳌头，左腿朝后翘起。魁星赤发怒目，面部凶恶狰狞，青面獠牙，上身着红色短披，胸前挽结，下体着红色短裤，胸、腹、腿裸露，肌筋暴胀。蓝色风带从头顶飞绕脚下，大鳌尾部有腾起的海浪和五色祥云，右膝盖上为方孔金钱。我们比较上面两位神灵的形象的描述，从表面看来，翰巴梓潼和道教的魁星形象差别较大。但我们详细分析两位神像的特征，并仔细对照两者的照片，就会发现两者间的相似之处。翰巴梓潼显然是按照魁星的形象特征塑造的，有着魁星的痕迹。在改造过程中，其基本的骨架未变，只是将某些部位改造、加工成具有浓厚藏传佛教特点的神像。这一点说明，翰巴梓潼就是道教中的魁星。此神传播到安多藏区后，名称和形象都进行了本土化，即经过藏传佛教和本土文化的改造，以适应当地人的宗教信仰和文化发展的需要。

图 3－10　翰巴梓潼（藏式魁星）

图 3－11　七曲山大庙魁星

文昌神的另一位伴神是翰巴拉果，翰巴一词的意思与前文相同。拉果意为“羊头”。在文昌庙内，一般翻译为羊（杨）师大将。其形貌特征如下：此神像是一幅羊头人身。呈站姿。外貌狰狞恐怖，红脸（也有白脸的），眼睛大而圆，眉怒皱，嘴大张，獠牙外露。里穿胸甲，外穿战袍。右手持三叉戟（有的持剑），左手呈于胸前，握有一颗心脏。有的胸前挂一块铜制的胸镜，胸镜的中央写有“宏”字。关于此神的来历，笔者翻阅相关文史资料，并到文昌的祖庭——四川省绵阳市梓潼县七曲山大庙实地调查发现，道教的文昌神及伴神中没有羊师大将这一神灵。关于这一点，在藏族古文献《五部遗教·鬼神部》记述的“年”（系苯教神灵）图腾共有七种：（1）人身羱（羊）头的年陶杰瓦；（2）人身公鸡头的年藏托杰；（3）人身狼头的年喀羌杰……[①]在《西藏的神灵和鬼怪》中也提到多种动物头人身的苯教神灵。“苯教中被崇拜的龙神形象不是动物的原形，而是半动物半人的神物形象。例如藏族苯教经典《十万龙经》中有人身蛇头、人身马头、人身狮头、人身熊头、人身虎头、人身龙头、人身鼠头、人身羊头、人身豹头、人身猪头、人身鹿头、人身孔雀头等图像的记载。”[②] 根据上述文献，结合对此神的形貌特征进行分析，笔者认为，翰巴拉果是苯教神灵。再说，贵德地方也盛行苯教，尤其是在贵德文昌宫所在地一带，有贵德县最大的苯教寺院当车寺。这种苯教文化环境，为滋生羊师大将这一神灵提供了很好的文化土壤。

从上述文昌神和两位伴神的形貌特征来看，文昌神是护佑一方水土的保护神，翰巴梓潼和翰巴拉果则扮演着护卫或侍从

---

① 多识仁波且：《藏学研究甘露》，32 页，兰州，甘肃民族出版社，2003。

② 班班多杰：《藏传佛教思想史纲》，13 页，上海，三联书店，1992。

图 3－12　贵南幸福寺内的翰巴拉果像（羊师大将）

的角色。其中，翰巴梓潼的塑像虽然面目狰狞，但他右手持毛笔，左手捧经书，俨然一幅文神的气派，而翰巴拉果右手持三叉戟，左手呈于胸前，握有一颗心脏，充当着武将的角色。这一文一武，帮助文昌神完成保护一方水土的使命，也符合人们的逻辑观念。其实，在道教的文昌神系中，文昌的侍从是天聋和地哑，还有其他诸多伴神。然而，天聋和地哑的形象在安多藏区的文昌庙宇中并不多见。

三、藏传佛教艺术中的文昌神

文昌神传播到安多藏区后，逐渐与藏传佛教和本土文化相融合，具备了一种宗教赖以生存和重新发展的条件，即有成文的宗教典籍（主要指祭祀仪轨文等）、固定的宗教场所、一定数量的信仰群体等。不仅如此，文昌信仰还渗透到藏传佛教文化的其他领域，以唐卡、壁画等佛教文化艺术的形式为载体表现出来，与藏传佛教形成了“你中有我”“我中有你”的关系。

（一）唐卡中的文昌神

唐卡，也称为卷轴画，是一种绘画形式。根据历史记载，这种艺术品问世于吐蕃的松赞干布时期，迄今有1000多年的历史。根据其制作用的材料可分为丝绢制成的和颜料绘制的两大类。此外还有珠宝和版印唐卡。唐卡主要以宗教题材为主，是藏传佛教信仰不可或缺的表现形式之一。

上文也提到过，唐卡中的文昌神形象与文昌庙宇中的塑像不太一样，颇具特点。唐卡中的文昌神，一般有两种形式：即善相和怒相。

善相的特征为：文昌神骑白骡，穿一身绿色汉服，戴官帽，面色红润，留长须；左手握珍宝，右手持鞭；左右是两位侍从，一位持幢，一位拿包。文昌神驰骋在空中，四周云雾缭绕。在文昌神的顶部有一释迦牟尼佛的画像，佛陀端坐于莲花宝座之上，四周花环萦绕。在文昌神的下面，有翰巴梓潼和翰巴拉果两位神灵。翰巴梓潼通身深蓝色，三只眼，右手高举毛笔，左手持经书；翰巴拉果一身红色，右手高举矛，左手持一颗心脏。

图3－13　文昌神唐卡

怒相的特征为：文昌神骑白骡，穿一身红白相间的长衫，戴三角形帽子，面色白皙，留有胡子；左手握珍宝，右手持双叉剑。其背景为雪山，四周云雾缭绕，文昌神驰骋在空中。在文昌神的顶部，有莲花生大师、宗喀巴大师、隆务寺寺主等三位大师的画像。在文昌神的下面，有翰巴梓潼和翰巴拉果两位神灵。翰巴梓潼通身深蓝色，双眼，红色长发披肩，右手持毛笔，呈于胸前，左手握经书；翰巴拉果通身粉红色，面目狰狞，红色长发披肩，右手高举双叉剑，左手持绳套，并捆绑有一人。其他还有一些不太相同的文昌神怒相，在此介绍的仅仅是比较常见的。

以上介绍的两种文昌神的形貌都有一共同的特点，即文昌神骑着白骡。我在实地调查时，从未发现有文昌神骑于白骡之上的塑像。关于文昌神的坐骑，在藏传佛教和道教中有不同的说法。在藏传佛教的各种祈愿文、文昌神的唐卡和壁画中，都详细说明或描述为是白骡，这一点，从上述文昌神祈愿文的描述和唐卡画中得到了很好的证明。然而，道教文献中认为，文昌神的坐骑是白特。据《文昌祖庭探秘》一书记载，马耳、驴面、骡尾、牛蹄的怪兽，是文昌帝君张亚子的坐骑，全身白色，名为白特神兽，古人亦有千里马，万里特之说，俗称“四不像”。[①] 又载，道教认为马耳意为神速快如飞马；牛蹄取牛纯善宽厚的秉性；驴骡善负重，才能承载禄神文昌帝君；有了“白特神兽”文昌才能飞越山川如履平地。[②] 但民间也有白特是白骡的传说。民间传说更多，有的说白特又叫“白骡子”，是“竹精”变幻而成，亚子乘坐它，可以抵御山川妖孽。[③] 不管怎么说，在安多藏区，人们都认为文昌神的坐骑是白骡。如果提到白特，大部分人肯定不知所云。我认为，这与藏传佛教神灵的

① 黄枝生：《文昌祖庭探秘》，43页，北京，中国三峡出版社，2003。
② 黄枝生：《文昌祖庭探秘》，43页，北京，中国三峡出版社，2003。。
③ 黄枝生：《文昌祖庭探秘》，44页，北京，中国三峡出版社，2003。

坐骑有关。在藏传佛教神灵的坐骑中，骑白骡子者居多。因此，文昌神的坐骑也受到了这种文化的影响。

唐卡作为一种宗教色彩浓厚的艺术品，除了其自身的艺术价值外，在人们的日常宗教生活中充当着非常重要的角色。上文文昌神分布状况的描述显示，在安多的牧区，由于其生产方式、地理环境等的影响，几乎没有文昌庙宇。人们主要依赖于文昌神的唐卡，进行献供、磕头、祈祷、诵经等宗教仪式。在海北州天竣县一带的牧区，人们非常崇拜文昌神，但一直无文昌庙宇。为了达到信仰的目的，家家户户都置有大小不等、内容不同的文昌神唐卡，挂于自家的佛堂里，每天早上煨桑祈祷。在举行与文昌神相关的宗教仪式时，将唐卡置于法事现场，作为崇拜和祭祀的对象，进行宗教法事活动。

与此同时，在各地的文昌庙宇中，也挂有各种文昌神唐卡。目前，部分文昌神唐卡也在市场上流通。

（二）壁画中的文昌神

壁画是绘制在室内墙壁上的图案，是藏族绘画艺术的一种形式。藏族壁画集中在寺院、宫殿、僧舍和家庭经堂中。内容主要以宗教题材为主。

在安多藏区的文昌庙宇内，也有许多关于文昌神的壁画。根据田野调查资料，关于文昌神的壁画主要有三种类型：第一种是文昌神的画像。这种壁画的形貌与唐卡的基本相似，呈怒相。其上绘有佛陀或黑文殊菩萨等，下面是他的伴神翰巴梓潼和翰巴拉果两位神灵。第二种是文昌神与当地山神的集体画像。这种壁画依地理区域的不同而有所变化。在贵德地区，主要画有当地的阿尼神保、阿尼直亥等山神；在热贡地区，主要是阿

图 3－14　壁画中的文昌神

尼夏琼、阿尼德合隆等当地山神；而在化隆地区，却是贡保直纳等山神。第三种是文昌神的生平事迹。这种壁画主要集中在贵德文昌宫内。在贵德文昌宫内正殿的四周墙壁上，画有文昌神起驾前往异地的情景、某位神灵觐见文昌神，及其伴神魁星镇邪等传说故事。

四、安多藏区的文昌神与其他道教神灵的关系

在安多藏区，人们信仰的道教神灵不止文昌一神。我在田野调查时发现，人们也信仰其他道教神灵，如二郎神、关帝等。江河源及相邻地区，民族杂处，中原文化的一些鬼神，也进入八部神鬼之中，同样成为支配人们生活和活动的人格化的东西。如河曲各县普遍信仰文昌帝君（藏语作阿米尤拉，或文昌，即文字神）；大夏河、隆务河、洮河、白龙江和渭河上游一带普遍信仰二郎神（藏语即作二郎）。

关于二郎神的历史，《安多藏区的二郎神信仰》一文介绍说：二郎神大约产生于宋代，发展于元明时期。最初的二郎神有三个，分别为赵二郎、李二郎、杨二郎。他们有的是真有其人，后又增加了虚构的事迹（如赵二郎）；有的是真有其人其事，后被加以神化（如杨二郎）；有的是本无其人，而是藉其父

的真人真事才出现的（如李二郎）。在北宋末年至南宋初年，三者曾发生过激烈的地位之争，后来杨二郎因在民间广泛流传，更因被写入神话和演义小说而传承下来，最终取得了胜利。二郎神随着道教神灵体系的完善，又被纳入道教之中，成为道教中法力无边的大神。在汉族民俗中，二郎神是一位神威显赫、法力无边、武艺高强、善于变化的天神，集中体现了人们的英雄崇拜、神灵崇拜、偶像崇拜等多种心理因素。[①]

在海南和黄南地区，许多文昌庙里都有二郎神的塑像、唐卡或者图片。如尖扎县尕布村和杨家村的二郎神庙，贵德县当车村的甲堂二郎神庙等，里面不仅供奉有二郎神，而且有文昌神等其他神灵。在海南，藏语称二郎神为“阿尼日郎”，其含义不甚清楚，但与二郎的汉语发音很近而且相似，笔者认为是二郎的变音。在黄南，藏语称二郎神为“阿尼木化”，“阿尼”为“祖父”，表示敬意。“木化”意为将军，正好与道教中二郎神的性质相吻合，是一位武将。

贵德六月会是为文昌神和二郎神举行的宗教仪式。关于两神同时举行祭祀仪式，民间还有一些传说故事。我在实地考察时曾多次听到这些故事。当地人认为，文昌神和二郎神有甥舅关系，文昌神是二郎神的舅舅。他们两个神一个在东边（指周屯二郎庙，其位于贵德县的东方），一个在西面（指贵德文昌宫，其位于贵德县的西方）。举行六月会就是为了这两个神灵每年会一次面，以表示两神的亲密关系。六月会上文昌神和二郎神会面，游神巡境，提高社区的凝聚力。民间认为文昌和二郎是甥舅关系，这表明区域文化的联系性和神灵之间的认同感。

由于文昌神和二郎神都是道教神灵，藏族人对它们的形

---

① 贾伟、李臣玲：《安多藏区的二郎神信仰》，载《民族研究》，2005（6）。

象特征不甚了解，因此在安多藏区出现了将两神混淆的情况。在黄南州尖扎县尕布村，二郎神两边各有一位护法神：右侧的为羊师大将（藏语叫“先本拉果”），左手拿一个仙桃，右手拿一把剑，胸前有护心镜；左侧的金刚（藏语叫“先本兹东”），右手举起，左手拿一个记录小偷所犯罪行的“案录本”。左下角跪有一绑捆并试图狡辩的小偷。[①] 根据各种藏文资料及本人的田野调查，“先本拉果”和“先本兹东”这两位神灵是文昌神的伴神。然而，在有些地区将这两位神误认为是二郎神的伴神，从而出现神灵混杂的现象。还有将文昌神和二郎神的传说混为一谈的现象。传说文昌神（指张亚子）只有五六岁时来到贵德地区，他是孤儿，无人照顾，就吃当地的黄牛奶长大，并在贵德的石家寺附近玩耍当。地民众认为，文昌是吃黄牛奶长大的，视黄牛为母亲，因此不能吃黄牛肉。所以民间有不吃黄牛肉的禁忌。这一传说同样出现在二郎神的传说中。据当地人说，二郎神从小父母双亡，是其嫂子用牛奶把他拉扯大的，为了报恩，所以二郎神不吃牛肉。[②] 两则故事如出一辙。这说明当地人对两位神灵不甚清楚，以至于把有些传说故事张冠李戴。另在塔尔寺寺主第四世阿嘉·洛桑加央嘉措撰写的文昌神祈愿文《祭祀、会供瑜伽厉神赤噶尤拉法·圆满时之祥云》中，有这样一段话：赤噶尤拉关云长及其眷属，舌如金刚光明之管，摄取一切食子的精华。作者在祈愿文的结尾处提到赤噶尤拉关云长这一名字，似乎与原文所表达的主题不太相符。笔者认

① 贾伟、李臣玲：《安多藏区的二郎神信仰》，载《民族研究》，2005（6）。

② 贾伟、李臣玲：《安多藏区的二郎神信仰》，载《民族研究》，2005（6）。

为，作者混淆了汉地的文昌神和关羽神，有时把这两位神灵当成同一神灵来看待。

关公是三国时期蜀国的大将关羽。关羽在历史上又被尊称为关公、关老爷、关主、关帝、武圣等。后主刘禅曾封关羽为壮缪侯，但一般认为，对关羽的大规模神化始于隋唐，当时佛教天台宗的创始人天台大师将关羽拉入佛门，尊其为伽蓝守护神。在宋、元、明、清诸朝，关羽又被封为“忠惠王”、“崇宁至道真君”、“昭烈武安王”、“义勇武安王”、“协天大帝”、“关圣帝君”以及“关圣大帝”。在对关羽加封晋爵的同时，历代王朝还精塑关羽像，修筑关羽庙。有清一代，全国上下对关公的崇拜达到极点，关帝庙“凡通衢大道以至穷乡僻壤，无地无之”。[①]

关帝信仰传入藏区后，被吸收进藏传佛教的护法神神灵体系，这主要是清代藏传佛教高僧大德所为。[②] 从清代开始，关帝信仰传入包括安多在内的藏区。章嘉若必多杰、土观洛桑曲吉尼玛、察哈尔格西洛桑慈成、阿嘉活佛等佛教大师，纷纷撰写了祭祀关帝的祈愿文。在西藏的拉萨、昌都、山南、日喀则、定日等地建有关帝庙。在安多的拉卜楞、热贡等地区也建有关帝庙。同样作为道教的神灵，关帝和文昌神一般被置于同一个庙宇之中，如贵德文昌宫、热贡苏乎日村神庙等庙宇，众神灵中既有文昌神，也有关帝，还有二郎神，人们共同祭祀这些神灵。

从上述现象发现，在安多藏区，道教的神灵不止文昌一神，还有二郎神、关公等，它们之间的关系非常密切，经常被置于

---

① 刘志军：《对于关公信仰的人类学分析》，载《民族研究》，2003（4）。

② 才让：《藏传佛教中的关公信仰》，载《中国藏学》，1996（1）。

同一个庙宇，共同接受祭祀和朝拜。

五、小 结

通过以上对文昌神信仰的具体描述，我们试图分析藏族的宗教信仰体系和结构特征。

文昌神传播到安多藏区后，在与苯教和藏传佛教进行了一系列的冲突、吸收、整合的文化交融后，成为藏族宗教信仰体系的一部分。正如本人在上文所论述的，包括文昌神在内的藏族地区的众多地域守护神，在藏族宗教信仰体系中有不可替代的作用，但其地位相对较低，未真正纳入藏传佛教信仰体系之中，从而可以称其为“民间宗教或民间信仰”，是藏族“小传统”文化的表现形式之一。这种藏传佛教与民间守护神并存的信仰格局，不仅体现藏族宗教信仰体系的结构，而且也是藏族宗教文化的一种特殊模式。藏传佛教是制度性宗教，以来世、彼岸为重，具有终极关怀的文化意义，是“大传统”文化，而地域守护神信仰体系是民间宗教，以入世、现实为重，具有解决现实问题的文化象征意义，是“小传统”文化。守护神信仰体系和藏传佛教的现实与彼岸、今生与来世的关系，形成了藏族宗教信仰体系的二元结构，两者既排斥又依存，是矛盾的统一体，具有一定的互补性。如文昌神信仰，佛教戒律明确规定，僧人不能皈依地方神，僧人虽不皈依，但却把地方神作为助手，以弘扬佛法。在藏传佛教寺院里是禁止血祭的，但为了满足广大信徒的信仰要求，不得不采取变通的手段进行祭祀（如卡夏德寺）。这种宗教信仰体系的二元对立结构，在藏族社会文化的象征体系中得到了充分的印证。

藏族人一方面从藏传佛教中获得人生的意义，得到宗教的终极关怀。然而，面对现实生活中的诸多问题，人们祭拜地域守护神，向神诉说自己的实际问题，希望得到神的帮助和佑护，同时，神也在一定程度上缓解和解决人们的实际问题。关于这一点，王铭铭在《溪村家族》一书中有很好的解释，他说："作为一个假想的权威，村神'法主公'以假想的方式替他在社区中的信徒作出决策，提供问题的咨询服务。虽然他不是一个现代的心理医生，但是他所扮演的角色几乎与心理医生是一样的。这是因为，在人们的眼里，他可以让人们消除焦虑、烦恼和不安。当然，说他是心理医生不一定合适，因为他解决的问题不止是个人的，还是社会的，或者说是由于社会原因造成的个人不安。"①

宗教生活的这种分类秩序，在藏族人的日常生活中是非常明显的。他们在人生的重大仪式过程中，如成年礼、婚礼、葬礼等，往往选择藏传佛教作为精神资源，邀请藏传佛教团体的神职人员进行仪式活动。此时，整个仪式活动的程序都以藏传佛教的仪轨进行，佛教的信仰和仪式渗透到藏族人的人生礼仪之中。而在日常的生活当中，他们面临诸多现实问题，如疾病、财物丢失、邻里矛盾、偷盗等问题时，将诉诸地方守护神，通过占卜、念经、驱鬼等仪式，解决现实问题。在日常的生活当中，人们非常清楚遇到何事运用何种宗教信仰体系，集体无意识地选择着不同的宗教文化来阐释人生的诸多问题。关于这一点，从藏传佛教的神灵体系分类，即世间神和出世间神的概念，也可以看到藏族宗教信仰体系中的二元结构。世间神是现实的、入世的，而出世间神是彼岸的、出世的；世间神解决世间的问

---

① 王铭铭：《溪村家族——社区史、仪式与地方政治》，159页，贵阳，贵州人民出版社，2004。

题即人们在现实中所面临的问题，出世间神则解决世间以外的问题，即人生的意义和终极问题。从这个层面讲，文昌神在安多藏区的传播，不仅符合藏族文化的发展机制，而且满足了广大社区人民的宗教信仰需求。因此，研究藏族宗教，必须从守护神信仰体系和藏传佛教的二元结构入手加以考察，否则就不能了解藏族宗教信仰体系的全貌。

第四章　文昌神祈愿文解析

在藏传佛教领域，有独特的神灵祭祀仪式或仪轨。在祭祀某位神灵时，一般首先要煨桑，然后念诵祈祷神灵保护或帮助的经文进行祭祀。祈愿文就是在对神灵进行煨桑献供时所念诵的经文。在藏区，比较著名的神灵都有专门的祈愿祭祀仪轨，历代的佛教大师不断撰写祭祀文。几乎所有佛教高僧大德的文集中都有此类文章，数量之多，难以数计。通过念诵祈愿文，人们同超自然力量进行对话、沟通，向神诉说，以求神对人的保佑，并实现自己的愿望。

关于祭祀祈愿文的起源，《藏传佛教信仰与民俗》记载：宁玛派的《献供焚香祭》是藏传佛教中比较著名的祭祀文献，在藏族社会流传极广。这部仪轨文稿据传是莲花生大师所作，在藏传佛教的类似文献中最为古老。后世的祭祀仪轨著作或多或少都受了它的影响，因此可以说它是藏传佛教祭祀仪轨的奠基之作。[①] 祭祀神灵的祈愿文，一般是偈颂体，篇幅较短，易背诵，朗朗上口。在藏族社会里，佛教僧人不仅要经常念诵这些

---

① 才让：《藏传佛教信仰与民俗》，133 页，北京，民族出版社，1999。

经文，一般的老百姓在祭祀神灵时都要念诵一些简短的祈愿文来祈祷。所以说，祭祀神灵的祈愿文是藏族社会中最为常见的一种宗教文献，是宗教祭祀仪轨中不可或缺的一部分。

一、文昌神祈愿文简介

文昌神传播到安多藏区后，得到了拉卜楞寺、塔尔寺、夏琼寺、隆务寺等寺院的部分高僧大德们的认可，纷纷撰写祭祀文昌神的祈愿文及相关仪轨文，使其成为藏传佛教护法神灵体系中的一员。

文昌神祈愿文，主要存在于藏传佛教寺院和藏族民间。佛教寺院里的祈愿文一般都是文本形式，大部分有署名，文章内容齐全。作者中不乏学识渊博的大师，也有一般的普通僧人。内容长短不一，简短的只有四行，也有洋洋几万字的。而存在于民间的祈愿文，则都是口述形式，作者及创作时间不甚清楚，文章内容不全。

我在田野调查期间搜集了十几种不同版本的祈愿文。其中，比较著名的有以下几篇：

1. 《酬补祈供上神尤拉法》，作者五世达赖阿旺罗桑嘉措（1617—1682）。

2. 《赤噶尤拉祭祀文》，作者嘉木样二世晋美旺布（1728—1791），为拉卜楞寺寺主。

3. 《祭祀、会供瑜伽厉神赤噶尤拉法·圆满时之祥云》《祷祀、佑护佛法众战神之王——厉神尤拉·新圆满时之祥云》，作者阿嘉洛桑加央嘉措（1767—1816），为塔尔寺寺主。

4.《大神赤噶尤拉现观忏悔、礼赞、敦请仪轨·如意至宝》，作者堪钦格敦嘉措（1679—1765），为隆务寺高僧。

5.《大神尤拉祭祀文》，作者色康巴洛桑丹增嘉措（1780—1848），是夏琼寺高僧。

6.《酬补大神尤拉祈请法·任运成就》《依大神尤拉成就催敌棱·闪电之剑》，作者哈萨纳丹巴坚参（生卒年不详），为夏琼寺高僧，是色康巴洛桑丹增嘉措大师的兄弟。

7.《赤噶尤拉祭祀文》，作者赛赤嘉纳巴·洛桑丹贝尼玛（1689—1762），为塔尔寺法台。这篇祭祀文只有四句，但在民间非常流行，几乎是家喻户晓。还有一篇名为《文昌神祈愿文心意圆满》。

另外，还有一些小寺院的寺主活佛和普通僧人写的，在此不一一列举。

2008 年夏天，我在夏琼寺调查时，搜集到了一篇署名为五世达赖罗桑嘉措撰写的祭祀文昌神的祈愿文，篇名为《酬补上神尤拉祈供法》，是长条经文，共 9 页，是一篇比较简短的祈愿文。文章的末尾写道：此酬补大神尤拉祈供法·吉祥雨露，是由萨霍（地名，今孟加拉国）僧人阿旺洛桑嘉措撰于噶丹颇章。关于这本祈愿文，很早以前就有所耳闻，只是没机会亲眼目睹。夏琼寺的僧人们也对这篇祈愿文持怀疑态度，他们不能断定此书出自五世达赖喇嘛之手。为此，我专门拜访了一位知识渊博的夏琼寺高龄僧人。他说，看祈愿文末尾的署名，是五世达赖喇嘛撰写的。但他曾听夏日东活佛说，这不是五世达赖喇嘛写的。因此，他也不敢确定。可为何文章的署名是五世达赖呢?不管怎么说，文章的署名确实是五世达赖喇嘛。本人查阅《海南州寺院简史》一书时，其中也提到五世达赖喇嘛撰写有篇名为《祈供赤噶尤拉法——右旋海螺之声》的祈愿文，内容不详。据记载，上述两篇祈愿文都是五世达赖喇嘛所著，是同一篇祈愿文有不同的篇名，还是内容根本不同的两篇祈愿文，这一点还有待进一步考证。为了证实此篇文章是否出自五世达赖之手，笔者查阅《五世达赖文集》，其中并没有关于文昌神方面的祭祀祈愿文。鉴于此，我们可以初步断定这篇祈愿文并非出自五世达赖之手，而是假借他的名字撰写的一篇普通祈愿文，以期达到扩大文昌神的名声和影响之目的。

根据历史文献资料，除五世达赖以外，上述佛教大师都出生于安多藏区文昌神信仰的发源地——黄河上游流域，即今天的贵德、尖扎一带。他们是塔尔寺、拉卜楞寺、夏琼寺、隆务寺等寺的活佛，并且是在藏区比较有影响和声誉的佛教人物。由此可见，这些佛教大师生活的社会文化环境中有文昌神，他们都比较熟悉文昌神，了解此神的相关历史和职能。在这种社会文化背景下，他们纷纷撰写文昌神祈愿文，以藏族文化的认知方式解释这一外来神灵，使其进入藏传佛教护法神灵体系。通过比较各位佛教大师的生平事迹以及当地的民间传说，赛赤嘉纳巴·洛桑丹贝尼玛撰写的《文昌神祈愿文心意圆满》，可能是写作时间最早的有关文昌神方面的祈愿文，其后的祈愿文都仿照了这篇文章。

二、文昌神祈愿文解析

下面，我们选取几篇典型的文昌神祈愿文进行解读，旨在了解祈愿文的体裁和特点，了解藏传佛教理论界及佛教大师对文昌神的认识和阐释。

赛赤嘉纳巴·洛桑丹贝尼玛撰写的《文昌神祈愿文心意圆满》，篇幅较短，内容简单，现将其翻译如下：

吉祥福瑞滚滚黄河滨
汉藏边界瑜伽出生地
所驻尤拉历神迎请之
不停立即莅临至此地
所想一切如愿能实现
犹如意念敏捷且威猛
所谓汉地的相马天子
为圆瑜伽所想至此地
莅临瑜伽供奉之圣地
所做一切罪孽请宽恕
正如母亲对待己儿女
为了从容行事请落座
密宗咒语手印和定力
来自法界真谛之神力
使您满意内外之供品

请享用并助心意圆满
血肉五脏六腑等供品
烧煮焦烟及各种生肉
似大海汇集如山堆砌
请享用并助心意圆满
马骡牛羊和鸡等动物
刀剑甲胄箭矛等兵器
四大洲八小洲日月等
请享用并助心意圆满
总之宫殿将士和侍从
所需各式各样之物品
实际陈设及化显供品
酬谢曾经托付之事业
提醒现今护佑而献之
献给以后事业之成功
依止厉神文昌之心意
瑜伽所思所想一切事
请勿懒惰疏忽与懈怠
所想即刻努力使圆满
依止祭祀随时想念之
住地行路无论在何处
一切事业圆满得成就
拥有无限威力之厉神
吾向大神您祈祷赞颂

彻底消除违缘障碍和
一切魔障等无数敌人
赞颂尤拉主从眷属等
阻挡一切灾祸和意外
总之犹如太阳和莲池
许多圆满花朵常盛开
吉祥雨露满足众希望！

此是在身边出现文昌神的迹象，由贡巴曲热之嘱托，由洛桑丹贝尼玛在文殊皇帝之行宫——第二天宫花园（即雍和宫）创作，格西嘉央彭措执笔完成。

塔尔寺寺主阿嘉活佛撰写了两篇文昌神祈愿文，即《祭祀、会供瑜伽厉神赤噶尤拉法·圆满时之祥云》《祷祀、佑护佛法众战神之王——厉神尤拉·新圆满时之祥云》。其中第一篇《祭祀、会供瑜伽厉神赤噶尤拉法·圆满时之祥云》的内容共分三部分，第一部分是文昌神的历史，第二部分为祭祀仪轨，第三部分是会供仪轨。

关于文昌神的历史，作者写道：

显现怙主无量佛和本尊莲花王智慧—治理世间之王的形象，赞扬在其传记中十七世连任大臣，并因利他而达天神之位。今在大支那（即中国）被奉为文化守护神，我等一切黄帽（指格鲁派）教派之主，怙主达赖师徒二人撰有祈供此守护神的文章，尤其是与格鲁教派之明灯——大法台嘉纳巴·洛桑丹贝尼玛、贤哲转轮王东科索南嘉措二人如影随形，故成为遵命照办的守护神。二位圣贤撰写的祈供此神的祈愿文，从卫藏之地到东方大海之滨，成为许多活佛高僧、达官显贵以及僧俗民众日常念诵的经文，对此神的成就笃信甚深，因故如此努力供奉。又，此大神的详细传记在汉文的文献中，现大家所知的是：怙主法王宗喀巴大师诞生之圣地，离蓝毗尼林（即释迦牟尼诞生地，今尼泊尔境内）第二——十万佛像大法苑（指塔尔寺）不远之地，从前法王阿育王建造的千万佛塔之一，吐蕃法王赤热巴巾亲自膜拜，将发辫置于塔像内藏，并修葺的白塔；另外，天然生成的观世音菩萨；尤其是文殊怙主萨迦班智达建造的珍珠寺，修建了内置三世佛像——膜拜即可除病魔等组成的许多殊胜佛塔，诸多圣贤大师源源不断莅临的圣地赤噶（即贵德），十美之地的精华——哈本山梁，在世间的意识中以大臣之身显现，工匠艺人在此遗体之上塑造佛像，现镀金时不需沙子等而直接“享用”，威力四射而远近闻名的金脸赤噶尤拉，被东方的皇帝尊称为相马天子或文昌帝君，欲向此神进行会供等祈供。

上面的这段描述，讲到了文昌神的起源和职能等问题。作者讲到，文昌神为汉地的文化神，在汉地被称为相马天子或文昌帝君等，这对于进一步了解文昌神传播到安多藏区的历史至关重要。

第二部分是祭祀仪轨，内容有以下几个方面：

1. 准备阶段。记述了祭祀神灵的供品和用物。原文如下：

在如意的地方，将此大神的画像面朝东放置。在此前，高台被佛被遮盖，此神特别的食子按《见继》仪轨，将普通的食子、圣物、甘露、丸子等相混合，新鲜酥油和酒揉成的四层方块糌粑饼上放置四方须弥山，在此上置腰间有画纹并饰有向右缠绕的白蛇，其四角供四小食子；前置供奉大战神关云长的腰间有画纹的食子；后陈列供奉众地方神的腰间有画纹、边上围绕有江看和丸子、涂以红色的食子，或陈列众多鱼等，在吉日涂以酥油的食子。另，水、五供等内供，甘露中撒丸子的外供。除马、驴、牦牛、黄牛等动物的肉、血、内脏等生肉祭祀，各种宝石粉末的糌粑团和撒有白米的神饮，尤其是依照汉族习俗，供有画纹的黄纸钱、金银的马蹄模具、各种香、烧纸祭箭、烛火等。另外，金银绸缎，各种食物饮料，甲胄、剑、箭、矛等各种武器，马、骡、驴、牛、山羊、绵羊、鸡、狗等动物的皮子，陈列酬补供品。至少在陈列有画像的左右，陈列上师本尊的画像。如无，在高台陈列供奉上师本尊的圆食子，顶尖饰有日月；向众护法神供奉的红色三角食子一个或者两个；陈列众天神食子和地方神食子。在此前，陈列会供曼荼罗食子供物相调和，三白、三甘揉成空行母乳房般，红色酥油的日月和白酥油糌粑装饰；陈列茶新、三白、三甘、药材、糌粑酥油团、酸奶、奶、肉、酒、蒜、葱、萝卜、蘑菇、水果等力所能及的供品，并陈列一个腰间有花纹的食子。又另，煨桑物、神饮酒、金粉，准备血祭的干净燔柴。之后，祭祀者面朝西方，排放铃杵、内供颅骨，另摆放钹、鼓、胫骨号筒、喇叭、唢呐等吹打乐器……

2. 皈依发心。祭祀者首先要皈依发心，接着将自己视为大威德金刚密宗本尊神。

3. 加持供物。这部分原文比较简单，在此一笔带过。说内供、外供等一切供物被加持。

4. 请神。要迎请神灵到祭祀场所，迎请的神灵包括三世佛、众空行等。其中，有一段原文写道："吉祥福气滚滚黄河滨，汉藏边界瑜伽出生地，所驻尤拉厉神迎请之，不停立即莅临至此地。所想一切如愿能实现，犹如意念敏捷且威猛，所谓汉地的相马天子，为圆瑜伽所想至此地。莅临瑜伽供奉之圣地，所做一切罪孽请宽恕，正如母亲对待己儿女，为了从容行事请落座。"

5. 忏悔。这段只有四句。向诸神忏悔祭祀者所做的一切罪业，并予以清洗。

6. 酬补神灵。这部分主要表明，弥补祭祀亏缺以消罪过。

7. 敬献供品。云：赤噶尤拉关云长及其眷属，舌如金刚光明之管，摄取一切食子的精华。

作者在此提到赤噶尤拉关云长的名字，与原文所表达的主题不太相符。这说明，作者将汉地的文昌神和关羽神相混淆，有时把这两位神灵当成同一神灵来看待。

8. 赞颂神灵。这一段主要赞颂尤拉所做的好事，并且希望一如既往地满足信徒的要求。

接下来是第三部分会供仪轨。其内容包括：请神、敬献会供曼荼罗、供品敬献上师、焚烧供品、祈祷并托付事业。

文章的结尾有一段后记，云：

> 为了取悦大神，时常降临会供圆满甘霖，愿利乐果实永远丰收。祭祀、会供瑜伽厉神赤噶尤拉法·圆满时之祥云，此是敬重怙主教法之核心——怙主大法台嘉纳巴萨马得巴齐大师的成就，在崇信、盟誓坚定的大汗益西王的多次鼓励下，并有撰写祭祀文的意向，在途中撰写了此短文。阿氏僧人班玛央修才（阿嘉洛桑加央嘉措的别名）随即速写。

阿嘉活佛撰写的第二篇祭祀文《祷祀、佑护佛法众战神之王——厉神尤拉·新圆满时之祥云》，是在第一篇的基础上撰写的，文体和内容都与第一篇基本相似，不再做分析了。

比较赛赤嘉纳巴·洛桑丹贝尼玛和阿嘉活佛的祈愿文，不难发现两者之间的异同。阿嘉活佛的是以赛赤活佛的祈愿文为蓝本撰写而成，并增加了一些仪轨方面的内容，从而比较全面且内容丰富，包含诸多有关文昌神信仰方面的文化信息。

哈萨纳丹巴坚参，即色康巴洛桑丹增嘉措大师的兄弟，为夏琼寺高僧。他撰写了《大神尤拉酬补祈请法·任运成就》《依大神尤拉成就催敌梭·闪电之剑》两篇祭祀仪轨文。下面笔者将《大神尤拉酬补祈请法·任运成就》一文的部分内容翻译成汉文，并略作分析。

此祭祀文的结构与前文相似，但内容较丰富，蕴涵了诸多文昌神方面的文化信息。

开篇写道：

在此向文殊菩萨的化身、守护保卫汉地边疆的厉神汉地大皇帝天子，成就威力比其他神速者献供。之后，写到供物时云：祭祀者要忌讳黄牛的血和肉，连一点气味都不能碰。

关于文昌神的形象是这样描述的：

金脸厉神尤拉，神情庄严，华丽而矜骄，两手扶膝，上身着黄色披风和锦缎美衣，汉式装扮，脚穿汉式黑鞋。坐于金榻，姿态优美。意之化身厉神翰巴尤拉身姿白里透红，威严而愤怒，右手高举闪火花的剑，右手握绳套和敌人的心脏；腰间挂装满箭的箭袋和豹皮弓袋；上身着黄色披风和锦缎神衣，脚穿汉式黑色皮鞋；骑瞬间转三千世界的白骡飞翅，在其上空的白云间，有父罗刹和母龙女的装扮者，坐于有蛇之水的坐垫；右边是翰巴梓潼，左边是翰巴拉果；前面是四位大臣；周围是十六日郎，侍从三十，屠夫一千，另无数化身围绕。

请神时，云：

喂！汉地赤噶翰巴宫的厉神，文昌尤拉及眷属，心情迫切邀请之，不要驻留快速至此地。具三恩根本上师，无数怙主先辈法王，按其嘱托兴教立业，快速莅临此地。曾到汉川求学，后在四川任君王，今为汉藏边界赤噶之，保护神及眷属至此地。

其他内容与阿嘉活佛的祭祀文基本相似，在此不一一介绍了。

除以上翻译和分析的祈愿文外，其他的祈愿文从形式到内容都基本相似，无更多的文化信息。

另外，在民间还有口头传承的文昌祭祀文，一般没有作者署名和创作时间。但文章短小精悍，朗朗上口，容易背诵，在民间非常流行。下面我们介绍译自藏文的一篇，以了解其风格和特点。

祭祀位于缓缓流淌的大河之滨、位于巴则雪山之巅、位于果拉斗拉沟的汇合处、位于八部神殿的上空、位于白色宫殿之内、位于蓝砖青瓦的宝座、位于翠绿色宫殿的赤噶翰巴之王——阿尼尤拉！位于上方印度的噶哇梓潼，位于下方汉地的美如梓潼，位于雪域藏地的翰巴梓潼。祭祀一千屠夫的首领、穿各种黑色美裳、品众多黑山羊血肉、骑白骡、长有风轮的翅膀、瞬间莅临身边、呼三次绕三匝、神速的翰巴尤拉、金册金印的主人、银册银印的主人、契约官印的主人、论斤评两的主人、掌管度量的主人、厉神赤噶阿尼尤拉！

这篇在民间广泛流传的祈愿文，与佛教大师们所写的截然不同。这种文体篇幅短小，更容易背诵。文昌神的住所具有地域的特色，佛教的色彩更加明显，其职能也发生了巨大的变化，成了老百姓心目中无所不能的神灵。

祈愿文作为藏传佛教典籍的一部分，不仅内容丰富，数量众多，而且蕴含着大量的佛教理论和宗教仪轨，是为一把打开“文昌神殿”秘密的钥匙，这对于研究相关问题提供了很好的线索和理论依据。

纵览佛教典籍中的祈愿文，我们发现，其文体大致一样，结构雷同，只是祭祀者所祭祀的神灵不同而主题有所变化。关于这一点，在《藏传佛教信仰与民俗》一书中讲道：“宁玛派的《献供焚香祭》是藏传佛教中比较著名的祭祀文献，在藏族社会流传极广。这部仪轨文稿传说是莲花生大师所作，在藏传佛教的类似文献中最为古老。后世的祭祀仪轨著作或多或少都受到了它的影响，因此可以说是藏传佛教祭祀仪轨的奠基之作。”“《献供焚香祭》中的仪轨大部分成了后世遵循的定规，而那样一种吸收、容纳、改造的精神也被人们继承了下来。”[①] 文昌神祈愿文也不例外，受到了这种文体的影响。

通过解读这些祈愿文，我们总结出以下几点有关文昌神方面的文化信息：

1. 关于文昌神的历史：文昌神为汉地神灵，其职能是文神，是汉地的地域守护神，是文殊菩萨的化身。曾到汉川求学，后在四川任君王，后为汉藏边界赤噶的守护神。

2. 藏传佛教格鲁派教主达赖师徒撰写了祈愿文，大法台嘉纳巴·洛桑丹贝尼玛、贤哲转轮王东科索南嘉措等大师奉为护法神。

3. 文昌神是黑文殊菩萨的化身，又称“文昌老爷”。今位于安多藏区汉藏交界、黄河之滨的赤噶，现今的文昌宫是在此

① 才让：《藏传佛教信仰与民俗》，133 页，北京，民族出版社，1999。

神的墓冢上建造的。

4. 文昌神的形象和装扮是汉藏合璧。

5. 祭祀供品中特别提到，依照汉族习俗，供有画纹的黄纸钱、金银制的马蹄模具、各种香、烧纸祭箭、烛火等；祭祀者要戒食黄牛肉，祭祀时身上不能染一点黄牛的气味。

6. 文昌神法力无边，涉足世间的任何领域，并且非常灵验，有求必应，快速无比。

7. 祭祀文中提到了道教神灵关羽，有时将文昌神与关羽误认为同一神灵。

总之，在有关文昌神方面的资料非常缺乏的境况下，这些祈愿文的价值显得尤为珍贵，它为我们进一步研究文昌信仰和仪式，提供了诸多线索和第一手资料。

另外，还有文昌神酬补经。酬补经是举行一种酬谢恩泽以娱神佛，弥补祭祀亏缺以消罪过的宗教仪式时所念的经文。此类经文一般与祈愿文合为一体，只是每篇文章的侧重点不同而已。有些以祭祀祈祷神灵为主，有些以酬补神灵为主，大部分祈愿文中有酬补的内容。如五世达赖撰写的《酬补祈供上神尤拉法》、哈萨纳丹巴坚参写的《酬补大神尤拉祈请法·任运成就》等，祭祀祈祷和酬补合而为一，其中酬补经有较多的宗教仪轨。而阿嘉洛桑加央嘉措撰写的《祭祀、会供瑜伽厉神赤噶尤拉法·圆满时之祥云》，虽然文章标题无酬补的字眼，但其中也包含酬补神灵的仪轨。现将这篇祈愿文中的酬补经文翻译如下：

上师本尊护法等神灵，尤其违背大神的意愿，忏悔一切罪过和错误，彻底清除如天空明朗。如此忏悔。密宗咒语手印和定力，来自法界真谛之神力，使您满意内外之供品，请享用并助心意圆满。实陈意化眼见之供品，内外密宗无价之祭品，满足上师本尊等心愿，如愿以偿弥补罪与错。血肉五脏六腑等供品，烧煮焦烟及各种生肉，似大海汇集如山堆砌，请享用并助心意圆满。马骡牛羊和鸡等动物，刀剑甲胄箭矛等兵器，四大洲八小洲日月等，请享用并助心意圆满。总之宫殿将士和侍从，所需各式各样之物品，实际陈设及化显供品，酬谢曾经托付之事业，提醒现今护佑而献之，献给以后事业之成功。依止厉神文昌之心意，瑜伽所思所想一切事，请勿懒惰疏忽与懈怠，所想即刻努力使圆满。如此使神灵满足。

三、《文昌帝君阴骘文》的藏文译本

《文昌帝君阴骘文》又叫《文昌帝君丹桂籍》，简称《阴骘文》。阴骘文是以文昌帝君之名，扶鸾降笔而作的一篇劝说世人行善积德的劝善文，大约写成于元代。《阴骘文》强调传文阴功，积阴德，即暗中施德于人，暗中作出有德行的事。《阴骘文》在大陆民间广为流传，后来又被译成朝鲜文、日文、法文，在东南亚及欧洲等国家广为传播。笔者在做安多藏区的文昌神信仰研究时，查阅相关藏文宗教典籍，发现塔尔寺寺主四世阿嘉洛桑加央嘉措的文集中有藏译的《文昌帝君阴骘文》。[①] 此前没有发现相关《文昌帝君阴骘文》的藏文资料，

① 四世阿嘉洛桑加央嘉措：《四世阿嘉洛桑加央嘉措文集》，塔尔寺木刻版，西南民族大学藏学文献中心藏。

这是首次发现的藏文译本，是一篇不可多得的藏文原始资料，对于研究安多藏区的文昌神信仰以及道教在藏区的传播等具有重要的学术参考价值。本文就《文昌帝君阴骘文》的原文和藏泽本进行比较，并做简要分析。

（一）《文昌帝君阴骘文》原文

帝君曰：吾一十七世为士大夫身，未尝虐民酷吏，救人之难，济人之急，悯人之孤，容人之过，广行阴骘，上格穹苍。人能如我存心，天必赐汝以福。于是训于人曰：

昔于公治狱，大兴驷马之门；窦氏济人，高折五枝之桂；救蚁中状元之选，埋蛇享宰相之荣。欲广福田，须凭心地。行时时之方便，作种种之阴功。利物利人，修善修福。正直代天行化，慈祥为国救民。忠主孝亲，敬兄信友。或奉真朝斗，或拜佛念经。报答四恩，广行三教。济急如济涸泽之鱼，救危如救密罗之雀。矜孤恤寡，敬老怜贫。措衣食周道路之饥寒，施棺椁免尸骸之暴露。家富提携亲戚，岁饥赈济邻朋。斗秤须要公平，不可轻出重入。奴仆待之宽恕，岂宜责苛求。印造经文，创修寺院。舍药材以拯疾苦，施茶水以解烦渴。或买物而防生，或持斋而戒杀。举步常看虫蚁，禁火莫烧山林。点夜灯以照人行，造船以济人渡。勿登山而网禽鸟，勿临水而毒鱼虾。勿宰耕牛，勿弃字纸。勿谋人之财产，勿妒人之技能。勿淫人之女妻，勿唆人之争讼。勿坏人之名利，勿破人之婚姻。勿因私仇，使人兄弟不和；勿因小利，使人父子不睦。勿倚权势而辱善良，勿恃富豪而欺穷困。善人则亲近之，助德行于身心；恶人则远避之，杜灾殃于眉睫。常须隐恶扬善，不可口是心非。剪碍道之荆榛，除当途之瓦石。修数百年崎岖之路，造千万人来往之桥。垂训以格人非，捐资以成人之美。做事须循天理，出言要顺人心。见先哲于羹墙，慎独知于衾影。诸恶莫做，众善奉行。永无恶曜加临，常有吉神拥护。近报则在自己，远报则在儿孙。百福骈臻，千祥云集，岂不从阴骘中得来哉！

（二）《文昌帝君阴骘文》的藏文译本

༄༅། །ལྷ་ཡི་རྒྱལ་པོ་པིན་ཀྲང་གི་ཟབ་བཀླིང་བསོད་ནམས་བསོག་པའི་ཆོས།

༄༅༅། །པིན་ཀྲང་ལྷ་ཡི་རྒྱལ་པོ་ཡི། །ཆོས་ཀྱི་བསླབ་ཚིག་འདི་ལྟ་སྟེ། །ངེད་ནི་སྐྱེ་བ་བཅུ་བདུན་བར། །སྔོན་པོ་མི་བཟང་གྱུར་པའི་དུས། །ཉི་མ་གཅིག་གི་ཡུན་ཙམ་ལའང་། །སྔོན་པོ་ཕལ་བ་འབངས་རྣམས་ལ། །ཚགས་སྡང་ཀུན་སློང་བྱས་པ་མེད། །རྟག་ཏུ་མི་ཡི་སྡུག་བསྔལ་བསལ། །ཉམས་ཐག་མི་ཡི་ཡིད་གསོས་ཤིང་། །གཉེན་བྲལ་མི་རྣམས་བརྩེ་བས་བསྐྱང་། །མི་ཡི་ལོག་བསྒྲུབ་བཟོད་པར་བྱས། །ཟབ་བཀླིང་བསོད་ནམས་བསོག་ཚུལ་ལ། །ཞིན་ཏུ་འགྲུས་པར་བྱས་པའི་མཐུས། །གོང་མ་གནམ་གྱི་རྒྱལ་པོ་ཡི། །ཐུགས་ལ་གསལ་གྱུར་བཀའི་ལུང་གིས། །ཆེན་པོ་ལྷ་ཡི་གོ་ས་བསྐུལ། །སེམས་ཅན་རྨོངས་པ་ཁྱེད་རྣམས་ཀྱང་། །ངེད་ལྟར་སེམས་རྒྱ་བསྐྱེད་ནུས་ན། །གོང་མ་གནམ་གྱི་རྒྱལ་པོས་ཀྱང་། །དབང་མེད་ཁྱེད་ལ་བསོད་ནམས་དང་། །ལས་ཀྱི་བགོ་སྐལ་གནང་བར་འགྱུར། །དེས་ན་ངེས་པར་བསླབ་བྱའི་ཆོས་འདི་ནི། །ཁྲིས་ནས་འགྲོ་བ་མང་པོར་གསལ་བར་ཤོད། །དེ་ཡང་དང་པོར་ཡུས་ཀུན་ཟེར་བ་ཡི། །མི་ཞིག་ཞལ་ལྷེ་གཙོད་དགོས་དུས་གཏན་ཏུ། །དྲང་པོར་བཅད་པས་རྗེས་སུ་ཡི་གེ་ཡི། །སྔོན་པོ་ཙོ་མཐོ་གཙོ་བོའི་གོ་སར་སླེབ། །ཏྭ་ཡི་རིགས་སུ་བྱུང་བའི་བུད་མེད་ཞིག༎ གང་ཡོད་ནོར་གྱིས་ཡང་ཡང་འགྲོ་མང་ལ། །ཕན་པ་བསྒྲུབ་མཐུས་རང་གི་བུ་ཕྲུ་བོ། །ཐམས་ཅད་

གཙོ་བོའི་གོ་ས་ཐོབ་པར་གྱུར། །དེ་ཡང་བུ་འགའ་ཞིག་གིས་ཉམས་ཆུང་གི །གྲོག་མ་
མང་པོ་གསོས་ཤིང་བསྐྱབ་པའི་མཐུས། །འདེམས་དཀྲུགས་བགྲེས་ཏེ་ཏང་ཡོན་ཞེས་
བྱ་བའི། །བློན་ཆེན་ཕུལ་དུ་བྱུང་བའི་གོ་ས་ཐོབ། །ཁ་ཅིག་གིས་ནི་སྡིག་ཅན་དུག་གི་
སྦྲུལ། །མགོ་གཉིས་པ་ཞིག་མཐོང་ཀྱང་དེའི་སྐྱོན་གྱིས། །གོས་པ་མེད་གྱུར་རྐྱེན་གྱིས་
རྗེས་སུ་ཡང་། །ཡིག་བློན་གཙོ་བོའི་གོ་ས་ཐོབ་པར་གྱུར། །དེས་ན་སེམས་ཅན་ཁྱེད་
ཅག་ཐམས་ཅད་ཀྱང་། །བསོད་ནམས་འཕེལ་བར་འདོད་ན་སེམས་ཀྱི་རྒྱུ། །བསྐྱེད་དེ་
བློ་གཏད་ཐུབ་པ་ཤེས་པར་གྱིས། །ནམ་དུའང་མི་ལ་ཕན་འདོགས་ཡིད་ལ་ཞོགས། །
རྣམ་པ་སྣ་ཚོགས་ཟབ་ཅིང་བརླིང་བ་ཡི། །བསོད་ནམས་བསོག་ལ་རྩོན་པ་བསྒྲུབ་པ་
གྱིས། །དངོས་སྐྱེས་གང་ལའང་ཕན་པ་བསྒྲུབ་པ་དང་། །མི་ལ་ཕན་པའི་བྱ་བ་འབད་
པས་སྒྲུབས། །བཟང་འཛོམས་དགེ་ཚོགས་བསྒྲུབ་ལ་རྩོན་པར་གྱིས། །བརྟན་གཞུང་
ངཟང་བོས་གནམ་རྗེའི་བཞེད་པའི་ངོར། །ཁྲིམས་ཀྱི་ལུགས་སྲོལ་དངོས་ལྟར་འགྲོ་
བར་གྱིས། །བརྩེ་བ་སྙིང་རྗེས་རྒྱལ་ཁམས་ཡོངས་ཀྱི་དོན། །སེམས་ཅན་ཐམས་ཅད་
བདེ་ཞིང་སྐྱིད་དུ་ཆུག། བདག་པོའི་བྱ་བ་དྲང་པོས་བསྒྲུབ་པ་དང་། །ཕ་མར་དྲིན་
གཟོའི་བསམ་པ་རྒྱུན་དུ་གྱིས། །ཕུ་བོར་གུས་ཤིང་རང་གི་ཟླ་གྲོགས་ལ། །བློ་གཏད་
ཐུབ་པའི་བསམ་པ་ཡངས་པར་གྱིས། །ཡང་ན་གནམ་གྱི་རྗེ་བོ་ལྷ་བསྟེན་ནས། །
གནས་རི་གནམ་ལ་གསོལ་མཆོད་བྱེད་པ་དང་། །ཡང་ན་སངས་རྒྱས་དངོས་ལ་གསོལ་
བཏབ་སྟེ། །བསྟན་པའི་ལུགས་སྲོལ་ཆོས་ཐོན་བསྒོམ་བསྒྲུབ་གྱིས། །གནས་སྐབས་གང་
དུའང་དྲིན་ཅན་རྣམ་བཞི་ལ། །བསམ་པ་ཐག་པས་དྲིན་ལན་ལོན་པར་གྱིས། །སྒོ་

བསམ་བསྟན་པའི་བསླབ་བྱ་མཐའ་དག་ནི། །སྒྱུར་བ་ཉིད་དུ་འབད་པས་དར་བར་གྱིས། །གང་ཞིག་ཉམས་ཐག་རྣམས་ནི་སྐྱབས་གསོས་ཕྱིར། །རྒྱུར་རྒྱུད་རྒྱ་འགྲམ་འཕང་བའི་ཉ་རྣམས་སོགས། །ཉེས་སྤྱོད་སྐྲག་རྣམས་སྐྱོབ་ཅིང་བསྐྱང་བའི་ཕྱིར། །སྙིད་དང་སྔི་རུ་འཐོག་པའི་བྱེའུ་སེམས། །དྭ་ཕྲུག་སྐྱོབས་ཅིང་ཡུག་མོར་སྙིང་རྗེ་སྐྱེད། །ཀན་ཀོན་རྣམས་ལ་བརྩེ་ཞིང་བྱམས་པ་དང་། །སྡུག་ཆད་རྣམས་ལ་ཕན་པ་བསྒྲུབ་པར་གྱིས། །གོས་དང་ཟས་ལས་ཐབས་རྣམ་གང་དྲག་གིས། །ལམ་འགྲོ་ལྡོག་གྲང་རྣམས་ལ་འགྲེད་དུ་བགོས། །གདུང་སྒྲོམ་བཟོས་ནས་རྟེན་མེད་ཐང་བསྐྱུར་མིའི། །རུས་འཐོར་བླངས་ནས་ས་ལ་སྦེད་པར་གྱིས། །ཕྱུགས་པོ་ཡིན་ཆེ་རང་གི་ཉེ་འབྲེལ་དང་། །གཉེན་བཤེས་རྣམས་ལ་ནོར་གྱིས་ཕན་པ་སྒྲུབས། །མུ་གེའི་ལོ་ལ་ཉེ་འཁོར་དབུལ་འཕོངས་ལ། །སྦྱིན་པ་བཏང་ནས་དབུགས་ནི་འབྱུང་བར་གྱིས། །བྲི་ཤིང་ཉག་གྲང་མགོ་སྒྱུད་བྱེད་པའི་ཚོ། །ཆེ་ཆུང་མཐོ་དམན་གཉིས་མེད་དྲང་པོར་སྤྱོད། །ཕར་སྟེར་མ་ཁུང་ལྷག་པོ་སྟེར་ལ་རྟོན། །བྲན་གཡོག་བཀོལ་ཚེ་སེམས་ཡང་བྱམས་སྐྱོངས་གྱིས། །རང་འདོད་བྱུང་རྒྱལ་མ་བྱེད་བློ་བསྒྲིམ་དཔྱོད། །སངས་རྒྱས་བྱང་ཆུབ་སེམས་དཔའི་མདོ་དང་སྔགས། །དངོས་ཀྱི་ཆོས་རྣམས་པར་བཏབ་སྤེལ་བར་གྱིས། །ལྷ་ཁང་མཆོད་རྟེན་སོ་སོར་ཞིག་གསོས་གྱིས། །སྨན་བཅོས་བསྒྲུབ་ནས་ནད་རིམས་སེལ་བར་གྱིས། །ཇ་ཆུ་བཙལ་ནས་སྐོམས་གདུང་བཅིལ་བར་གྱིས། །ཡང་ན་སེམས་ཅན་སྲོག་བླུས་བདེ་བར་ཐོངས། །དེ་མིན་བསྙེན་གནས་སྡོམ་པ་བསྲུངས་ནས་ཀྱང་། །གོམ་པ་འདོར་མིན་དགེ་ཕྱེད་འཛོམས་པར་གྱིས། །གོམ་གང་འདོར་ཀྱང་འབུ་སྲིན་མིག་འོག

ཆུག། མི་མདག་བླང་ཀྱང་རྩེ་ཤིང་སྐམ་པོར་གཟོབ། །མཚན་མོ་ཞུན་སྦྲོར་ལམ་འགྲོའི་མུན་ནག་སོལ། །གྲུ་གཟིངས་བཅོས་ནས་ཆུ་ལ་བརྒལ་འདོད་སྒྲོལ། །རི་ལ་འཛོགས་ནས་བྱ་བྱི་རི་དྭགས་རིགས། །སླིར་འཛིན་བརྡའ་ལ་ཞེན་པ་མ་ཆེ་ཞིག །ཆུ་བོ་དཀྲུགས་ནས་ཉ་སོགས་ཆུའི་སྲོག་ཆགས། །བརྡས་ཏེ་གཏོར་འདོད་བསམ་ངན་མ་བསྐྱེད་ཅིག །ཤིད་བླང་ནོར་ཟོག་དུད་འགྲོ་རྣམས་མ་གསོད། །ཆོས་ཡིག་ཡིག་འབྲུ་སྣང་མེད་མ་འདོར་ཞིག །མི་ཡི་ནོར་རྫས་གཡོ་ཐབས་ཀྱིས་མ་ལེན། །བསྒྲིན་ཅིང་མཁས་པ་གཞན་ལ་ཕྲག་མ་དོག །གཞན་གྱི་བུད་མེད་བུ་མོར་བག་མ་ཆགས། །མི་ཡི་ཁ་མཆུར་ངན་མཆུས་མ་དཀྲུགས་ཤིག། མི་ཡི་མིང་སྙིད་འཛེམས་ཕྱིར་མ་སྨོད་ཅིག །མི་ཡི་མཛའ་བཤེས་བཤིག་ནས་འཕྲུལ་མ་བྱེད། །རང་གི་འཁོན་གྱིས་མི་སྤྱུན་དབྱེན་མ་བྱེད། །སྙིད་ཆུང་ཕྱིར་དུ་ཕ་བུ་འབྲུག་མ་འཇུག །རང་གི་ལུང་ལས་གཟི་བརྗིད་ཁེངས་པ་ཡིས། །ཉམས་ཆུང་སེམས་བཟང་མི་རྣམས་ཞུམ་མ་བྱེད། །ང་ནི་གཙོ་བོ་ཡིན་སྙམ་སྙོམས་པ་ཡིས། །ཕྱུག་ཅིང་འཕོངས་པ་རྣམས་ལ་བརྙས་མ་བྱེད། །མཁས་པ་ཡོན་ཏན་ཅན་རྣམས་འཕྲད་པའི་ཚེ། །བརྟན་པོའི་ཡིད་ཀྱིས་ཡུན་རིང་འདྲིས་བྱས་ཏེ། །ལུས་སེམས་ཡོན་ཏན་སྦྱོད་པ་དཔེ་ལ་ཞོག། གཞུང་ངན་མི་དང་འཕྲད་ཚེ་མ་བཤོལ་ན། །མཐོང་བཞིན་རྐྱེན་ངན་ཕྱུག་སྦྱོར་དོགས་ཟོན་གྱིས། །གཞན་སྐྱོན་སྤྲས་ནས་སྐན་བཟང་སྤེལ་ལ་རྩོན། །བྱ་བ་གང་ལའང་ཁ་ནས་འཐད་འཐད་འདྲའི། །ནང་དུ་ལོག་པར་འགྲོ་བའི་སེམས་མ་འཆང་། །ལམ་ཆེན་འགོག་པའི་ཤིང་ཚེར་ཀྲ་བ་སོགས། །འབྲེག་ཅིང་ལམ་གྱི་ས་རྗོ་བསལ་བར་གྱིས། །བརྒྱ་ཕྲག་ལོ་མང་སོང་བའི་ཞིག་རལ་ལམ། །རང་

གིས་གང་རྩོགས་གང་ནུས་ཞིག་གསོས་ཀྱིས། །སྟོང་ཕྲག་ཁྲི་ཕྲག་མི་མང་ཡས་མན་དུ། །རྒྱུ་འགྲུལ་བྱེད་པའི་ཟམ་པ་བརྟན་པོ་བསྒྲུབ། །བསླབ་བྱ་ཆོས་བྲིས་མི་ཡི་འཁྲུལ་བ་སོལ། །མཁས་པ་གཞན་ལ་ནོར་གྱིས་ཕན་བཏགས་ཏེ། །དེ་ཡི་མཁས་པའི་ཡོན་ཏན་ཅི་ལོན་གྱིས། །བྱ་བ་བསྒྲུབ་ན་ལྷ་ཡི་དགོངས་པར་བསྟུན། །གཏམ་སྨྲ་ཚེ་ན་གཞན་ཡིད་མགུ་བར་སྨྲོས། །ཁྱེད་ཅག་མི་རྣམས་ངེས་པར་ཁང་བ་ཡི། །བར་མཚམས་དག་ཏུ་སྔོན་བྱོན་དམ་པ་རྣམས། །མཇལ་བ་ལྷ་བུའི་གུས་སེམས་བསྐྱེད་པའི་སྟེང་། །རང་གི་མལ་ལམ་མུན་པ་གྲིབ་མའི་ནང་། །གཅིག་པུར་འདུག་ནས་གང་ཤེས་དཔྱོད་པའི་ཚེ། །བརྟན་པོའི་ཡིད་ཀྱིས་བྱ་བ་ངན་པའི་རིགས། །གང་ལའང་ཅི་བྱུང་ན་ཡང་མི་འགྲོ་ཞིང་། །བྱ་བ་བཟང་པོའི་རིགས་རྣམས་ཐམས་ཅད་ལ། །བསམ་པ་ཐག་པས་བརྩོན་པ་བྱས་གྱུར་ན། །གཟའ་སྐར་དྲག་པོས་ལུས་ལ་གཏན་མི་གནོད། །འགོ་བའི་ལྷ་ཡིས་མི་མངོན་རང་ལུས་བསྲུང་། །འཕྲུལ་དུ་བཟང་ངན་འབྲས་བུ་ལུས་ཀྱིས་སྤྱོང་། །ཕྱུགས་སུ་བཟང་ངན་རིགས་བརྒྱུད་དག་ལ་སྨིན། །བསོད་ནམས་བརྒྱ་ཕྲག་ལྷན་དུ་ལྷུན་འགྲུབ་ཅིང་། །བཀྲ་ཤིས་སྟོང་ཕྲག་རྒྱུན་དུ་ཚོགས་པ་གང་། །ཟབ་བརླིང་དགེ་བ་སྤྱོད་པའི་ངང་ཚུལ་ནི། །ཚོགས་པར་བྱས་པ་འདི་ལས་གཞན་དུ་ཅི། །ཞེས་གསུངས་སོ། །འདི་ཡི་ཕན་ཡོན་འདི་ལྟ་སྟེ། །ཆོས་འདིའི་ཤོག་ལྷེབས་གཅིག་ཙམ་ཞིག། གུས་པས་བྲིས་ཏེ་རྒྱུན་དུ་བལྟས། །ཡིད་ཆེས་དད་པས་རྗེས་འབྲང་ནས། །ལོ་གཉིས་པར་དུ་འདི་ནང་བཞིན། །ལོ་ལོར་མེད་པར་བསྲུང་ནུས་ན། །སྤྱོང་ངེས་སྡུག་བསྔལ་དྲུང་ནས་འབྱིན། །ལོ་བཞིའི་བར་དུ་བསྲུང་ནུས་ན། །བསོད་ནམས་གོ་འཕང་དང་གིས་

འདུ། །ལོ་བདུན་བར་དུ་བསྲུང་ནུས་ན། །བུ་དང་ཚ་བོས་གཙོ་བོ་ཐོབ། །བསོད་ནམས་འཐོབ་ཅིང་རྟག་ཏུ་སྐྱིད། །ལོ་བཅུའི་བར་དུ་བསྲུང་ནུས་ན། །ཚེ་སྲོག་ཡུན་བརྟན་ལས་བསྐལ་འཐོབ། །ལོ་ནི་བཅོ་ལྔར་བསྲུང་ནུས་ན། །བྱ་བ་གང་བསམ་ཡིད་བཞིན་འགྲུབ། །ལོ་ནི་ཉི་ཤུར་བསྲུང་ནུས་ན། །རིགས་བརྒྱུད་བློན་ཆེན་གོ་ས་འཐོབ། །ལོ་ནི་སུམ་ཅུར་བསྲུང་ནུས་ན། །ལྷའི་སྤྲུལ་མིང་དང་སྙན་གྲགས་འཐོབ། །ལོ་ནི་ལྔ་བཅུར་བསྲུང་ནུས་ན། །ལྷ་སྤྲུལ་གནམ་ལྷའི་གོ་ས་འཐོབ། །འདི་ལ་ཡིད་ཆེས་གསོལ་བཏབ་ན། །དེ་ནས་བཟང་པོར་འགྲོ་ངེས་སྙམ། །ཞེས་སོ། ། ༄༅། །ཨོཾ་སྭསྟི། །མགོན་པོ་འོད་དཔག་མེད་ཀྱི་སྐུའི་སྤྲུལ་པ། །སྐྱེ་བ་བཅུ་བདུན་བློན་པོའི་ལུས་བཟུང་སྟེ། །ལས་འབྲས་དྲང་པོར་སྤྱོད་པས་གནམ་ཛེ་ལྷའི། །གོ་ས་ཐོབ་པའི་བེན་ཆེང་རྒྱལ་པོ་དང་། །ཆོས་སྐྱོང་དགྲ་ལྷ་ཟངས་ཀྱི་བག་ཙེ་ཅན། །དམག་དཔོན་ཚུལ་འཆང་བཀྱན་ཤིང་ལྷ་ཡི་ཛེ། །ཚེ་དཔག་མེད་སྤྲུལ་ཨོའུ་ཏང་ཤན་རེ་བོའི། །ཧོས་བན་ཧྲི་ཞེས་གནམ་ཛེ་རྣམ་གསུམ་གྱི། །བསླབ་བྱའི་ཆོས་རྣམས་ལེགས་པར་བརྟན་ཅིང་དཔྱད། །རང་བློས་གང་ནུས་གང་དཔོག་སོག་ཡིག་ལས། །བོད་སྐད་བསྒྱུར་གོ་སླའི་ཚུལ་དུ་ནི། །ཚིགས་སུ་བཅད་པ་ཉིད་དུ་བསྒྲིགས་པར་བྱས། །ཏེ་ལོ་བླ་མའི་བསླབ་བྱའི་བརྡའ་དོན་རྣམས། །ཇི་བཞིན་མ་རྟོགས་ཡིག་ཚོགས་ཆེ་བའི་སྐད། །བོད་སོག་མགོ་མཚུངས་ཐད་བསྒྱུར་ལྷུག་པར་བཞག། ཚུལ་འདིར་བདག་བློ་ཤིན་ཏུ་འདྲིས་ཆུང་ཞིང་། །ཁྱད་པར་སོག་བསྒྱུར་གཏན་ནས་མ་བསླབ་གཤིས། །སྨན་ནག་འདོམ་འཛལ་ངོ་ཚའི་གནས་ལགས་ཀྱང་། །བཀའ་ཡིས་མངགས་པའི་བློན་ཆེན་རྣམ་གཉིས་ཀྱིས། །བསྒྱུར་ཅེས་ཡང་ཡང་བསྐུལ་

བའི་ཐུགས་མོས་བཞིན། །ཉེ་གནས་གསོལ་དཔོན་འཇམ་དབྱང་ཉི་མ་ཡིས། །སོག་ཡིག་དེབ་ཐེར་ཀློག་པའི་གྲོགས་དན་བྱས། །ཨ་ཀྱུ་ཧོ་ཐེག་ཐུ་ཞེས་བྱ་བ་ཡི། །རང་བློར་གང་ཤར་ཐོལ་བྱུང་ཉིད་དུ་བསྒྱུར། །བསྒྱུར་འདིར་ལེགས་ཆ་ཅུང་ཟད་མཆིས་སྲིད་ན། །བློ་ལྡན་རྣམས་ཀྱིས་འདི་བཞིན་བླང་འདོར་མཛོད། །གལ་ཏེ་ལོག་པར་བསྒྱུར་བའི་ཆ་མཆིས་ན། །བློ་ལྡན་གཟུར་གནས་རྣམས་ཀྱིས་འཆོས་པར་མཛོད། །འདི་ལྟར་འབད་ལས་བྱུང་བའི་དཀར་པོའི་ལས། །ཅུང་ཟད་མཆིས་དེས་ལྗོངས་འདིའི་འགྲོ་བ་ཀུན། །ཉེས་སྤྱོད་སྤོངས་པའི་གཡུལ་ལས་རྣམ་རྒྱལ་ཏེ། །སྲིད་ཞིའི་བདེ་སྐྱིད་དཔལ་ལ་རྟག་རོལ་ཤོག། སརྦ་མངྒལ། །

（三）译文的后记及译者

原文的后记可译为：

此文的功德在于：虔心书写并阅读，哪怕只是一页经，随行信仰虔诚心，如此两年的时间，不曾懈怠常坚持，定业苦难彻底除；如此能坚持四年，福德权力自然聚；如此能坚持七年，子子孙孙等后辈，将得善业常幸福；如此能坚持十年，生命长寿获福分；如此坚持十五年，心想事业能如愿；如此坚持二十年，子孙胜任大臣职；如此坚持三十年，如同神人增名声；如此坚持五十年，能达天神的境地，对此信仰常祈祷，从此逐渐入佳境。

愿得吉祥！怙主无量光佛之化身，一十七世为士大夫身，秉承因果报应之信条，获得天王文昌帝之位，身穿铜色皮铠甲护法，将军之身天王关云长，怙主无量寿佛之化身，武当山的黑姓和尚等，三天王之格言细探究，力所能及自从蒙古文，移译通俗易懂之藏文，编纂成为诗律偈颂体。德罗喇嘛格言之含义，未能理解并且较冗长，蒙藏相似之处用直译，如此译事我等不熟练，况且从未研习翻译法。虽处暗中摸索的境地，在身负使命的两位臣，多次鼓励翻译劝导下，弟子大管家嘉央尼玛，帮助阅读理解蒙古文，称为阿嘉呼图克图者，如是理解快速翻译之，如果译文具些许优点，敬请智者们按此取舍；如若译文存在谬误处，敬请智者们批评改正，如此努力产生的善业，对于此地的一切众生，将战胜全部罪业和愚痴，生死涅槃终生得幸福！一切吉祥！

译者阿嘉·洛桑嘉央加措，系第四世塔尔寺寺主。于藏历第十三绕迥之土鼠年（1768，清乾隆三十三年）出生在青海贵德郭米贺尔加庄。幼年学经于塔尔寺，年稍长，去西藏，在拉萨色拉寺从高僧学习佛教经典，期间，八世达赖喇嘛强白嘉措曾授予他“额尔德尼班智达”称号。木蛇年（1785 年）进京觐见乾隆皇帝，受到乾隆帝的礼遇，被册封分“驻京呼图克图”、“禅师”，历任雍和宫掌印札萨克喇嘛和蒙古多伦诺尔掌印喇嘛。火兔年（1807 年），任塔尔寺第四十任法台。上任不到一年，受外蒙古迎请去库伦（今乌兰巴托），任四世哲布尊丹巴罗桑图登旺秀晋美嘉措（1775—1813 年）的经师。金羊年（1811 年，清嘉庆十六年）加封“诺门汗”名号，遂称阿嘉呼图克图。木狗年（1814 年）返回塔尔寺，1816 年修葺塔尔寺大金塔、大经堂等。当年圆寂于塔尔寺，终年 47 岁。[①]

根据译文的后记，这篇文章是阿嘉活佛以蒙文为蓝本进行翻译的。由此可以推断，蒙古族也在信仰文昌神。再做进一步推断，可以断定蒙古文的《文昌帝君阴骘文》是从汉文翻译的。我们从上述译者的生平了解到，阿嘉活佛出生地在青海贵德郭米贺尔加庄，此地离贵德文昌宫只有一河（即黄河）之隔，当地人非常崇拜文昌神。因此，阿嘉活佛对文昌神早有耳闻。后来，阿嘉活佛在蒙古游历和讲学 7 年之久，期间不仅学习蒙古文，而且翻译了《文昌帝君阴骘文》，这也是情理之中的事了。在《海南州寺院简介》一书中介绍贺尔加寺时写道：贺尔加寺在回乱时摧毁。此后，出生于部落首领家的阿嘉加央嘉措召回以前的僧侣，在靠龙岗山脚下重建寺院，名为禅定兴盛噶丹寺。从此，历代阿嘉活佛积极扶持。阿嘉加央嘉措委任擦哈活佛代管此寺。擦哈活佛是内蒙古擦哈地区一寺院的活佛，阿嘉加央嘉措莅临此地时曾拜他为蒙古文老师。[②] 我们从这段话中看出，阿嘉活佛曾学过蒙古文。因此，他从蒙古文翻译《文昌帝君阴骘文》也就不足为奇了。

由于各种原因，笔者未能搜集到蒙古文的《文昌帝君阴骘文》，从而也不能与藏译本进行比较，实为憾事。但我们可以将藏译本《文昌帝君阴骘文》与汉文的原文做比较，以了解其翻译风格。

综观藏译《文昌帝君阴骘文》，译文通顺流畅，不见翻译的痕迹，似一篇藏文原创佳作。译者正确理解原文，准确表达原意，

---

① 杨贵明、马吉祥编译：《藏传佛教高僧传略》，330 页，西宁，青海人民出版社，1992。

② 青海省海南藏族自治州佛教协会、中国藏语系高级佛学院藏传佛教研究室编：《海南州寺院简介》，200 页，西宁，青海民族出版社，1999。由笔者藏译汉。

保持原文风格，完全符合了“信、达、雅”的翻译原则，是一篇上乘的翻译佳作。同时，依照藏族撰写文章的习惯，在译文末尾增加了此文的功德以及翻译的过程、方法等相关信息，为进一步研究安多藏区的文昌神信仰提供了不可多得的原始材料。

（四）《文昌帝君阴骘文》与安多藏区的文昌神信仰

《文昌帝君阴骘文》是道教善书之一，影响深远，广为流传。从《阴骘文》所列出的道德信条，可以按内容性质分为六个大的方面：庭伦理道德方面；社会道德方面；为人处世的道德方面；对官僚士大夫阶层的道德要求方面；做好人好事方面；宗教信仰的要求方面。[①]

其中，在宗教信仰方面，阴骘文指出：应广行三教，奉真朝斗，拜佛念经，印造经文，创修寺院，买物而放生，持斋而戒杀，举步常看虫蚁，禁火莫烧山林；反对登山而网禽鸟，临水而毒鱼虾，宰耕牛，弃字纸。这里所谓的三教，就是指儒、释、道三教。文昌信仰中融会了儒、释、道三家的思想：儒家的仁德内核、忠孝品格；佛教的轮回转世，因果报应；道教的行善积福，福报现世。[②] 其中，有许多佛教的思想理论。如轮回转世，因果报应，劝人慈悲，劝人行善，另放生、戒杀等是佛教的常用语。佛教说，张亚子广行阴骘，以忠孝为本，利人利物，三十功满，证果天仙，后因夙孽，自蜀归依如来，被如来授记为“证果定慧王菩萨”，后来又授记为“梵镇如来”和“证安乐不动地游戏三昧王菩萨”、“释迦梵证如来位”。

---

① 王兴平等编：《中华文昌文化》，282页，成都，四川出版集团，2004。

② 高梧：《文昌信仰习俗研究》，56页，成都，四川出版集团，2008。

通过分析《文昌帝君阴骘文》发现，此文篇幅短小，只有600余字。虽是以道教观念撰写的善书，但全文充斥着浓厚的佛教教义和伦理色彩。文昌虽是道教神灵，但受佛教的影响很大。此神在青海省的海南州、黄南州和海东地区等安多藏区普遍受到信仰和崇拜，尤其是阿嘉活佛出生的贵德地区非常崇信文昌神，将文昌神作为贵德地区的保护神来看待。这种颇具佛教色彩的道教信仰体系，为其在安多藏区的进一步传播提供了心理基础和文化土壤。关于此神传播到安多藏区的历史，众说纷纭。但其中有一种比较权威的说法认为，此神是由阿嘉活佛开始传播的。不管安多藏区的文昌神是否由阿嘉活佛开始传播的，我们尚未找到可靠的资料来证明这一说法，但从阿嘉活佛翻译《文昌帝君阴骘文》这一事实不难看出，文昌神确实与他存在着某种联系。

阿嘉活佛不仅是一名藏传佛教大师，而且位居塔尔寺寺主的宗教领袖地位，却为何翻译道教的《文昌帝君阴骘文》呢?笔者认为其中的原因有二：其一，阿嘉活佛出生在文昌神信仰比较普遍的贵德地区，从小耳濡目染，对文昌神有一定的了解和信仰；其二，此神不仅在安多藏区有影响，而且在蒙古族中也有人信仰，这对于蒙藏民族关系以及不同宗教之间的交流大有裨益。《文昌帝君阴骘文》藏译本的问世，对于推动安多藏区的文昌神信仰起了一定的作用，尤其在宗教界和僧侣阶层中的传播，具有重要意义。

笔者在贵德文昌宫实地调查时，看到汉文版《文昌帝君阴骘文》的手抄本，写在一张大纸上，以每张两元的价钱在出售。我也顺手买了一张。据我观察，买阴骘文的人很少。这也许是一般信徒不懂其中的内容吧。在其他地方调查时，没有见过阴骘文。

《文昌帝君阴骘文》藏译本的发现，是文昌神信仰在藏区传播的有力证据。为进一步研究文昌神在安多藏区传播的历史，道教和藏传佛教的关系以及道教在藏族和蒙古族等少数民族中的专播和发展，提供了珍贵的第一手资料，具有一定的学术研究价值。

第五章　安多藏区的文昌神信仰仪式

仪式是宗教信仰体系象征的表现，是与神灵和其他超自然的力量联系的一种文化表述途径。在人类学领域，仪式是宗教研究的主要焦点和论题。法国著名的社会学家涂尔干认为："宗教现象很自然地分为两大基本范畴：信仰与礼仪。信仰是信念状态，主要有表象组成；礼仪是一定的行动方式。"① 并且指出："礼仪在所有不管什么宗教中都起主导作用。这是因为，社会只有在行动时才能使被人们所感知。也只有当构成社会的个人聚集起来，采取共同行动时，社会才能是一种行动。"② 英国人类学家拉德克利夫·布朗说：我认为，在研究宗教时，重点应放到仪式上，而不是信仰上。卢瓦西曾持同样的观点。他认为，仪式在所有的宗教中是最稳定最持久的要素，通过这一要素，我们可以揭示古代崇拜的精髓。③ 他还指出，"研究任何宗教，

---

① ［法］涂尔干：《宗教生活的基本形式》，林宗锦、彭守义译，35 页，北京，中央民族大学出版社，1999。

② ［法］涂尔干：《宗教生活的基本形式》，林宗锦、彭守义译，466 页，北京，中央民族大学出版社，1999。

③ ［英］拉德克利夫·布朗《原始社会的结构与功能》，潘蛟等译，172 页，北京，中央民族大学出版社，1999。

我们必须首先考察其具体的宗教行为、典礼、集体或个人的仪式。”① 因此，研究宗教时应将仪式作为重点来探讨。仪式一般分为巫术、禁忌、献祭、祈祷等。笔者根据实地调查的资料，将安多藏区的文昌信仰仪式分为日常祭祀仪式、六月会、庙会、血祭仪式、跳神会（羌姆）、降神仪式六种。

一、日常信仰仪式

在安多藏区，文昌信仰已成为当地人宗教生活中不可缺少的一部分。在日常生活中，他们采用念经祈祷、磕头、献供等方式表达自己的信仰。我在实地调查中发现，在安多藏区，文昌信徒的日常信仰仪式可分为以下三种类型。

（一）个体信仰仪式

个体信仰仪式主要指作为个体的信徒祭祀、供奉神灵时所进行的宗教仪轨。在安多藏区，个体祭拜文昌神主要有两种类型：一是选择农历初一、初三、十五等吉日或节日期间祭拜；一是祈求神灵的帮助而祭拜。

下面以贵德文昌宫为个案，介绍个体的祭拜仪式。

据调查，在贵德地区，每逢农历初一、初三、十五及春节等吉日，当地藏族群众前往尤拉颇章煨桑朝拜。颇章的大门内侧有一块比较大的空地，建有大小两个桑炉，桑炉后边有一点酥油灯的铁箱子，桑炉旁边有烧纸和黄表的铁炉，还有一尊比

---

① ［法］涂尔干：《宗教生活的基本形式》，林宗锦、彭守义译，198 页，北京，中央民族大学出版社，1999。

较小的香炉。在离桑炉较远的地方置有一燃放鞭炮的铁架子，在其旁耸立了一根很高的五彩经幡。人们一般是从自家带的桑（柏树枝桠、糌粑、青稞等组成）、白酒、茶、黄表、香、风马、经幡等，也有人从庙内的小卖部买。人们首先把桑放到桑炉里点燃，然后拿酒绕着桑炉洒一遍，将剩下的洒向天空的四方。之后，烧黄表、点香、放鞭炮、吹海螺。在煨桑的过程中，老人们大声念诵文昌神祭祀祈愿文，年轻人一般都默念六字真言或其他经文。庙内桑烟弥漫，螺声萦绕，念经声不绝于身，给人一种庄严、肃穆之感。最后，磕头祈祷，一边绕着桑炉顺时针方向转圈，一边撒风马，并高喊“神必胜”。有时候，人们活祭山羊。

煨桑的仪式结束后，人们拾级而上，到塑有文昌神的大殿内，磕头祈拜文昌，并按顺时针方向绕文昌神像转三圈。之后，先从北楼开始，依次叩拜诸神灵。在叩拜时，人们口诵文昌神祭祀祈愿或六字真言，不时往神灵前的箱子里捐钱、摆放供品或往神灵身上挂哈达、绸缎等，并敲打钟和鼓。

叩拜完诸神灵后，人们到尤拉颇章后的山顶上撒风马，挂经幡。庙后的山上遍地都是风马，并挂有很多经幡。人们认为，在山上放风马比较好，风马飞得越高，飘得越远，说明自己的福运也会越好。在尤拉颇章所挂经幡上的经文与一般的经幡都基本相似，主要是《白伞盖经》、《度母经》、《佛说能胜幡王如来庄严陀罗尼经》一类的。至此，祭祀文昌神的仪式就基本结束。

第二种类型主要是信徒们在日常生活中遇到一些挫折，或者是在人生的转折点上遇到难以抉择之事，便前往文昌庙宇祈求得到神灵的佑助。这类信徒的祭祀方式与上述仪式相同。但他们还要进行其他仪式。

信徒们祭祀完文昌神后，便来到文昌神殿内，跪在文昌神像前，向庙管说明事情的原委，并拿出一些钱放到捐款箱里。这时，信徒双手合十，双眼微闭，默默祈祷。庙管念诵一段经文，然后向文昌神转达信徒的意图，一边向着文昌神，一边看看祈求者。转达完信徒的意图后，祈求文昌神予以保佑，帮助此人顺利渡过难关或事情得以圆满完成。

还有些人通过抽签，占卜吉凶祸福，以解决所遇到的困难。签筒放在文昌神塑像前的桌子上。需要抽签时，给庙管打声招呼，然后跪在文昌神前，一边拿起签筒不断地摇动，一边默默祈祷文昌，最后掉到地上的那一支就算是中签了。中签后，庙管按签条上的编码，给一张经文状的纸条（有藏、汉两文的，按信徒需求发放），上面写有凶吉祸福及解决的办法。关于文昌神的抽签仪式将在下文中详细介绍，此处不再赘述。

（二）家庭信仰仪式

家庭信仰仪式主要包括家庭煨桑习俗和念酬补文昌神经。在藏区，每个家庭每天早上的第一件事，就是煨桑，供拜天地诸神，祈求事事顺利。在信仰文昌神的安多藏区，这一习俗也渗透到文昌信仰的仪式之中了。每天拂晓时分，人们起床洗漱后即可煨桑。每家每户都有一个特制的桑袋子，并配有专用的“净水”瓶，一般挂在高处。煨桑时，先引火，然后在煨桑炉里放入几枝柏树枝丫，燃烧过程中还要往柏树枝丫上撒几勺面和青稞等合在一起的粉末，再向煨桑炉内和四周撒一些茶或酒。在煨桑的同时，念诵文昌神祈愿文，祈求文昌神的保佑。

酬补经是举行一种酬谢恩泽以娱神佛，弥补祭祀亏缺以消罪过的宗教仪式时所念的经文。关于酬补文昌神的经文，各地区、各个寺院不大一样，主要有前文介绍的几种。下面以贵德贡巴村的家庭为个案，介绍其仪式过程。

在贵德县贡巴村，人们非常崇信文昌神。当生活中遇到疾病、财物损失、意外事故等事情时，往往念诵酬补文昌神经。首先，到本村的德高望重的俄巴（指宁玛派的在家居士），或者是活佛处，将发生的事情原原本本的告知，请求俄巴判断需要做何种法事。俄巴默默念诵经文，手动念珠，进行占卜。等俄巴确定念酬补文昌神经和具体念经的日子后，求问者便着手邀请若干俄巴，准备所需的材料。到了约定的那一天，五六个俄巴便到信徒家念经做法事活动。他们首先清洗手，将糌粑合成面团做文昌神的朵玛。朵玛是按酬补文昌神经的要求来做的。他们所依据的经文不同，所做的朵玛也不一样。

2008 年夏天，我在贵德老家亲眼目睹了文昌神朵玛的制作方式。具体如下：将糌粑合成面团，然后分别做成文昌神的父母、文昌神及其伴神翰巴拉果和翰巴梓潼、四员大将及一位侍从的俑像，上面涂上红色，并镶上用酥油做成的圆形和三角的图形。俑像做完后，放在周围置有小糌粑面团并装有白米的圆碟子里，四员大将及侍从在前面，其后为翰巴拉果和翰巴梓潼，文昌神居中，其两旁是文昌神的父母。

还有一种朵玛的制作程序比较简单，做一个比较大的锥形朵玛，上面插上一些用麦秆做成的白色小旗，在其四周置山状的小面俑，并染上红色颜料，最后放在一圆碟子里。

做朵玛的时间大约需要一个小时，做完后便开始念经。到下午经快念完之时，俄巴按经文上的提示，要求主人把朵玛抛撒在指定的某一方位。经念完后，酬补文昌神的各种仪式也就告一段落了。酬补文昌神经一般念一天。

图5－1　文昌神朵玛

（三）群体性祭祀仪式

群体性的祭祀仪式，主要是在逢年过节，或者在一些比较大的活动期间举行。其随意性较强，一般是民众自发的，宗教神职人员较少参加。笔者在田野作业时发现，在安多藏区，每逢春节或一些良辰吉日时，要举行大型射箭比赛和文艺演出。在比赛和演出的前一天或当天早上，进行比较大的集体煨桑仪式，祭祀文昌神，祈求神灵的帮助，使事情圆满成功。笔者在共和县调查时，有幸遇到海南州射箭比赛。参加比赛的各射箭队前往文昌庙祭祀，人数众多，规模空前，其场面蔚为壮观。

他们不仅煨桑，而且进行血祭仪式。关于祭祀仪式在下文详细介绍。

在射箭比赛中，文昌神的作用是不可低估的。人们认为，射箭比赛的胜负是由神灵决定的，神灵帮助哪一方，哪一方就会赢。因此，在射箭比赛期间，对各自村落的保护神进行非常隆重而盛大的祭祀仪式，以取悦神灵，希望得到神灵护佑赢得比赛。在双方的保护神相同时，彼此的祭祀仪式不是很隆重。若比赛双方所崇拜的神灵各异的情况下进行射箭比赛时，其祭祀仪式无比盛大。邀请宁玛派咒师念经做法事，进行血祭。村民们认为两村比赛，较量的是各自守护神的法力。从这样的集体表象中看出村落守护神对集体力量的整合功能，它是村落集体力量和集体意志的体现。①

我在贵德调查时，当地的老人们讲，以前贵德地区朝拜文昌神，一般都是集体祭祀。尤其是在春节期间，附近藏族村寨都有时间安排，每村一天，轮流祭祀。比如，贡巴村是在初二祭祀。每年大年初二的一天，全村人（每户至少有一人）带着桑袋子、酒等祭祀品，早早地集合到本村的部落首领家，然后统一向尤拉颇章出发。到颇章后，大家一起祭祀文昌。祭祀仪式结束后，人们在颇章前的河滩里围圈席地而坐，喝酒聊天，喝得差不多时，还唱民歌助兴。现在这种方式发生了变化，逐渐被个体祭祀的形式所取代。

---

① 索端智：《藏族信仰崇拜中的山神体系及其地域社会象征》，载《思想战线》，2006（2）。

二、六月会

（一）贵德六月会

六月会，藏语称为“周巴拉泽”，意为“六月跳神会”，简称“六月会”。它是以贵德文昌宫内的文昌神和周屯二郎庙内的二郎神为祭祀神灵，在贵德县城附近黄河之滨的西河滩，于每年的农历六月二十二举行的集体性宗教节日。六月会在每年六月份举行，因此而得名。

关于“六月会”的历史渊源，说法不一。据说，自明清时代起，贵德地区盛行着六月二十二日的祈神活动。据《海南藏族自治州寺院简介》载：贵德六月会闻名四方，其由来据史书记载，产生于元代初期，由阿尼日郎（即二郎神）和相马天子或文昌两者集合而产生跳神会。传说，因阿尼日郎和相马天子是甥舅关系，所以于每年农历六月十九日至二十四日，共 6 天进行跳神会，二十二日两神在黄河边相聚，进行跳神仪式。以此为基础，从广大信徒自愿祈祷神灵等习俗，产生了现今的六月会。[①]《贵德文化史》一书记载：毕家洛桑更登夏珠加措出生于上兰州朱部落，入支扎寺学经，并成为修行者，为学徒们讲解众多佛教经典，做了许多利益佛法之事。现如今远近闻名的贵德跳神会（农历六月二十二日），曾有在毕家堡前举行的习俗，在此会上他要求人们戒杀生等，贡献非常大。后于第十一

① 青海省海南藏族自治州佛教协会、中国藏语系高级佛学院藏传佛教研究室编：《海南州寺院简介》，116 页，西宁，青海民族出版社，1999。由笔者藏译汉。

热迥火鸡年（1657）逝世。跳神的地点因人太多，于1936年迁至如今的六月会场西河滩。[①] 据《贵德县志》载，河滨公园位于黄河南岸的西河滩林中，距县城2公里，初建于1940年，占地500多亩，由时任县长吴世瑾主持修建。建成当年，为移风易俗，把农历六月二十二在毕家寺举行的跳神会（藏语称“周尕拉什则”）和六月二十二在刘屯举行的“神牛会”改在河滨公园举行，时间为每年农历六月二十二至二十四日，定名为“六月丰登会”，现每年举办的物资交流会由此而来。[②] 由此看出，六月会刚开始在位于县城附近的毕家寺举行，后来改到现在的西河滩了，而且其内容也发生了变化，把两种宗教活动合而为一，变成了如今的六月会。

据笔者实地调查的资料，现在的贵德“六月会”于每年农历六月十九日至二十四日举行。其规模也不仅限于贵德县内，海南州甚至是青海省内的藏、汉、土等民族共同都前来观看此盛会。文昌神在贵德县境内因“六月会”而声名大振，成为家喻户晓、人人皆知的神灵。

我于2006年和2007年两次到贵德六月会现场，实地考察六月会的全过程。其仪式过程大致如下：

农历六月十九日要请神。贵德文昌宫内供有两尊文昌神像，一尊是大型的，供于中堂，一尊为小型塑像，放在特制的轿子内，外面用哈达、布等覆盖。这座小塑像是专门用于六月会而制作的，他长期置放在大型神像旁。每年农历六月十九日，将坐轿的文昌神“请”出来，放置在大殿内。

---

① 贵德县政协文史资料室编：《贵德文化史》，167页，1997年内部印刷。由笔者藏译汉。

② 贵德县地方志编纂委员会编：《贵德县志》，512页，西安，陕西人民出版社，1995。

图 5－2　贵德六月会文昌神轿

农历六月二十二日早上，请来附近寺院的僧人煨桑，念文昌神祈愿文及酬补经。当地群众向文昌神轿膜拜。大约10点左右向西河滩出发，与二郎神“会面”。据庙管讲，以前有法师作法，现在没有了，有时候从外地请。

抬轿的队伍由31人组成，都是刘屯村（贵德文昌宫所在地）男性村民，穿黑色道士袍。其中5人敲锣，3人打鼓，8人轮换抬轿，2人举幢，另外还有彩旗队、领队庙管等。一路上，敲锣打鼓。正午时分，文昌神轿到达西河滩。

与此同时的六月十九日，周屯村二郎庙内举行请神仪式。周屯二郎神轿于凌晨4点从庙内大殿抬出，供奉在大殿前。8点时分，众人齐集，旗手、锣鼓在前开道，老人们随其后，他们身穿藏装，头戴礼帽。四个抬神轿者抬着二郎神出庙，一人打黄伞跟随在神轿之后。来到庙门前的空地上，抬轿者转动神轿，朝西向着文昌庙方向遥相叩拜。然后到周屯寺活佛家中举行诵经活动。约9点时从活佛家中抬出，依次到周屯村的几户人家中。下午，神轿抬到周屯二郎庙内，进行跳神。之后，二郎神轿供在庙里，村民上香磕头，或者把二郎神请到家中，与自家中的神会面。直到六月二十、二十一日。六月二十二日早晨八点，法师敬拜二郎神后，抬轿者抬着神轿又依次到活佛家、二郎庙转一圈，然后前往县城河滨公园与文昌神会面。沿途，县城及附近群众不断向二郎神献红绸缎、哈达及钱物，烧香磕头，有的人从神轿下面穿过，以求祛病消灾。[1]

图5－3　贵德六月会二郎神轿

图5－4　贵德六月会法师

文昌神等二郎神到达后，两神相会，彼此行叩见之礼。在锣鼓队的伴奏下，他们互相磕头、握手、作揖、拥抱，表达两位神灵之间的眷恋之情。两顶神轿在空中转圈，然后高举又放下，向对方叩拜，再转一圈，同时剧烈抖摇，又前倾作叩拜状，如此几番，表示二位神相见时的亲切。之后，两顶神轿又作相互谦让状，礼让几番后，前往戏台前，放在铺好的红缎之上。前来参加六月会的藏汉等各民族群众向神轿献哈达、绸缎、钱物，膜拜顶礼。至此，跳神仪式基本结束。下午，文昌、二郎神轿又做转圈、对拜仪式，便各自“返回”。

如今，以跳神为主的“六月会”，已演变成了集跳神、物资交流、文化交流三位一体的贵德县境内最大的物资交流大会及

① 此处主要参考了先巴等：《贵德三屯民间文化调查报告》，载《青海民族研究》，2006（1）。

全民性节日。

（二）热贡六月会

热贡，藏语地名，今指的是青海省黄南藏族自治州同仁县。六月会，其名称的含义与贵德六月会相同。每年农历六月十七日至六月二十五日，在热贡地区举行大型的宗教性节日而得名为“热贡六月会”。关于热贡六月会的起源有多种不同的说法。据《神秘的热贡文化》一书，关于热贡六月会有以下几种起源说，即：来自天神说、来自甘家藏军说、六月歌会的传说、据史载六月会起源于元末明初的蒙古军。①

在热贡地区，主要有定居在隆务河领域的隆务、苏乎日、四合吉、铁吾、霍日加、浪加、江升加、年都乎、郭麻日、尕沙日、吾屯等藏族和土族村落举行六月会。六月会期间各个村落的仪式过程基本相同，然而每个村落所祭祀的神灵却有所不同。本文所研究的主神——文昌神，也在热贡六月会的仪式过程中占有一席之地。据我实地考察发现，在热贡地区神灵名目繁杂的六月会祭祀仪式中，只有苏乎日村以文昌神为主神进行祭祀仪式，其他村落的仪式中均无此神。下面以苏乎日村的六月会为个案，描述文昌神的信仰仪式。

苏乎日村地处隆务寺东面，隆务河中游，是热贡十二部落的主要组成部分。该村由阿确、热察、鲁仓、达玛日四个传统部落组成。关于苏乎日村六月会的起源有不同的说法。根据《同仁县志稿》载：六月会的渊源同苏乎日热察家族大儿子之居

① 马成俊主编：《神秘的热贡文化》，364～368页，北京，文化艺术出版社，2003。

所（循化县）有关。军民通过祭祀神，获得了战争结束给他们带来的喜悦之情。他们不仅供奉居住在循化县境内达尔加山上的山神，而且也崇拜达加尔湖里的龙神。第一日，他们以跳神舞取悦于山神，第二日跳龙舞来取悦于龙神，第三日跳军舞来取悦于士兵而庆典之。另有学者撰文说："该村的六月会是在500年前把赤噶尤拉作为本村的地方保护神开始，逐渐扩大规模而成为如今的这一模样。"①

苏乎日村的六月会于每年农历六月二十日至二十五日举行。主要由下面这三个仪式组成：拉曲嘎，即神灵沐浴仪式；拉强嘎，即向神敬酒仪式；正式的祭祀仪式。

图5－5　文昌神和阿尼德合隆的神轿（热贡苏乎日村六月会）

① 多杰吉：《热贡苏乎日村的六月会》，载《群文天地》，2004（1）。

1. 拉曲嘎

这个仪式是在六月二十日开始进行。此日早晨6时，该村的男性村民拿着桑到神庙集合。首先在神庙中央的煨桑台煨桑，并向神庙内的神灵跪拜磕头。然后在神庙院内按年龄大小呈环形排队。

图5－6 热贡六月会（苏乎日村）

在神庙内，法师向他的保护神祈祷尽快附身。为了能预见到仪式开始前的吉凶祸福，年长法师被神灵附体后，在神像前用牛角（分为两块）投地卜卦。当一切预示都顺利时，他就开始敲击神鼓，宣布仪式即将可以进行。年轻法师敲打着神鼓走在众人前面带队。年长法师端着盛有炒青稞的木盘跟随年轻法师。参加仪式的队伍举着挂有唐卡的神旗跟随法师出发。在神旗唐卡上，分别绘有阿尼玛沁、阿尼德合隆、占堆旺秀、阿尼冷波和阿尼尤拉神。两个神轿分别由 4 人抬着走在队伍后头。在神轿内，供奉有阿尼尤拉和阿尼德合隆神像。

仪式队伍在法师的带领下，来到自德合隆山顺上而下流入隆务河的小溪边。在小溪边一块大石头上，先放稻草，然后放柏树枝，上面放绸子、哈达、桑、白朵玛供品进行煨桑。人们在小溪边舀取圣水往自己身上泼洒，两个法师也在水里狂蹦欢跳，两神轿也浸入水中。此沐浴仪式结束后，法师及队伍原路返回到庙里。

2. 拉强嘎

六月二十一日上午 10 点左右，全村男性集中到神庙。他们煨桑，敬献供品，向诸神磕头。然后，像前一天一样，围一个圈子。举着挂有唐卡神旗，五颜六色的彩旗转圈。年长法师持一木棍保持秩序，年轻法师在队伍前敲击神鼓领舞。阿尼尤拉和德合隆神的神轿抬放在庭院外面。此场舞结束后，队伍在两法师的带领下抬着神轿开始走访每家每户。

在开始走进的第一个家里，供有德合隆神的轿子就要在此家佛堂前停留下来，不用挨家挨户走访。此家主人在火炉里点燃桑烟，把备好的酸奶和白酒洒在地上迎接法师和神轿的到来。这一天，每家每户都特地摆有一张供桌，上面备有水果、鲜花、白酒、烤馍、白朵玛和净水。法师向房屋四周撒炒的青稞。炒好的青稞一半是白的，另一半是炒糊的黑粒。在头一家的仪式结束后，供有德合隆的神轿就停下来，不继续走访。而俩法师带着供有阿尼尤拉的神轿和队伍逐户走访。每到一处，法师先敬洒白酒、酸奶供品，然后掷牛角到地上算卦。这个占卜仪式预测此家来年的运气和祸福。也是为了筹措六月会的开支资金，收取酒、馍、酸奶等必需的祭祀品。如占卜结果为凶兆时，法师就做手势声明要给赞助钱。同时，说出需要念那些经文和法事，以便驱邪禳灾。每家每户的仪式过程都相同。

3. 正式的祭祀仪式

六月二十二日下午，六月会的祭祀仪式正式开始。在仪式中表演多种舞蹈节目。其内容大致如下：

首先是男子舞。全村男性在神庙前的庭院里，面向神庙列成两排，在一老人的击鼓伴奏下，人们挥动衣袖，翩翩起舞。

第二个节目是军舞。这是表示战争凯旋而归时的情景。舞者们手持各种彩旗、木棍、木制的刀和戟，在羊皮鼓的伴奏下，边转圈边跳。

第三个节目是类似汉族的踩高跷的节目。这是两个男子踩着有踏脚装置的绘有虎豹图纹的木棍，边走边表演。表演时，手拿有花纹的木棒，在羊皮鼓的伴奏下向神庙行礼。舞者边转圈边行礼，如此重复几遍。

第四个节目是女子舞。这是年轻女人们身穿藏装，佩带各种饰品，手拿哈达和鲜花，转圈缓缓起步舞动。

第五个节目是扮演小丑的节目。这个节目由两个小男孩表演。他俩头戴双眼突出、留有白色辫子的面具，身穿一种折叠的衣服，手拿木棒，在场地上来回奔跑表演。

第六个节目是表演小品。主要表演群众喜闻乐见的节目，如春耕、秋收等的场景。人们男扮女装，或戴牛头面具扮成耕牛，场面诙谐幽默，不时传来阵阵笑声。

第七个节目是向神轿献香。在庭院的一角放有神轿，之前摆有桌子，上面献有各种供品。舞者手持羊皮鼓，弯腰围着神轿跳一圈，然后从桌子上取一支包在黄纸里的香，放到神轿里，人们依次轮流，直到每个人取完为止。

第八个节目是口头游戏。

第九个节目是观音菩萨舞。这是一种男女共同参与的集体舞。在羊皮鼓的伴奏下，舞者们时而高举双手，时而双手左右挥动，身体前倾，双手作迎接状。

至此二十二日的仪式节目全部结束。以上节目要在二十三日表演3遍，二十四日表演4遍，二十五日表演5遍。二十四日和二十五日，除表演上述节目外，还有一些其他的仪式。

二十四日表演完上述节目后，进行插口钎仪式。中午1点时，12名男子将尾部挂有红黄绸线的特制钢钎插入两腮，然后头戴毡帽，手持神鼓。站在最前面的手扶挂有德合隆神像的唐卡。他们重复已上演的部分节目。之后，通过法师卜卦才能取下口钎。

二十五日节目表演到一半时，要举行血祭和降神仪式。人们煨桑，然后进行活祭。现在人们用酥油和糌粑捏成羊的形状以替代活羊进行祭祀。祭祀完后，进行降神仪式。关于降神仪式在下文详细讲述。至此，六月会的各项仪式基本结束。

三、庙　会

庙会是以一村或几个村联合进行的集体祭祀活动，规模比较大，参加人数也较多，以祭祀文昌为主要内容，并进行集体娱乐等活动。庙会一般是在文昌神的诞辰日等具有纪念意义的日子举行。

据实地调查，文昌庙会一般是以村为单位进行祭祀，也有些村落因无文昌庙而与其他村落联合进行。祭祀的时间也不一致。有的是农历七月初一，有的是二月初三，也有的是六月十三。在贵南县沙沟乡唐乃海文昌庙，每年农历五月初九举行庙会，参加庙会的村落达10多个。祭祀主要是煨桑、念经和牲祭。祭祀仪式结束后，大家一起喝酒、唱歌，娱乐助兴。在贵德县上卡岗文昌庙，每年农历七月初一举行以村为单位的庙会。

庙会主要是活祭一只羊，将其五脏六腑及身体各部位的一小块肉放在桑上焚烧，其余部分做成饭，供全村人享用，无任何娱乐活动。

在卡夏德寺，当地人认为六月二十二日是文昌神的诞辰，因此选这一天举行聚餐活动。这天一大早，卡夏德寺的僧人和寺院附近的村民一起去祭祀寺院旁边的拉则。拉则离寺院很近，只有一墙之隔。在拉则旁，僧人们念诵酬补文昌神经，村民拿着提前准备好的木制的刀箭、纸风马、经幡等祭祀用品，把它放在僧人的旁边，以便得到加持和净化。等诵完经后，将刀箭插在拉则之中。与此同时，人们点燃柏枝煨桑。然后，围绕拉则转圈，撒风马，高呼"神灵胜利！"祭祀拉则的仪式结束后，人们到寺院里进行血祭仪式。将事先准备好的山羊肉放到特定的祭祀台点燃，人们向文昌神及其他佛教神灵磕头，并围着神殿和白塔转圈。等一切仪式结束后，人们便准备中午饭。除了全村人一起吃饭外，无其他娱乐活动。据寺里僧人介绍，吃饭的开支是由外地的信徒捐的，一般需要两三千元。

庙会是一种比较固定的祭祀方式，其时间、地点、各种仪式都是约定俗成的。在庙管和宗教人士的引导下，村民自愿参加进行。其开支一般由村民自筹，或者是其他信徒的捐款。

四、祭祀仪式

祭祀也就是献祭，是用物质性的供品来换取神灵的帮助和恩赐的行为。祭祀行为的三个主要构成因素是：献祭的对象（神）；献祭的主体（人）；献祭的供品。[①] 文昌神的祭祀仪式与

① 吕大吉主编：《宗教学纲要》，115页，北京，高等教育出版社，2003。

藏传佛教中的祭祀仪式基本相同，但也有一些差异。笔者根据田野调查的资料，将文昌神的祭祀仪式归纳为煨桑仪式、血祭仪式、放生仪式三种。

（一）煨桑仪式

煨桑是藏族传统的祭祀方式之一，起源于苯教，后来吸收到藏传佛教的仪轨之中，成为藏传佛教祭祀仪式中最普遍、最常用的一种。藏传佛教意义上的“煨桑”，是指藏民和僧侣在神山白塔龙潭等圣域、庭院居室、寺院庙宇、用于修行的圣地神湖等可供神佛的场所，在诵经的同时，通过在特殊的焚烧炉内熏烧特定种类的植物体、植物制品、某些食品药品和矿物（矿物并非普遍使用），以产生浓烟，来供拜天地诸神的宗教仪轨。①。

煨桑是净化之意。桑一般分为素桑和荤桑。素桑又名白桑，是由柏树枝丫、糌粑、三白（乳汁、奶渣、酥油）、三甘（冰糖、蔗糖、蜂蜜）和净水（包括茶水、奶或青稞酒等）组成。荤桑又名红祭，也就是血祭，这一内容将在下文详细介绍。在祭祀文昌神的仪式中，不管是个体祭祀，还是集体性的祭祀，其仪式过程的第一步是煨桑，意在净化周围环境，消除不净和秽气。煨桑时，一般将煨桑的原料放到桑炉里，引火点燃，然后在桑炉内和桑炉四周洒一些净水。人们口中念诵文昌神祈愿文或其他经文。人们认为，烟可达神界天境，传递人们的意愿。

① 李茂林、许建初：《云南藏族家庭的煨桑习俗——以迪庆藏族自治州的两个藏族社区为例》，载《民族研究》，2007（5）

（二）血祭仪式

血祭又称红祭，一般是指宰杀牛、羊、马等动物作为牺牲来敬献给神灵；或者是用这些动物先祭祀，然后再宰杀①。血祭是苯教中常见的一种祭祀方式。随着佛教和苯教的融合以及宗教文化的不断变迁，这种祭祀方式也逐渐被藏族人所接受，成为藏族宗教仪式中的一部分。

文昌祭祀也有血祭仪式。笔者在共和县加隆台文昌庙调查时，亲历了一场血祭仪式。几位附近村寨的藏族驱车到达庙内。他们向庙管说要血祭，并将一塑料袋递给庙管。加隆台文昌庙内有两个煨桑台，据庙管说一个是专门供血祭用的，一个用于煨桑。庙管很快用干柴生火，其他人帮忙。火着起来后，把塑料袋里的山羊的五脏六腑放到火堆上，并在此上面放了很多油脂。火烧得很旺，庙管一边念经，一边将白酒洒在桑台四周。其他人在一边的煨桑台煨桑。血祭和煨桑的仪式完成后，庙管和他们几个人走进文昌神殿内。他们跪在文昌神前，将事情的原委向庙管叙述了一篇。庙管一边念经，一边向文昌神诉说事情缘由，并祈求保佑。

在安多藏区，血祭文昌神一般都用山羊和绵羊，也有用鸡和鸡蛋之类的。据加隆台庙管说，现如今血祭的比较少，一般是在家中有人病危、举行射箭比赛等集体活动等大事时进行血祭。

2008 年 7 月，我在化隆卡夏德寺田野工作时，又一次详细

---

① 林继富：《灵性高原——西藏民间信仰源流》，95 页，武汉，华中师范大学出版社，2004。

观察了血祭的仪式。在卡夏德寺内，建有一个大的和三个小的血祭台。他们每天在小的祭祀台上煨 4 次桑，每次放一块肉，肉只有手指头般大小。肉是提前切好放在殿内的。大的祭祀台平时不常用，只是遇到一些重要事件时才进行血祭。另据寺里的僧侣介绍说，在每月的二十二日（当地的信徒认为此日是文昌神的诞辰日），进行一次大的血祭仪式。这一天，将山羊的五脏六腑及羊头等放到大的祭祀台上进行祭祀。

7 月 20 日早晨，寺内还没有信徒，我在观察僧侣们的一举一动。他们不停地打扫院落，擦拭殿内佛像前的桌子，点酥油灯，念经，等待迎接从不同地方赶来的信徒。过了一会儿，来了一老一少，牵着两只白山羊。我也立刻意识到他们是来血祭的。一老一少将羊拴到寺内的柏树上，径直走到文昌神大殿前，向僧侣管家诉说着什么。那个人双眼通红，神情严肃。我站在离他们有五六米左右的地方没走过去，怕他们见陌生人忌讳。说完后，他们开始准备血祭。有一牧羊人（因寺里有许多放生的羊，有一专门的牧羊人放牧；我听僧侣们说他是汉族）从殿内拿出一块肉，在殿门前剁碎。然后放到早已堆满干柴的大祭祀台上用火点燃。火燃烧起来，劈啪作响。那一老一少围着祭祀台走动，一边祈祷一边

图 5－7　血祭仪式

洒酒水。牧羊人不停地收拾火堆。火烧完后，进行放生仪式。首先在大殿前的一个小桑炉里煨桑，用桑烟熏熏羊后，牧羊人用净水洗羊的全身，洗完后将它拉到羊群里。整个仪式过程由牧羊人操作，僧侣根本不参与其中，只是远远地看着眼前所发生的一切。据僧侣管家说，现在几乎不让信徒在寺内血祭。即便信徒带羊过来，也要按寺院的规定放生。为了满足信徒的信仰需求，以寺院买好的肉来替代活羊的祭祀，将活羊放生了，这样比较好。

关于化隆卡夏德寺的历史已在前文详细介绍过，它是一座藏传佛教寺院，由僧侣来管理。由于藏传佛教是禁止杀生的，因此在藏传佛教寺院里杀生是大逆不道，严重违反佛教教义。他们为了迎合普通信徒的信仰要求，没办法彻底屏弃血祭的这一宗教仪式。而采用变通的手段，由一汉族牧羊人主持仪式，僧侣根本不参与其中。这一做法，让作为藏传佛教神职人员的僧侣们可以不直接参与杀生，信徒们的血祭需求也得到了满足。

关于这一点，寺里的阿卡龙塔说："藏传佛教寺院理应完全抛弃杀生的，然而从色康巴大师开始就有这种习俗。阿尼尤拉是世间神，而护法殿内是出世间的神。来朝拜的都是世间俗人，他们注重现实，关心眼前的利益。为了迎合信徒的要求，没办法彻底禁止血祭。"另一位叫达哇的阿卡则说："因寺院安排当管家，其实根本不想干这种差事。"这种想法，我在海南地区实地调查时也有同感。因贵南茫曲镇和共和幸福滩的文昌庙分别由塔秀寺和新寺管理，笔者在与僧人访谈时，他们都特别强调，这里是藏传佛教寺院，禁止血祭，但可以放生。

由此看出，在安多藏区，与藏传佛教寺院合建的文昌庙内是一般是不能血祭的，除非另立门户。这主要是在藏传佛教中有禁止杀生的戒律，要求人们守十善戒。文昌神的血祭仪式也在其影响下受到了限制。

（三）放生仪式

放生是一种活祭形式。《藏汉大辞典》中解释为：宗教徒赎买即将被宰杀的动物放之山川，让其老死，谓为修善的一种行为。[①] 其实，放生不仅是宗教徒赎买将被宰杀的动物放之山川，而且很多信徒自愿将自家的牛羊等动物放生。

放生时，一般首先是念经，往牛羊身上洒净水，在动物的耳朵或脖子上系绸带或布结，这些布条是放生的标志物。然后将牛羊赶到离村落或人家较远的地方，让其自然死亡。在安多藏区，人们不仅到佛教寺院里放生，而且也到文昌庙里放生。在文昌庙放生的动物主要有牛、山羊、绵羊、猪、鸡等。笔者在共和县幸福滩寺、化隆的卡夏德寺等地做田野调查时，看到许多放生的山羊和鸡。

在藏区，人们看到耳朵或脖子上有标记的动物，一般认为是放生的，而不任意乘骑、鞭打，更不用说宰杀。对放生的牛羊还有一种尊敬的称呼，称之为神牛或神羊。在藏区的各大寺院附近，经常可以看到被放生的动物。放生包括两种情况，一是俗人，做官为宦的与平头百姓都一样，以家庭为单位放生；或者以整个寺院和某个扎仓（学院）的名义，有些寺院有专门的放生节日。俗人的放生，通常找一节日，也有因疾病、灾厄等原因，先给山神或佛许愿，然后择日放生。[②] 寺院的放生仪式，如拉卜楞寺最大的放生时间是农历正月初八，每年举行一次。地点在拉卜楞“拉章”图丹颇章院内。仪式开始前，由

① 张怡荪主编：《藏汉大辞典》，2281页，北京，民族出版社，1993。
② 丹珠昂奔：《藏族文化发展史》，213页，兰州，甘肃教育出版社，2001。

“议仓”官员宣布寺院内大小官员、属寺以及部落头人的职权范围，尔后，人们开始参观“拉章”终年密封珍藏的古董以及金银宝物。随后，僧侣们念诵《招财经》，将事先备好的牛、马、羊洒上净水，系上绸带或布结放走，每年约放两三头。①

图 5-8　卡夏德寺待放生的山羊

五、文昌羌姆

羌姆，亦称为“金刚舞”。汉语一般称为“跳神”。关于羌姆的起源，一般认为，是从印度密教金刚乘修供仪轨为蓝本开

① 林继富：《灵性高原——西藏民间信仰源流》，96 页，武汉，华中师范大学出版社，2004。

始的。金刚舞是印度密教金刚乘修供仪轨中的重要项目。修行者在上师的引导下进入坛场后，便以“金刚歌”等真言咒语为口密，以“金刚舞”等体态语言为身密，以内心观想为意密，身口意三密相应，获得加持力。有关金刚舞的这些经典，最早的在公元8世纪前期就被金刚智等人由梵文译成汉文，可见金刚乘的仪式舞蹈在当时已形成体系，并冠以“金刚舞”的名称。[①] 首先把密教金刚舞引入藏地的是莲花生大师。公元8世纪中叶，莲花生大师以印度密教的金刚舞为范本，在桑耶寺创编了西藏最早的佛教仪式舞蹈。西藏最早出现的宁玛派羌姆，就是根据莲花生埋下的一部密教伏藏《上师密集坛城祈供仪轨》而编创的。[②]

藏传佛教自10世纪以来逐渐形成诸多宗派，羌姆也因此形成了不同的仪式表演系统，主要有宁玛派羌姆、格鲁派羌姆、萨迦派羌姆、噶举派羌姆等四个类型。各教派的羌姆，根据各自的祖师、传承、供奉的本尊及教义的不同，表现在羌姆的舞蹈动作、队形、面具、道具、演员人数、演出时间等方面有所区别。

文昌羌姆主要分布在海南藏族自治州的共和、贵德等地，它没有单独的仪式表演系统，主要是作为宁玛派羌姆中的一个角色而出现。

下面以海南州共和县吉东俄康的文昌羌姆为个案进行描述。加拉吉东俄康是一座宁玛派寺院，始建于1876年，位于离共和县恰卜恰镇6公里处的吉东村。吉东俄康的羌姆于每年农历正月十九举行。

① 郭净：《心灵的面具——藏密仪式表演的实地考察》，28页，上海三联书店，1998。

② 郭净：《心灵的面具——藏密仪式表演的实地考察》，21页，上海三联书店，1998。

羌姆共分12部分，具体如下：（1）断障舞；（2）加持舞；（3）神饮舞；（4）刀舞；（5）会供舞；（6）十六骷髅侍者舞；（7）会供和十六骷髅侍者的混合舞；（8）仪仗舞；（9）五部空行舞；（10）莲花生八大名号舞；（11）玛、萨、丹三护法神舞；（12）护法神、山神、地方保护神舞。

图5-9　文昌羌姆的造型
（共和加拉吉东寺）

文昌神在护法神、山神、地方保护神舞的仪式中出现。他头戴帽子，身穿藏袍。戴着长有三只眼，留有长须的面具。右手拿长矛。神态严肃，呈怒相。

贵德县罗汉堂俄康于每年九月十日举行羌姆法会，包括十六骷髅主、文昌神、本地护法神的跳神舞。

六、降神仪式

降神仪式是一种巫术行为。在藏族宗教中，降神是一种比较普遍的宗教现象。在描述降神的具体仪式过程之前，我们有必要了解一下相关的一些背景知识，以便探讨降神的仪式过程及其意义。

为了了解降神这种宗教仪式的历史，我们首先看看在降神仪式中充当主角的巫师的产生过程。公元8世纪，赞普赤松德赞盛邀莲花生大师和菩提萨埵两位大师到吐蕃传播佛法，修建桑耶寺时，曾神灵附体宣讲神谕。关于这一点，藏族史书《拔协》记载：

> 第二天清晨，大师画了坛城，从侍寝宫中选出拉龙地方的儿童错协年勒充当降神者，举行圆光。让扎色纳巴达做观察圆光者，并清楚地说明结果。他详细说出了吐蕃的全部不驯服的神和龙的名字：水淹旁塘的是香保神，雷击拉萨红山的是唐拉神，制造旱灾、荒年、瘟疫的是十二丹玛女神等。次日，又选出十个出身高贵、父母双全、祖父母俱在世的男孩做降神者，进行圆光。结果四大天王降临，使夜叉、火神原形毕现，不驯服的神和龙也变成人形，由白玛桑布施以威猛震慑。对那些善神则由菩提萨埵说法劝善，立誓护法。如此还未驯服，便施以火祭而消灭。莲花生大师首次以苯教的仪轨为基础实施了降神的仪式。[1]

后来，从建立西藏地方政府开始，出现了乃穹神巫、拉莫神巫、噶顿神巫、多杰雄丹神巫、赞玛神巫等一大批官方的巫师，在西藏的内外事务中发挥着很大的作用。藏族自古就有降神的宗教仪式，这种仪式世代传承，延续至今。

成为一个巫师并不是个人意愿所能决定的，一些特征把巫师跟普通人区别开来，有些特征是后天所习，有些特征则是由继承而来，有些人的这些特征是借用别人的，而有些人却真正拥有这些特征。[2] 成为神巫的途径有两种：第一种是依上师的意

---

① 卡尔泽杰：《论安多热贡六月会仪式的实施者——神巫》，载《中国藏学》（藏文版），2006（2）。

② ［法］马塞尔·莫斯、昂利·于贝尔：《巫术的一般理论：献祭的性质与功能》，杨渝东等译，36页，桂林，广西师范大学出版社，2007。

图选择神巫，第二种是通过老神巫选新的神巫。[1] 这种选择方式也非常符合法国人类学家莫斯所说的一句话：个人成为巫师要得到启示，获得神授，依靠传统。[2]

《西藏的神灵和鬼怪》一书认为，一位神巫的宣谕仪式通常要经过如下几个阶段：

> 将神巫的仪式服装道具和兵器安放在宝座或椅子的上面或周围。在附近的桌子或祭台上放上内供。几个供奉给该护法神的朵玛，各种诸如铃、金刚杵等合称为法器的仪式用具，一些用糌粑团制成的供品，一些盛在碗里的汉地茶水（或者青稞酒和甜茶）。所有这些供品和祭器都用六字真言和六种手印进行了加持。
>
> 念诵颂赞这位护法神的祈愿文，祈请他依附神巫。祈愿文的开头通常是详细地描绘护法神形貌和传说中的居地。
>
> 在护法神附体后，唱颂赞护法神的歌，列举和颂扬护法神的种种法力。护法神也回忆起在他成为佛教护法神的时候所立下的誓言。
>
> 给护法神供茶（或青稞酒和甜茶）。
>
> 向护法神提问，神灵则通过神巫之口来回答。
>
> 在护法神即将离开神巫躯体的那一刻神巫倒地。

---

① 卡尔泽杰：《论安多热贡六月会仪式的实施者——神巫》，载《中国藏学》（藏文版），2006（2）。

② ［法］马塞尔·莫斯 昂利·于贝尔：《巫术的一般理论：献祭的性质与功能》，杨渝东等译，52页，桂林，广西师范大学出版社，2007。

念诵酬谢愿文，仪式主要部分结束。[①]

2008年7月底，我在热贡苏乎日村田野工作时，有幸看到了文昌神的降神仪式。苏乎日村的六月会于每年的农历六月二十日到六月二十五日举行，一般举行6天。到最后一天，即二十五日要举行降神仪式。

农历六月二十五日下午两点半左右，降神仪式开始。男人们在神殿前的桑炉里煨桑，大声念诵文昌神祈愿文。在神殿内有三位宁玛派俄巴诵文昌神祈愿文及酬补经。神巫面朝神像站在神殿内，纹丝不动。他旁边有一助手。在念诵祈愿文的过程中，这位神巫逐渐开始躁动，眼睛紧闭，脸色转红，身体阵阵抽搐。此时，文昌神已附入神巫体内。神巫开始从殿内跳到走廊，在走廊内来回走动，显得躁动不安。

此刻，在广场上进行表演。四个穿藏袍男子走在前面，后面是人扮装的文昌神、翰巴拉果、翰巴梓潼三位神灵，他们穿着长氆氇，脸上的化装与神灵的形象非常相似，文昌神还留有长须。在他们后面是两位装扮屠夫的人，穿着翻过来的皮袄，手持剑，以怒相装扮。他们在神殿前的广场上缓缓走动。这时，苏乎日村的神巫从神殿跑出来，开始降神。神巫是一中年人，身穿一件普通的黄色藏袍。神巫面孔呈红色，双眼微闭，两手舞蹈，在广场上到处胡乱走动，气喘吁吁，极度焦躁的样子。助手向神巫提问，神巫蠕动着嘴唇说着什么。这样大约持续10到20分钟。最后神巫的脚步也逐渐放缓，慢慢地趋于正常。至此，降神仪式结束。

---

① ［奥地利］勒内·德·内贝斯基·沃杰科维茨：《西藏的神灵和鬼怪》，谢继胜译，507～508页，拉萨，西藏人民出版社，1993。

我以前曾听说，神巫附文昌神时一般讲汉语。这次观察降神仪式也未能靠神巫太近，没听清楚到底说什么。后来，我专门询问了神巫的助手，他说，神巫讲的是汉语，他也听不清楚。他们有时候请求神巫讲藏语。关于文昌神附体后，神巫为何讲汉语的事，当地人认为文昌神是汉族神灵，因此讲汉语。

另外，在信仰文昌神的地方，以家庭为单位举行降神仪式。

降神仪式作为一种巫术行为，至今还在广大藏区“表演”和延续着。它在认定活佛传世灵童、禳灾祈福、预言吉凶祸福等方面充当着重要的角色。

七、文昌神信仰仪式的特点

文昌神传播到安多藏区后，形成了一套民间守护神信仰与藏传佛教信仰相融合的宗教信仰体系，同时也保留了道教中固有的一些信仰特征。在此基础上，产生了一系列表达信仰的行为方式即仪式。这些仪式既有以个人和家庭为主的小范围的，也有区域性的集体活动，涉及和影响到当地人生活的方方面面。这些仪式不仅有强化宗教信仰，满足精神需要，团结社会群体，整合行为模式等宗教本身所具有的功能，而且还表现出与众不同的一些特点：

（一）通过各种仪式，祈求神灵赐福禳灾，护佑个人和一方水土的平安，使人们五谷丰登，国泰民安。文昌神是地域守护神，它与普通百姓的日常生活息息相关。举行一些日常的仪式，其目的在于为个体和家庭祈福。而作为贵德六月会和热贡六月会等大型的集体性仪式活动，则是保佑某一村寨、部落或地区的平安，展示地域性凝聚力，具有很强的功利主义色彩。因此，这些仪式也受到当地民众的青睐。

（二）多种宗教文化融合的现象。在文昌神信仰的仪式中，有道教、藏传佛教、苯教，还有萨满教的成分也在其中，从而形成了信仰多种宗教的局面。尤其是在仪式表演的过程中所展现出的文化特征，如苯教的血祭仪式、抬神轿巡游村落的道教文化、与萨满教如出一辙的降神仪式等等，无不体现出与藏传佛教仪轨之间的差异。这里多种宗教文化融合在一起，形成了一种多元文化并行不悖、和谐相处的景象。

八、小　结

在人类学领域，几乎所有的人类学理论学派都对仪式进行了不同程度的研究和探讨，从而也出现了关于仪式理论的不同学说和理论流派。比较早期的社会理论家涂尔干和功能主义的社会人类学家拉德克利夫·布朗曾将仪式视为具有增强作用的集体情绪和社会整合现象。[①] 范·吉耐普和维克多·特纳把仪式看作情感表达的场合，认为仪式展现一种“结构—反结构—结构”的过渡过程。通过仪式中的反结构，社区中人们的地位分化和人与人之间的差别得以暂时性地消弭，人们获得一种团结感和一体感，从而，仪式强化了既定的社会结构与秩序。[②] 利奇把仪式看成是人与神圣力量的交流过程。他认为，宗教演示的目的就是提供一座桥梁或一种交流渠道；通过它，神的威力可以被另一边无能的人所触及。供祭动物或物品总是祭品捐献者的一种换喻符号。通过安排某个阈限牧师，使之在阈限区域施行献祭，捐献者得以在神之世界和人之世界二者间架设一座桥

① 郭于华主编：《仪式与社会变迁》导论，北京，社会科学文献出版社，2000。

② 褚建芳：《人神之间》，21页，北京，社会科学文献出版社，2005。

梁，跨越它，神的潜势力可以（朝向自己）流动。[①] 解释人类学大师格尔茨认为，仪式是“文化表演”。仪式表演本身就引导人们接受权威，而权威是宗教观点的基础。用一套单一的象征符号，引入一套心境和动机因素——一种气质并定义一个宇宙秩序的图像——一种世界观，仪式表演使宗教信仰方面的为了模型和属于模型仅仅是互相转换。[②] 因此，对于宗教的人类学研究应该把仪式作为当地人认识、理解、解释和描述其所在世界的文本或符号体系，从而对其加以解读和解释。在本研究中，我想综合各个理论流派的学说，对文昌神信仰仪式做进一步的分析和解读。

在仪式活动的背后，必然有一套观念与信仰体系与之相伴。在这套观念与信仰体系中，包含着仪式中的行为者们对于仪式的本土理解与阐释。如果说仪式是一个文化中人们的行为实践的话，那么，仪式背后的观念与信仰体系则是这种行为实践背后的意义所在。要想对仪式获得清晰而深刻的认识，必须对仪式背后的观念和信仰体系进行“浓厚”的描述和深入的分析。[③] 从上文对文昌神的信仰和仪式的描述中，我们看到，由于文昌神在安多藏区扮演着地域守护神的角色，其功利主义的色彩非常浓厚，同时所有的仪式都有一个共同的特点：人向文昌神供献物品，并祈求佑助，人们也相信文昌神会赐福和保佑。这一点，不管是在日常的祭祀仪式中，还是在集体的祭祀中都能表现出来。个体有问题时到文

① ［法］埃德蒙·利奇：《文化与交流》，卢德平译，93～95页，北京，华夏出版社，1991。

② ［美］克利福德·格尔茨：《文化的解释》，韩莉译，145页，南京，译林出版社，1999。

③ 褚建芳：《人神之间》，315页，北京，社会科学文献出版社，2005。

昌庙朝拜，通过占卜等方式，请求问题得到解决；家中有人生病或财产损失时，举行文昌神方面的法事仪轨，禳灾祈福；在六月会等集体仪式中，举行大型的跳神活动、血祭等，祈求文昌神保佑一方水土的平安和风调雨顺。这些仪式都是典型的献祭活动。在献祭过程中，人们准备各种祭祀物品，通过本人、庙管或僧侣，向文昌神敬献供品，请求得到文昌神的保佑。人、供品和文昌神构成了仪式不可或缺的三个要素。其中，供品作为中介物，实现了人与神的交流。关于这一点，列维—施特劳斯指出："在献祭中，（连续的而不再是非连续的，有向的而不再是可逆的）自然物种系列起着献祭者和神祇这两极项之间中介者的作用。在二者之间最初没有同态关系，甚至并无任何关系：因为献祭的目的正是要通过一系列连续的同化作用来建立起邻接性而不是类似性的关系……全部关系还不止于此，一旦与之间的关系由于将祭品而使该关系解体。于是人类行为又使连续性解消了；因为人类行为先前在人类存储与神祇存储之间通信交流，后者将自动地以免除预期的利益来填补这个连续性上的裂隙。"① 正如莫斯所说："没有媒介就没有献祭。"② 在献祭仪式中，作为供品的物质本身并不重要，它们只是把献祭的人和所祭拜的神祇联系起来的中介物，起到了人与神之间交流的作用。利奇指出："此一世界由终有一死且无能的人居住；他们在正常时间内部终其一生，而在这一时间中间，事件又以序列形式相继发生。在此一世界中间，我们一直越变越老，终至死亡。彼一世界则有永垂不朽、无所不能的神居住；他们在

① 褚建芳：《人神之间》，318 页，北京，社会科学文献出版社，2005。

② ［法］马塞尔·莫斯 昂利·于贝尔：《巫术的一般理论：献祭的性质与功能》，杨渝东等译，242 页，桂林，广西师范大学出版社，2007。

异常时间内部持存下去，而在这一异常时间之中，过去、现在和未来均同时并存。”①

人通过供品作为中介物，实现了与神之间的传递信息或交流的目的。这就是人向神敬献供品，传达虔诚、顺从、恭敬之意，作为回报，神赐予人们保护和福佑，形成了保护和被保护及某种意义上的互惠关系。因此说，举行各种文昌神的献祭仪式，以物质或歌舞等为供品，祈求文昌神的保佑，从而在人与文昌神之间形成了互惠关系。

① ［法］埃德蒙·利奇：《文化与交流》，卢德平译，93页，北京，华夏出版社，1991。

第六章　安多藏区的文昌信仰民俗

在安多藏区，对文昌神的信仰已成为当地人宗教生活中的一部分。正因为如此，文昌信仰已渗透到人们的日常生活领域之中，表现出与其他藏区迥异的信仰民俗特征。

一、文昌禁忌

禁忌是人类学家比较关注的一种文化现象。“禁忌”一词源于波利尼西亚语“tabu”一词。在波利尼西亚语中，“tabu”本意为“禁止”，并指对任何言行的禁止。[①]“禁忌”这一概念本身具有双重意义，即神圣的、崇高的和禁止的、危险的，破坏禁忌要受各种惩罚。[②]

笔者在田野调查中发现，在信仰文昌神的区域内有一种不吃黄牛肉的禁忌，说信仰文昌神就不能吃黄牛肉，这一禁忌只限于藏族信徒，汉族没有这一说法。关于这一禁忌，民间还流传着这样一则故事。

---

① ［法］拉德克利夫·布朗：《原始社会的结构与功能》，潘蛟等译，147 页，北京，中央民族大学出版社，1999。

② 夏建中：《文化人类学理论学派》，170 页，北京，中国人民大学出版社，1997。

> 很早以前，文昌神（指张亚子）只有五六岁时来到贵德地区，他是孤儿无人照顾，就吃当地的黄牛奶长大，并在贵德的石家寺附近玩耍。当地民众认为，文昌是吃黄牛奶长大的，视黄牛为母亲，因此不能吃黄牛肉。
>
> 这就是说，当地人将特定的客体黄牛和文昌神联系起来，视其为禁忌。并将这一禁忌赋予既神圣又禁止的双重意义，如果触犯，要受到神灵的各种惩罚。

在有关文昌神的祭祀祈愿文中，也提到了这一禁忌。哈萨纳丹巴坚参撰写的《酬补大神尤拉祈请法·任运成就》一文中云：祭祀者要忌讳黄牛的血和肉，身上不能染一点黄牛的气味。

二、文昌签卜

签卜是占卜的一种，以木或竹制成，上面刻有文字符号。这种占卜在内地的道观中比较盛行。在安多藏区的部分文昌宫内有这种抽签卜的习俗。

据我实地调查的资料，在贵德文昌宫和化隆卡夏德寺有抽签卜的习俗。其中贵德文昌宫有藏、汉文两种占卜书，化隆卡夏德寺只有藏文的。两寺所用的藏文占卜书相同，书名为《文殊占卜书·幻术之镜》，汉文的占卜书为《关帝签》。藏汉两种占卜书没有任何相似之处，也不是互译的，属于不同类型的占卜书。才让在《〈文殊占卜书·幻化之镜〉的基本内容及其佛教文化特征》一文中说，《幻化之镜》与敦煌占卜文献的形式雷同，但二者也有很大的差异性。他认为，《幻化之镜》产生于后弘期藏传佛教文化兴盛的时期，其内容之丰富、严谨亦非敦煌卜辞残卷可比。作者还分析说，根据《幻化之镜》的占卜方法、签的分类、有些卜辞的内容看，它深受内地佛教文化的影响，是汉地佛教寺院的抽签占卜的直接引进。该文献的标题称为“文殊占卜术”，也暗示了与内地佛教的关系，因为藏传佛教认为汉地是文殊菩萨行教化之地，凡是传自于内地的医学、天文历算、占卜著作等，大都冠以文殊菩萨之名。但是，目前我们尚未找到类似的汉文文献，不能得出《幻化之镜》完全是一部翻译之作的结论，只能说《幻化之镜》依照了汉地的有关占卜方法和文献编著而成。① 我本人也同意作者的看法。

《文殊占卜书·幻术之镜》一书中除了标题外，就是108条卜辞，没有前言，没有后记，也没有编写者、著者或整理者的名字。因此《幻术之镜》由于本身缺乏背景材料，对它的深入研究造成了困难。该书每条卜辞由四个部分组成，即序号、分类、诗歌体卜辞和具体解说。卜辞的分类主要有上上、上吉、中上、中吉、中中、中平、中下、下下八类，其中“下下签较少”。“诗歌体卜辞”在每条卜辞中共有8句，一般前4句每句七个字，后4句每句9个字。“具体解说”中直接指出了占卜的结果，一目了然，试举一例：

第三签　中吉

[诗歌体卜辞]

需要生起精进力，
住于安闲岂能成，
事情坚持长期做，

---

① 才让：《〈文殊占卜书·幻化之镜〉的基本内容及其佛教文化特征》，载《西北民族大学学报》，2001（4）。

最后岂有不成者。
吃苦在前则乐自然生，
逸于享乐结果则受苦，
智慧坚固对事善分析，
不懈努力则事定能成。

［具体解说］

心中之事能成；卜名声、富贵，迟至；卜婚姻，难成；卜孕妇，生儿子；卜诉讼，能和解；卜游子，迟归；要谋出路，则会有益。

其余卜辞的结构皆是如此。①

汉文的《关帝签》共有100条卜辞，每条卜辞由七部分组成，即序号、天干地支、分类、诗歌体卜辞、圣意、东坡解、碧仙注。卜辞的分类主要有大吉、上上、上吉、中吉、中平、下下六类。诗歌体卜辞是七言句的诗歌体，每条卜辞中共有4句。圣意共有8句，每句3个字。东坡解为8句，每句4个字。碧仙注共有4句，由4个字、5个字、7个字三种组成。试举例如下：

第六十八签　庚辛　中平

钱大王贩盐

南贩珍珠北贩盐　　年来几倍货财添
劝君止此求田舍　　心欲多时何日厌

圣　意

讼已胜　　莫再战　　名已成　　毋再问

① 才让：《藏传佛教信仰与民俗》，182页，北京，民族出版社，1999。

婚可定　　病自散　　行人归　　且安分

东坡解

谋望既遂　利亦倍收　贪心不止　必获后忧

知足不辱　可乐优游　凡事如意　可休则休

碧仙注

一样功夫不两般　　得宽闲处且宽闲

若谋富贵不知足　　自有灾愆不待言

抽签的过程由以下三个过程来完成：

第一步，“言说”：它是由参拜者带着问题意识参拜文昌宫，并向“文昌神”表达自己的问题意识。大部分人都是默默地诉说，一般是不公开的。

第二步，“抽签”：向“文昌神”诉说完毕后，由参拜者从108支竹签中抽出属于自己的那一支。

第三步，“解签”：也叫“破签”的过程，是解释签纸上的《签文》来解读参拜者的具体问题意识的过程。①

具体抽签的做法如下：

在文昌宫内的文昌神像前供放有签筒，里面装有108根竹签，签上有标记。占卜时，人们首先煨桑祭祀，然后来到文昌神殿内，向庙管说明抽签。于是，跪在文昌神像前，默默祈祷文昌，身心处于专注、平静的状态。之后，双手摇动签筒，最后掉在地上的那根是中签了，或从中抽出一支也可。中签后，庙管按签条上的序号查阅占卜书的相关条目，给信徒一张经文状的纸条，方可知道占卜的答案。占卜书有藏汉两种文字的，

① 罗红光：《围绕历史资源的非线性实践——从黑龙潭人的礼仪活动看历史与现实的对话》，见郭于华主编：《仪式与社会变迁》，北京，社会科学文献出版社，2000。

按信徒的个人需求发放。如求卜者看不懂，庙管或本寺院的僧人代为解释。抽一次签，需交2元钱的费用。

关于签卜的佛教哲理和主要内容，才让先生在《〈文殊占卜书·幻化之镜〉的基本内容及其佛教文化特征》一文中分析说，卜辞正文中的佛教哲理有以下几点：主张行善；主张忍耐；提倡勤奋；孝敬父母；赞扬君子智者；相信命运因果等。卜辞解说部分的内容及涉及的社会问题主要包括几个方面：疾病、婚姻、诉讼、行人、经商、孕妇、神灵等七个方面。除了上述以外，卜辞解说还涉及找寻失物、家庭兴衰、个人运气、功名利禄、与怨敌争吵等内容。

三、文昌命名

命名，俗称“取名字”，是民族风俗习惯的构成因素之一，也是不同民族文化特点的一种表现形式。藏族人的命名形式多种多样，内容丰富多彩。根据《西藏的民俗》一书介绍，藏族的命名方式主要有：具有宗教意义的命名，寄托长辈意愿的命名，某种生理因素的命名，某种心境的命名，自然实体的命名，出生时间的命名，反映新生活内容的命名等。[①] 其中以具有宗教意义的命名比较多，非常普遍。孩子出生后，一般要请活佛、高僧取名，有的还要查看出生预言，根据生辰属相取名。

在安多藏区，随着文昌信仰的盛行，许多信徒以文昌神给小孩命名，这种命名方式比较独特，其他藏区没有这种命名方式，是安多地域文化的表现形式之一。以文昌神命名的男女都有，字数以三字、四字居多，也有两个字的。如文昌保、文昌

① 杨辉麟：《西藏的民俗》，221页，西宁，青海人民出版社，2008。

太、文昌措、文昌吉、文昌才让、文昌、尤拉太、尤拉杰、尤拉措等等，表现出浓厚的宗教意义和地域文化色彩。如此命名，也是希望得到文昌神的保佑。

第七章　文昌神信仰的社会功能

一、文昌神信仰的社会功能

社会功能指某一社会系统或社会现象在维持社会秩序、保护社会系统正常运作方面所具有的影响力。[①] 宗教作为一种社会文化系统，有其存在的根源和理由，并且具有一定的社会功能，这一点已为宗教存在的本身所证实。

根据宗教社会学的理论，我认为文昌神信仰对社会主要有以下几个方面的社会功能。

（一）心理调适功能

综观人类历史上的任何宗教，都有一定的社会文化功能。其中，心理方面的作用是最主要的。在藏传佛教文化占主导地位的安多藏区，文昌信仰的涉及面及影响相对较小，但其对人们的心理调适作用却是不可替代的。

---

① 戴康生、彭耀：《宗教社会学》，162 页，北京，社会科学文献出版社，2000。

随着社会的发展及各种社会问题的不断涌现，人们的信仰需求和现实生活中需要解决的问题日益多元。面对这种局面，人们往往追逐比较现实的宗教信仰体系，以帮助解决现实生活中的诸多问题。在这种文化背景下，重现实、充满功利主义色彩的文昌信仰便成为一剂良药。它对于安多藏区群众的心理世界来说，就是一个心理治疗所，帮助社区群众克服现实社会生活中所遇到的种种难以解决的问题。

在村民的日常宗教生活中，文昌信仰更多地表现出一种精神需求。如求财、升学、升职、消灾祈福等日常生活的方方面面都要求助文昌神，以满足心理层面的要求。这一点，尤其体现在村民就医的问题上。在信仰文昌神的地方，每当家人生病，他们一方面送病人去医院，一方面求助文昌神，祈求神明保佑，两者兼而用之。虽然祈求神明，对病人没有直接的帮助，但是作为一种不可或缺的辅助性手段，能减轻病人的心理压力，从而对治疗有很大的帮助。另外，如家中的牛羊等财物丢失，他们一边四方寻找，一边到文昌庙祈求占卜。也许丢失的东西永远找不到，但祈求文昌神却能得到心理上的安慰，以达到心理平衡。尤其在急剧变化的现代社会，面对诸多社会生活问题，人们难免产生心理焦虑、无助、恐惧等心理反应，然而以自身力量又无法解决，人们只有求助于神明，希望通过神满足自己的需求。在这种文化心理的背景下，人们便求助于重现实且非常灵验的文昌神，文昌神也成为当地人的心理良药。现代心理学研究已证明，人们通过精神放松的方法，其中包括宗教修身养性的修持方法，可以提高人体镇痛物质内啡肽的质量和数量，调节心理平衡，有益人体健康。[①] 同时也认为，宗教可给人带来复杂的感受，像神秘感、威严感、崇高感、完美感、依存感、活力感、超越感等，促使人们转变生活态度，追求更积极、更美满的东西。[②]

（二）社会控制功能

社会控制就是社会给予个人行为的各方面约束：其广义指人们依社会力量，以一定的方式对社会生活的各方面施加影响，协调个人与社会之间的关系，协调社会各部分之间的关系，以保持社会的相对稳定及和谐发展的手段和过程；其狭义指社会对犯罪行为及越轨行为的预防、阻止及处置的措施和过程。[③]

社会控制的主要手段包括：法律手段、行政手段、习俗手段、道德手段、艺术手段、舆论手段及宗教手段。所谓宗教手段，就是用宗教信仰、感情、仪式、教义约束人们的行为。宗教对人的这种约束就是它的社会功能。[④]。

文昌神信仰作为一种宗教文化现象，同样有着约束人们行为的社会功能。笔者在实地调查时发现，前来文昌庙朝拜的除一般的善男信女外，还有一部分人是来戒赌博、戒酒等的。据贵德文昌宫的管理人员介绍说，到此戒赌博、戒酒等不良习惯的人非常多。同时，我也听说过，在信仰文昌神的地区，孩子

---

① 戴康生、彭耀：《宗教社会学》，166 页，北京，社会科学文献出版社，2000。

② 张志刚：《宗教学是什么》，83 页，北京，北京大学出版社，2002。

③ 戴康生、彭耀：《宗教社会学》，171 页，北京，社会科学文献出版社，2000。

④ 戴康生、彭耀：《宗教社会学》，171 页，北京，社会科学文献出版社，2000。

偷盗、赌博，或者有抽烟、酗酒等不良习惯，在父母的劝告下不肯戒的话，就把孩子带到文昌庙，在文昌神像前发誓戒除。人们也相信，如果在文昌神像前发誓戒除的话，再也不能毁失誓言，否则将会受到文昌神的惩罚。因此，文昌神在当地起到了强化行为规范、约束道德的功能，有一种潜移默化的教育作用。

每个社会为保证其社会规范的实施，都有一系列相应的制度、法律、措施对其成员的行为进行控制和监督，但这些手段并非可以运用于所有的场合，有许多需要进行行为选择的时刻是在个人独处之时，这是一切监督、控制工具所达不到的地方。而宗教（许多时候借助于神灵）却可以作为一种无形的观照者，时刻监督人遵守社会的行为规范，因而控制相当数量的越轨或偏离行为并使之避免发生。[①] 作为地方保护神的文昌神，在当地人的心目中就是一个无形的关照者，时刻监督人们遵守社会的行为规范。

（三）文化传承的功能

英国著名人类学家泰勒认为，文化是一复合的整体，包括知识、信仰、艺术、法律、习俗以及作为一个社会成员的人所习得的其他一切能力和习惯。作为一种文化现象，宗教在人类文化史上的地位是举足轻重的。

文昌神信仰在安多藏区传播的过程中，被强势的藏传佛教文化进行了一定程度的改造，即所谓的本土化。这一改造便产

① 戴康生、彭耀：《宗教社会学》，172页，北京，社会科学文献出版社，2000。

主了诸多与藏传文化相似的文昌文化因子，成为当地人文化生活中的一部分，在不断地延续和传承。文昌文化的主要表现形式有：一是民间艺术，如各种文昌神的塑像、唐卡。二是宗教书籍，如活佛、高僧、普通僧人撰写的各种文昌祈愿文和酬补经等各种宗教书籍。三是民间文学，如文昌神传播到此地的不同版本的民间传说故事。四是其他民间艺术，如六月会期间的跳神、羌姆等。这些文化丰富了藏族文化的形式和内容，使当地文化更加具有地域色彩和多元化。

安多藏区的文昌文化具有多元性、民间性和历史性的特征，要正确认识其价值和意义，对它进行有效的保护和合理利用。

二、文昌神信仰功能的多元化

文昌神在道教中是主管人间禄籍之神，经过藏传佛教本土化后，其功能在原来的基础上增加了许多，呈现出宗教功能的多样化。它不仅在满足广大信徒的精神需求，而且在行为规范、道德约束、强化伦理意识等方面凸现出很强的生命力。笔者从与几位庙管的访谈中得知，在文昌庙内朝拜的群众，除日常祭祀、处理日常事务的信徒外，还有几种比较特殊的群体：一是每年在高考前夕，前来朝拜的学生人数众多，以求金榜题名；二是戒酒、戒赌博等不良习惯者，以达到道德约束和规范行为的目的；三是生意人，祈求生意兴隆，抽签占卜生意盈亏。笔者在赤噶尤拉颇章与庙管谈话时，遇到前来戒麻将的一对藏族夫妇。妻子拉着丈夫的手让他跪在文昌神前，对庙管说："他长期赌博，把家中的钱都输完了，今天是来戒赌的。"庙管说："戒赌要给文昌神供奉 50 元钱。"妻子随即将 100 元交给庙管。庙管把钱放进捐钱箱里，一边默念经文，一边向文昌神诉说实情，还向他说了不准赌博之类的话。后来，我向庙管询问了有关实情，他说："前来戒赌博、戒酒的人比较多，每次必须至少供奉50元钱。"从上述口述资料看出，文昌神的功能在不断拓展，从原来的功能向不同群体、不同文化背景、不同层次的信徒辐射，形成了功能多样化、扩大化的局面，从而在不断适应急剧变迁的现代社会，不断满足现代人的宗教价值取向。

三、文昌神信仰与藏传佛教间的文化冲突

藏传佛教与地域守护神并存的这种文化机制，是藏族宗教文化生存的有效选择，是一种智慧和哲理。从整体来看，两者相互吸收和融合，呈现出"和而不同"的关系。通过本人的田野调查发现，两者也存在着一定的冲突。

我在上文中也讲到过，关于文昌庙宇的形式，有一种与藏传佛教寺院合建的文昌庙。例如，化隆卡夏德寺、共和幸福滩寺、贵南幸福寺等。这些寺院的管理人员一般都是佛教僧人，他们对佛教的教义及地域守护神的性质非常了解。在与他们的访谈中，都讲到了文昌神信仰与藏传佛教间的一些矛盾冲突。如卡夏德寺的血祭仪式，从严格意义上讲，佛教寺院内是绝对禁止杀生的，但为了寺院的发展，不得不采取变通的方式进行祭祀。不杀生，并尊重所有生命是佛教的根本教义之一，牺牲大量的动物来祭祀神灵，显然有悖于佛教教义。但是原始苯教作为一种传统的习惯势力在民间的影响是巨大的，人们惧怕如果断除对神灵的血祭，神就会降祸于人间。面对这一矛盾心理，佛教大师们采用了调和折中的办法，即保留原始仪轨形式，而以代用品来替换活物。用佛教的精神和价值观来改造、融合藏

族社会原有的传统。[①]

文昌庙宇里的僧人们认为，藏传佛教教义明确规定皈依三宝，不能皈依其他神灵。皈依佛就不能皈依信仰别的宗教和鬼神。对别的世间神，包括世间护法，如山神、地方神、土地、龙王、灶神、财神、玉皇大帝、王母、太上老君、煞神、星宿当值之神等，作为佛门正皈依弟子，不能叩拜、祈求，只可以给他们适当的祭祀品，委托他们或差遣他们做事，向他们说法劝善，帮助他们早证正道。[②] 佛教严禁杀生，不允许血祭；以来世为主，关注人的生命意义和终极关怀，而不太注重现实问题。然而，文昌神信仰与藏传佛教恰恰相反，背道而驰。他们认为藏传佛教和文昌神信仰是两种不同体系的宗教文化现象，存在着一定的矛盾。但为了发展佛教事业，吸引更多的信徒皈依佛门，只好采取迎合、变通、宽容的手段，把文昌神像塑在藏传佛教寺院里，以满足普通群众的双重信仰需求。

由于文昌神信仰与藏传佛教毕竟是两种不同的宗教文化体系，两者之间的矛盾在文昌神初传安多藏区时应该表现得非常尖锐和水火不容，但随着时间的推移和文昌信仰的本土化，各种矛盾和冲突也随之缓解，表现出一种“和而不同”的相处原则。然而，在深层次上还是存在一些不可调和的冲突。这些冲突主要表现在藏传佛教僧侣群体之中，因为他们真正了解佛教的教义和戒律，懂得有所为而有所不为。在田野工作中，普通百姓的信仰却没有表现出这种冲突，他们对佛教的了解非常有限，不懂得教义和相关的戒律，见神像就拜，从而也谈不上什么冲突。

再说，文昌神信仰与藏传佛教的冲突也是文化发展的规律，

---

① 才让：《藏传佛教信仰与民俗》，142页，北京，民族出版社，1999。

② 多识·洛桑图丹琼排：《爱心中爆发的智慧》，374页，兰州，甘肃民族出版社，1998。

是藏族文化吸收外来文化的一种途径。文化冲突是文化发展的重要动力。文化冲突实际上是文化竞争和文化比较发展的过程。没有竞争，没有比较，文化就不能发展自己的个性，也就不能获得巨大成就而具有普遍意义。[①]

四、文昌神信仰与民族关系

民族关系是指不同民族之间的社会关系，包括不同民族集团之间、不同民族国家之间乃至由多个民族国家所构成的国家联盟同其他的民族国家之间的各种社会关系。[②] 我国是一个由56个民族组成的多民族国家，民族关系的好坏直接影响国家的稳定和发展。综观我国民族关系的现状，宗教信仰是影响民族关系的重要的因素。在这方面，安多藏区的文昌神信仰为我们提供了可借鉴的实践经验。

文昌神虽是道教神灵，但在安多藏区，有正规的庙宇组织，有固定的宗教节日，有系统的祭祀仪式，有健全的文昌信仰体系，形成了佛教和道教文化相融合的典型个案。在藏族文化发展的历史长河中，藏族不断采借和吸收诸多周边民族的文化，进行文化交流，为本民族文化输入新鲜血液，从而创造了现今色彩斑斓、博大精深的藏族文化体系。安多藏区的文昌神也是这种汉藏文化交流的背景下产生的。藏族吸收和引进道教神灵，为本民族文化注入新的内容和活力，并进行了彻底地改造，从而打破了单一的藏传佛教文化格局，造就了一种多元文化并存的空间。我们知道，多元文化是构建和谐民族关系的重要基础。安多藏区的这种多元

① 司马云杰：《文化社会学》，299页，北京，中国社会科学出版社，2001。

② 郑杭生主编：《民族社会学概论》，110页，北京，中国人民大学出版社，2005。

文化现象为构建和谐的民族关系提供了很好的文化土壤和意识形态领域的基础。生活在安多藏区的汉族、土族、蒙古族等其他民族也同藏族一样，非常崇信文昌神。他们一起朝拜文昌庙宇，一起祭祀神灵，共同参加文昌庙会和六月会等宗教节日，无意识的形成了一种文化的认同感。这种文化上的认同感使不同族群的人们走到一起，强化了宗教的认同感和凝聚力，缓和了不同民族间的文化冲突，有力地促进了民族关系的发展。

我在田野调查时发现，在安多藏区，几乎所有信仰文昌神的人都知道他是汉族神灵。从他们的言行举止中，根本看不出有什么排外和视为异己的情绪，反而显得非常崇拜他，认为他是无所不能的。在《贵德县志稿》中有这样一段描述文昌庙的话：汉番信仰，士民供奉。每逢塑望，香烟甚盛，有事祈祷，灵应显著，久为汉番祈福消灾之所。另在贵德文昌宫大门前的石碑上刻有“祈福消灾，汉藏共仰”八个大字。这些文字都表明了汉藏民族共同信奉文昌神的历史事实。汉藏民族共同信奉道教神灵，不仅说明了汉族和藏族的亲缘关系，而且改变了当地的宗教信仰格局，对当地民众的意识形态产生了很大的影响。

图 7 – 1　贵德文昌宫内的碑文

就安多藏区的民族关系而言，虽然这里有藏、汉、回、土、蒙古等十几个民族，但其中汉族和藏族是两大主体，这两个民族的关系便是决定安多藏区稳定的重要因素。2006 年 11 月通过的《中共中央关于构建社会主义和谐社会若干问题的决定》明确提出：发挥宗教在促进社会和谐方面的积极作用。党的十七大指出，全面贯彻党的宗教工作基本方针，发挥宗教界人士信教群众在促进经济社会发展中的积极作用。由此看出，党非常重视宗教问题，宗教对民族关系的作用是至关重要的。这一点，对于信教的藏族来说，显得尤为重要。因为，宗教的和谐就是整个藏区的和谐。在安多藏区，汉藏民族共同信奉文昌神，一方面表现出道教和藏传佛教的和睦关系，以及不同宗教间的对话和沟通，另一方面则折射出和谐的汉藏民族关系。因此说，和谐的宗教关系带来和谐的民族关系。这充分印证了费孝通先生提出的“中华民族多元一体格局”和“和而不同”的民族关系理论。

第八章　安多藏区的文昌神信仰变迁

一、文昌神信仰的发展现状

首先，宗教的社群意义相对较弱，而满足个人种种现实需要的意义则相对增强。据贡巴村的老人们讲，以前贵德地区朝拜文昌神，一般都是集体祭祀。尤其是在春节期间，附近藏族村寨都有时间安排，每村一天，轮流祭祀。贡巴村是在初二祭祀。每年大年初二的一天，全村人（每户至少有一人）带着桑袋子、酒等祭祀品，早早地到本村的部落首领家集合，然后统一向文昌宫出发。到文昌宫后，大家一起祭祀文昌。祭祀仪式结束后，人们在庙前的河滩里围圈席地而坐，喝酒聊天，喝得差不多时，还唱民歌助兴。最近20年来，贡巴村每年大年初二祭拜文昌神的习俗没发生变化，可是再也看不到集体或村落为共同范畴的宗教仪式，而是人们单个或三三两两地去朝拜。宗教的社群意义逐渐为个人所代替，而个人所需求的无非是现实的种种问题之解答与满足，这就是功利主义趋势的韧始。①

其次，庙宇发展速度较快，信徒不断增多。前文笔者提到

---

① 李亦园：《宗教与神话》，165页，桂林，广西师范大学出版社，2004。

安多藏区大约有40座文昌庙。然而，这其中的一半是近20年内修建的，而且很大一部分都是以村为单位修建的，目前还在不断修建新的庙宇，可见其发展速度之快。与此同时，在民间流传着文昌神灵验、有求必应之类的说法，从而在原有的基础上吸收了大量新信徒。每年大年三十晚上，贵德文昌宫门前人山人海，信徒们争先恐后地想第一个祈求文昌神。同时，笔者观察发现，当地根本不怎么信仰宗教的一些汉族人，也逐渐前往文昌庙烧香祈祷。

第三，神灵数目的无限扩大。在贵德文昌宫内，除去有几尊主神以外，尚有20尊左右的其他神灵。主神之外的配祀神不断增加，只要是有“灵”者即可供奉。笔者根据贵德县文物管理所于1998年所写的河西文昌宫简介，与实地调查的结果比较发现，在短短的七八年时间里，除主神以外，其他神灵增加了15尊左右，由此可见崇拜神灵数目扩大趋势之一斑。崇拜神灵数目众多的现象，固是传统宗教多神崇拜的特色，但是这种不断扩大神明的数目，这种多多益善、无限包容的现象，应该有其特殊含义。借众多不同功能神明的存在，提供更多满足个人需求的机会，这是一种非常现实功利的手法，而在这手法之下所透露的态度，也就是多种利用的机会，包括多种选择、多种试行、多角经营或至于善尽营钻等等，现实功利的态度都隐藏其中了。①

第四，宗教认同感的复兴。笔者于2007年，曾到文昌神的发源地梓潼县七曲山大庙田野调查。回来后，有一个问题让我百思不得其解，那就是贵德文昌宫和四川的七曲山大庙建筑风格特别相似，而且很多神像都是一样的。于是，我带着这个问题，询问

① 李亦园：《宗教与神话》，168页，桂林，广西师范大学出版社，2004。

贵德文昌宫的管理人员。据他们介绍说，他们组织人员曾两度前往四川的七曲山大庙、甘肃兰州、青海西宁等地考察文昌庙宇，贵德文昌庙是仿照上述地方的文昌庙宇修建的。这才让我茅塞顿开。我曾对照了一张 20 世纪 80 年代的贵德文昌宫照片，发现与现在的大不一样，以前的文昌庙具有浓厚的藏族建筑特征。我在贵德县上卡岗文昌宫调查时，这里的庙管也说起过，1983 年第二次修建时，请藏族工匠塑像，具有藏族特色。2004 年重新塑像，形象有所变化，主要借鉴了贵德文昌宫。我在一组图片上看到这座庙中的塑像与原来不同，颇具道教风格。

我采访贵德文昌宫前任管委会主任时，他也说这是我们汉族的神灵。这几年，随着国家宗教政策的开放以及地区之间的交流和文化的相互影响，宗教也逐渐出现了复兴的态势。贵德文昌宫的管理人员也开始追溯文昌神的渊源，以道教为蓝本塑造藏区的文昌庙及其神灵，加强宗教和文化的认同感。在安多藏区，由于民族分布格局的不同，文昌庙及其神灵的风格呈两极分化，一种被藏传佛教化，另一种趋同于道教的特色。我认为，这主要是汉族的宗教认同感加强，是复兴传统文化的一种表现。

二、城市化中的文昌神信仰

随着文昌神的威望和影响不断扩大，文昌信仰逐渐从农村牧区延伸到城镇，在人口密集、文化多元的城镇栖身，并不断影响着城市群体的宗教信仰生活。我在田野调查中发现，虽然身居城里的藏族人也信仰文昌神，但由于环境等的因素，城里很少有文昌庙宇，他们只能前往农村的庙宇朝拜。近几年，随着城市化步伐的加快，在一些城镇也出现了文昌庙。下面以海南州金安小区的文昌庙为个案进行说明。

金安小区位于海南藏族自治州州府恰卜恰镇，是当地房地产商开发的住宅小区。小区内住有500多户藏族，其他民族住户很少。在开发商的资助下，在小区内修建了一座叫德吉宫的嘛呢康。此宫总建设面积600平方米，设计新颖，造型独特，功能齐全。德吉宫体现了少数民族信仰、文化及传统风格，一层主要用于社区居民休闲、娱乐、聚会、喜、丧事活动场地；二层为藏经阁，是居民诵经祈福之所。

图8-1　金安小区德吉宫

二层藏经阁分为两部分，一部分是文昌庙，只有一间房，另一部分是佛殿。文昌庙里有关于此庙修建时的相关文字介绍：2005年6月，夏琼寺的活佛格西等一行7人亲临庙内加持开光，文昌庙便正式开放。庙内塑有文昌神、魁星和羊师大将及五种依怙和三怙主神像。修此庙的缘由：总的说来是为了惠及藏区，尤其是为了金安小区500多户藏族家庭的幸福修建的，费用为6000多元。文昌庙旁边的佛殿，有5间房。中间为佛祖及侍从三人像，右边是师君三尊，左边是宗喀巴三师徒像。四周绘有壁画。一层装有经轮。共投资15万余元。住在小区及附近的老人经常来到这里诵经、转经轮。小区里的结婚、丧葬等仪式都在这里举行。

从上述个案我们发现，文昌神信仰从农村牧区逐渐辐射到藏族人口比较密集的城镇，得到了当地居民的认可和信仰。它不仅满足了城市居民的信仰需求，弥补了城市人群的精神压力，而且促进了城市群体的人际关系和邻里关系。这是文昌信仰文化变迁的一种表现形式。

三、文昌神信仰与当地的旅游和经济

近年来，随着人们物质生活水平的提高，精神方面的需求也越来越多，这样宗教旅游便应运而生。宗教旅游作为一种新兴产业，逐渐在当地的旅游业中发挥着越来越大的作用。藏族地区寺院庙宇林立，宗教古迹众多，文化历史悠久，是人类文化史上的宝贵遗产和精神财富，也是我国非物质文化遗产重点保护的对象。同时，这也是旅游业开发中不可多得的资源。文昌庙宇也就自然成为当地旅游开发的对象。

贵德地区文昌庙宇众多，文昌文化底蕴深厚，其中贵德县文昌宫是安多藏区文昌信仰的发源地，可以称得上是藏区的文昌祖庭。它被列入青海省级文物保护单位，贵德县政府将其作为县域境内的四大旅游景点之一进行旅游开发。我在贵德县文昌宫调查时发现，贵德县发展计划贸易经济局下发了一份旅游门票的文件，现抄录如下：

贵德县发展计划贸易经济局
关于收取文昌庙旅游门票的通知

文昌庙：

随着我县旅游业的加快发展，来我县观光的游客不断增多，文昌庙作为县定的主要旅游景点，游客的不断增多，对文昌庙古建筑的损坏、磨损成本逐年上升，加之广大游客对旅游硬件设施的要求越来越高，现免费供游客观光的局面已不适应和弥补文物设施的正常维护和旅游设施的更新改造，根据2005年5月8日县委召开的各大班子联席会议纪要，经我局研究决定从2005年7月1日起对前来观光的游客收取门票。现将有关事宜通知如下：

一、文昌庙门票按每人5元收取，儿童、残疾人按半价收取门票，对信教群众不收门票。

二、对广大游客收取门票后，必须实行窗口服务，出具票据，提供相应服务和旅游设施。

三、加强收费收入管理，主要用于文昌庙古建筑群的管理及维护。

以上门票价格自2005年7月1日起执行。

二00五年五月二十三日

另还有一份文昌庙张贴的通知：

各位游客同志周知：

接县计经委通知，我文昌宫研究决定，凡买门票者，每张门票伍元，愿敬香裱者，每份香裱伍元，请游客自觉自愿购买门票或香裱。

特此通知。

河西文昌宫民管会

二00七年十二月二十三日

从以上相关文件可以看出，文昌宫已成为贵德县的主要旅游景点，政府有关部门重视其旅游开发。

据贵德文昌宫管委会成员介绍说，除信徒外，游客主要以西宁和内地的人居多，也有外国游客。他们按县政府的文件收取门票。每月门票收入约 800 元，在五一等节假日期间收入较多。

贵德六月会的仪式过程在上文已有详细的描述。接下来介绍一下贵德六月会的旅游和经济效益。

六月会是贵德地区除春节以外最大的节日，是在当地宗教仪式的基础上形成的。随着社会文化的不断变迁，六月会的宗教属性慢慢淡化，逐渐向世俗文化靠拢，以适应社会的发展。据当地的老人们讲，他们小的时候，六月会主要是跳神仪式，无其他活动，后来不知是从什么时候开始，六月会变成了物资交流大会。这种局面也维持了很长时间，直到 2002 年才恢复了原来的宗教仪式，变成了宗教活动与物资交流合而为一的大型集体活动，在青海省境内久负盛名。贵德县政府也以此为契机，招商引资，增加地方经济收入。六月会一般为 6 天，在此期间，除了贵德县以及省内的商家参会外，浙江、四川、甘肃等地的商家也千里迢迢来到此地做生意。商品琳琅满目，从民族用品到时尚用品应有尽有。还有外地的杂技魔术和各种歌舞表演团体进行演出。贵德县政府的有关部门也利用此机会，大搞宣传活动，张贴有关党的方针政策方面的图片资料，进行科技、医疗咨询服务等公共活动。参会的有汉、藏、回、土等各族群众，涉及全省各地，还吸引了众多外地游客和部分外国人。他们一边观看跳神仪式，一边购物消费。六月会为当地的旅游和经济发展起到了积极的作用。

在六月会期间，除六月二十二日的跳神活动外，农牧民群众自发组织举行藏族“拉伊”（“拉伊”属藏族鲁体民歌的一种。“拉”字为“山”之意，“伊”字有“歌”之意，两字连起来，即是“山歌”的意思。所唱内容多为爱情题材）会。在六月会上有很多大小不等的“拉伊”会。一般是年轻人们聚在一起，男女对唱“拉伊”。通过这个平台结交异性朋友，自由恋爱。六月会为广大年轻人提供了一个交际互动的舞台，颇受当地年轻人的青睐。除娱乐外，民族的岁时节庆习俗也具有一定的社交性质。这种社交性主要表现在青年男女交友方面，而且是为本民族群众所公认的。[1]

六月会已成为贵德县旅游开发、招商引资、文化交流的重要平台，为贵德县的经济发展、文化繁荣起到了很大的推动作用。

热贡六月会是安多藏区最大的宗教节日，现已成为青海省的宗教文化旅游品牌，在国内外有一定的知名度。每年六月会期间，有大量外地和国外的游客到热贡观光旅游。热贡苏日乎村的六月会，就是以文昌神为主的祈神活动，吸引了众多游客。游客们的文化旅游带动了当地的餐饮、住宿、交通、民族工艺品等行业的发展，为当地经济发展注入了新的活力。

---

① 林耀华主编：《民族学通论》，454页，北京，中央民族大学出版社，1997。

第九章　结　论

一、文昌神信仰的文化特征

（一）文昌神信仰的本土化

在人类文化史上，接受或引进一种全新的文化体系，都要选择一种适合自己文化的最佳方式来进行。文昌神信仰作为一种宗教文化现象，传播到安多藏区后，与藏传佛教巧妙融合，并以藏族传统文化的外相和符号在藏民族中流传。人们选择文化的本土化方式，有选择性地对文昌信仰文化进行了藏传佛教化改造。其主要表现在以下几个方面：

1. 将文昌神接纳吸收到藏传佛教神灵体系之中

在藏区有许多地方保护神，他们以山神的形象出现在人们的视野中。在西藏，任何一座山峰都被认为有神灵居于其上。文昌神传播到安多藏区后，被称为“阿尼尤拉”，将其归入地方保护神之列。“尤拉”是藏族对地方保护神的总称，而非是某一神灵的名称。在安多藏区，称呼地方神时一般在其名称前冠以“阿尼”，表示敬意。如阿尼玛沁、阿尼年钦等等。关帝是以护法神、战神和财神的形象展现在藏族民众面前，因此藏族民众就给关帝起了一个恰如其分的藏族名字叫“格萨尔杰布”，当然民众无需引经据典考证关帝与格萨尔的历史渊源，只是两者功能相同，他们能像对待自己熟悉的英雄形象格萨尔那样对待、接纳陌生的关帝即可。[①] 同样的道理，陌生的文昌神出现在藏族民众前，人们起了一个既恰当又易记的藏族名字“阿尼尤拉”，如此，藏族民众很容易接受这位陌生的异地神灵。

地方保护神离藏族民众的生产生活最近，与人们的日常生活息息相关。如此，将其作为地方保护神的行列，更容易得到普通百姓的了解和崇拜而没有陌生感。然而这种定位，加剧了文昌神藏传佛教化的进程。关于这一点，班班多杰先生的《汉地佛教与藏传佛教本土化之历史考察》一文中有这样一段引文：据《莲花生大师本生传》记载，在藏传佛教前弘期修建桑耶寺时，赤松德赞王邀请莲花生大师前来吐蕃扶正抑邪、降妖除魔，以便为创建佛教道场，弘扬佛法鼎力相助。莲花生大师一踏上雪域藏土，就遭到了吐蕃十二丹玛（女仙）为首的千千万万妖魔鬼怪的阻截，但都被莲花生一一降伏。并在雅鲁藏布江畔的海保日山上，召集了当时吐蕃境内的所有山神妖魔，命令“非人二十一居士，永宁地母十二尊，雪山崖苯之神鬼、食香、瓶腹鬼、龙王和夜叉、八大曜星、二十八星宿，各从山谷与河水中打捞搬出土石来”，遵照佛陀的十善法行事，协助赤松德赞创建佛寺。这些山神妖怪不敢违背，各个应允奉行，后被莲花生收服，成为佛教的护法神。这些充斥着神话气味的史料说明：莲花生大师为了让陌生的佛教以熟悉的面孔出现在藏族人的眼前，把藏族地区流行的山神、鬼怪、妖魔以及祭祀它们的仪轨、

① 加央平措：《关帝信仰与格萨尔崇拜》，载《中国社会科学》，2010（2）。

制度统统纳入了佛教的庞大体系之中，使之成为佛教的有机组成部分，这加速了佛教在藏族地区本土化的进程。[①] 对关公的认可和改造，与其他藏传佛教大师们改造高原土著神灵为佛教护法神的模式基本上是相同的。这一方面表现出藏传佛教的一种博大、宽容和融合精神，即藏传佛教的神灵体系中，并不排斥那些影响巨大的原始的地方神灵、由人的冤魂而变成的赞神以及其他民族的地方神，只是要对这些神灵按佛教思想加以改造，净化其精神中的恶的一面，使其止恶行善，服务于佛教，成为佛教的护法神。[②] 文昌神也是在这种文化发展模式的影响下，自然而然地成为安多藏区的地方保护神的。

在历史上，文昌神既是儒释道三教尊奉的大神，又是梓潼的地方保护神，并且在职能上还是一位文神。在安多藏区，藏族民众称他为“阿尼尤拉”，认为是黑文殊菩萨的化身，是安多藏族部分区域的地方保护神。这种恰如其分的称谓和功能上的相似性，涵盖了道教文昌神的基本特征，这种比附和转化达到了契合无间的程度。

2. 对神灵形象的改造

在安多藏区，文昌神形象的塑造与道教神灵差异很大，直接受到了藏传佛教神灵的影响，甚至成为藏传佛教神灵的翻版。文昌神身着藏族服饰，形貌酷似藏传佛教神灵。我在上文也提到过，有些文昌神的形象与莲花生大师一模一样。这种文化的发展模式，在藏族历史上是有先例可循的。佛教在藏地的本土化过程中也选择了对神灵形象改造的方式。据《贤者喜宴》载：

---

① 班班多杰：《汉地佛教与藏传佛教本土化之历史考察》，载《中国社会科学》，2004（5）。

② 才让：《藏传佛教信仰与民俗》，124 页，北京，民族出版社，1999。

赞普等在商议修建桑耶寺时，雕塑佛像的工匠说："印度、汉地之中选哪国风光修建?"堪布寂护说："佛法出自印度，故按印度风格修建。"赞普说："若按照吐蕃风格修建，对喜好苯教的吐蕃民众转而信奉佛教有好处，所以按吐蕃风格雕塑佛像。"这样便召集全体蕃民，按照吐蕃风格雕塑吐蕃人形象。找模型时召集蕃民，从中选出了体形较好的库・达察为模特，修建阿利叶巴洛州喀热萨波尼；以塘桑达伦为模型，右造六字真言；以玛桑贡为模型，雕造马头明王门警；以天女形象的窈窕淑女觉热王妃拉布曼为模型，右塑度母像；以觉热妃为模型，左造具光佛母像。[①] 这段话表明，文昌神与佛教在藏区的本土化有着异曲同工之处。

藏族群众用自己熟悉的格萨尔的形象来对待、接纳关帝信仰，而且这一文化现象被藏族高僧智者和能工巧匠升华、提炼后塑造成藏式关公形象，即格萨尔化的关帝塑像。以藏族本土的文化资源来连类、比附内地的儒释道文化，以此为思想铺垫，让藏人接受关帝信仰。这表现了藏族人民接受、融合外来文化的一种方式和路径，这也是异质文化本土化的一个规律。[②] 这也是文昌信仰本土化的规律。

3. 文昌神信仰和仪式的藏族化

文昌信仰传播到安多藏区后，藏传佛教高僧将其供奉为护法神，撰写各种祈愿文和酬补经，为新建的文昌庙开光加持；普通僧人经常念诵各种文昌经文，从事文昌信仰方面的宗教法事和仪轨；一般信徒按藏传佛教的仪式祭祀、祈祷文昌神，并

---

① 转引自班班多杰：《汉地佛教与藏传佛教本土化之历史考察》，载《中国社会科学》，2004（5）。

② 加央平措：《关帝信仰与格萨尔崇拜》，载《中国社会科学》，2010（2）。

且在藏传佛教的羌姆和唐卡中也出现了文昌神的形象。

在仪式的藏族化方面，以安多藏区的贵德六月会最为典型。文昌神信仰在藏族地区传播的过程中，汉地的文昌迎神会也以六月会的面孔出现在藏族人的生活中。我们比较这两种仪式，就会发现整个仪式的过程基本相似。只是举行的时间、服饰、道具等细节方面有所不同。而且在六月会的仪式中添加了许多藏传佛教文化的因子。这种嫁接移植，巧妙地吸收外来文化的方式，使汉地的文昌神仪式藏族化、藏传佛教化了，也丰富了藏文化。也就是说，文昌神信仰的两个基本范畴，即信仰和仪式，都是在藏传佛教的影响下得到了当地民众的信仰，并且在日常的宗教生活中付诸实践，这些在本论文的第三章和第四章中得到了充分的体现。

文昌信仰在安多藏区的传播过程中，与藏传佛教文化进行了不断的互动，从一开始的冲突、碰撞，逐步地相互采借和吸收，到最后的重构与整合，实现了文昌神的藏族化。原来渊源不同、性质不同以及目标取向、价值取向不同的文化，经过相互接近、彼此协调，在内容与形式、性质与功能以及价值取向、目标取向等方面不断被修正，发生变化，特别是为共同适应社会的需要，往往渐渐融合，组成新的文化体系。[①] 从古到今，世界思想文化及意识形态交流史表明，在不同时代，不同地域，不同民族中产生和发展起来的不同系统的文化终究是不同的，二者相逢，待到接触稍深，实质性的不同逐渐发现，冲突便会随之而起。在其互相斗争的过程中，人们不会轻易放弃已经获得的东西，尤其不会放弃对他们有利的成分，并要大量地兼容并蓄，择善选优，其手段包括引进、学习、吸收、篡改、抄袭、

① 司马云杰：《文化社会学》，306 页，北京，中国社会科学出版社，2001。

搬运。因而，思想文化上的斗争，其结局，不会导致同归于尽的惨境，也难得见一个彻底灭绝另一个，在一般情况下，多是伴随着冲突或在冲突后，发生以较先进或较浓厚的文化为主体的融合，而出现新的或不伦不类的混合型文化。[①] 这段话道出了文昌神在安多藏区的境遇和本土化的过程。这不仅是人类文化发展的规律，也是藏民族对待外来文化的一种姿态和范式。

关于这一点，我的导师在我开题报告的评语中写了如下一段话：文昌信仰研究是一个具有多重学术研究价值的话题。首先，从文化研究的角度讲，它以多元互动、和谐包容的范式，消除了单一文化模式的自闭与自大。文昌信仰在安多部分藏区的形成与发展，一方面体现了藏族文化自信与宽容的气度，使她具有敢于接纳“他者”的勇气。这段话对我很有启发，并简明扼要地总结了藏族文化发展的模式。文昌神信仰延续和传承了藏族几千年来积累的文化发展模式，充分印证了藏族文化的包容性和不断吸收新文化的勇气，这对于探讨藏族文化的输出与输入，如何继承传统文化和应对外来文化，如何处理传统与现代的关系等问题，具有很大的启迪和借鉴意义。

文昌神信仰在安多藏区进行本土化的同时，也选择性地保留了道教的部分信仰特征和仪式过程。如果从形式到内容不加任何改变，就不可能得到当地信仰藏传佛教的广大藏族老百姓的接纳和信奉。没有当地老百姓的接纳、煨桑、抽签算卦、顶礼膜拜，就很难谈得上汉地文昌神信仰真正传播到藏族地区，也很难保证在广大藏族地区流传至今。

---

① 班班多杰：《藏传佛教思想史纲》，108 页，上海三联书店，1992。

（二）文昌神信仰的多元文化整合特征

每一种文化在其发展过程中，都要与其他文化发生关系，并在与其他文化相互间的吸收、整合、调适中，才能有所发展、创新，这是文化整合的过程，也是人类文化发展的规律。

文化整合实际上是不同的文化重新组合。原来渊源不同、性质不同以及目标取向、价值取向不同的文化，经过相互接近、彼此协调，在内容与形式、性质与功能以及价值取向、目标取向等方面不断被修正、发生变化，特别是为共同适应社会的需要，往往渐渐融合，组成新的文化体系。[①] 文昌神信仰在安多藏区传承的过程中，与藏传佛教、苯教、地域文化进行了广泛的互动和调适，并逐渐整合为一种新的文化体系，显示出了多元文化整合的特征。

1. 神灵形象方面的整合

在安多藏区，文昌神的形象发生了巨大的变化。根据第三章关于文昌神形象的特征及分类，文昌神的形象大致分为：藏式、汉藏合璧式和汉式，其中汉藏合璧式是最为常见和普遍的。汉藏合璧式文昌神的相貌基本未变，但身穿藏式袈裟、头戴皮帽，手持藏传佛教法器等都具有藏族文化特色。关于文昌神的形象，在藏传佛教大师的笔下是这样描述的：金脸厉神尤拉，神情庄严，华丽而矜骄，两手扶膝，上身着黄色披风和锦缎美衣，汉式装扮，脚穿汉式黑鞋。坐于金榻，姿态优美。意之化身厉神翰巴尤拉身姿白里透红，威严而愤怒，右手高举闪火花的剑，右手握绳套和敌人的心脏；腰间挂装满箭的箭袋和豹皮

① 司马云杰：《文化社会学》，306页，北京，中国社会科学出版社，2006。

弓袋；上身着黄色披风和锦缎神衣，脚穿汉式黑色皮鞋；骑瞬间转三千世界的白骡飞翅，在其上空的白云间，有父罗刹和母龙女的装扮者，坐于有蛇之水的坐垫；右边是翰巴梓潼，左边是翰巴拉果；前面是四位大臣；周围是干事十二日郎，侍从三十，屠夫一千，另无数化身围绕。[1] 显然是一副佛道融合的众神图。

文昌神的属神魁星，藏语称为“翰巴梓潼”，这个名字就是汉藏合璧式的。魁星的形象，在藏文化的影响下，俨然一副藏传佛教神灵的模样。翰巴梓潼一身黑蓝色或黑色，生有一面、三眼（有的是双眼）、二手。他的右手高举毛笔，左手呈于胸前，持一本长条经书。面孔呈怒相，眼睛大而圆，张着大嘴，獠牙龇露，头发直立，呈红色，有骷髅头冠。两耳佩带大耳环，戴有白色或黄色项链。胸前挂一块铜制的胸镜，胸镜的中央写有“宏”字。右脚踩一只鳌头，右腿朝后翘起。而道教的魁星右手高举朱笔，左手执“富贵花”，右脚直立鳌头，左腿朝后翘起。魁星赤发怒目，面部凶恶狰狞，青面獠牙，上身着红色短披，胸前挽结，下体着红色短裤，胸、腹、腿裸露，肌筋暴胀。蓝色风带从头顶飞绕脚下，大鳌尾部有腾起的海浪和五色祥云，右膝上为方孔金钱。比较两者，容易发现魁星塑像整合的过程。

另外，在安多藏区的文昌庙宇中，还有关帝、王母娘娘、妈祖等诸多其他道教神灵，他们的形象也不同程度地受到藏文化的影响，表现出佛道整合的神灵形象特征。

2. 庙宇建筑方面的整合

根据实地调查的资料，安多藏区的文昌庙有独立的文昌庙、

---

① 哈萨纳丹巴坚参：《大神尤拉酬补祈请法·任运成就》，藏文手抄本，由笔者藏译汉。

与佛教寺院合建的庙宇、与玛尼康等合建的庙宇和神庙等四种形式。其中，独立的文昌庙的建筑风格汉藏融合，颇具特色。

贵德文昌宫是安多藏区规模最大、时间最早的文昌庙，其建筑主体具有道教道观的特征，而且与文昌祖庭——四川绵阳七曲山大庙非常相似。笔者与其庙管访谈时了解到，他们曾经两次去过七曲山大庙，并详细了解建筑风格，贵德文昌宫是仿照七曲山大庙修建的。虽然是模仿，但没有全盘复制，而是加入了许多藏文化特质，如经幡、金顶、煨桑台等。热贡地区隆务镇的苏乎日村建有一座神庙，称为“诸金刚降魔神殿”。其中有文昌神及其他守护神。神殿位于苏乎日村中央，有两层，绿色琉璃瓦建筑，藏传佛教的特色不明显。据村里的老人讲，这座神殿主要供奉文昌神，因此神殿也颇具汉式建筑风格。一层为地方神或地域守护神，楼上是藏传佛教诸神灵。

关于文昌宫的建筑特点，在藏文祈愿文中写道：祭祀位于缓缓流淌的大河之滨、位于巴则雪山之巅、位于果拉斗拉沟的汇合处、位于八部神殿的上空、位于白色宫殿之内、位于蓝砖青瓦的宝座、位于翠绿色宫殿的、赤噶翰巴之王——阿尼尤拉！从这段文字可以看出，佛教大师笔下的文昌宫也具有汉藏文化结合的建筑风格。

3. 多元祭祀仪式的整合

在安多藏区，不仅文昌神的形象发生了巨大的变化，而且文昌神的祭祀仪式也整合了多种文化的因素。安多藏区文昌神信仰是苯教和藏传佛教整合的产物，人们对它的信仰和祭祀，也采用了佛苯结合的方式。在这方面，以文昌神的煨桑仪式最为典型。煨桑是藏族的一种古老习俗，是苯教的祭祀仪式，旨在驱除污秽之气。藏传佛教吸收和融合苯教之后，这种仪式被保留下来，但其用意不仅仅是驱除污秽之气，而主要是祭神祈愿。文昌神的煨桑仪式是多元文化的融合。汉地的文昌神没有煨桑的仪式。在安多藏区，祭祀仪式有荤祭，又有素祭。有些地方还要烧汉族的黄表纸。在藏文祈愿文中也有相关的描述，依照汉族习俗，供有画纹的黄纸钱、金银的马蹄模具、各种香、烧纸祭箭、烛火等。由此可见，文昌神来到安多藏区后，祭祀活动吸收了苯教和藏传佛教的祭祀仪式，整合成了全新的多元的祭祀仪式。

在仪式方面，文昌神信仰仪式还吸收了苯教的降神仪式，藏传佛教的放生仪式和羌姆等宗教仪轨。同时，每年在安多藏区贵德举行的六月会，是佛道整合的典型个案。贵德六月会是以文昌神和二郎神为祭祀神灵，在贵德县城附近黄河之滨的西河滩，于每年的农历六月二十二举行的集体性宗教节日。其仪式活动的服装、道具及其仪式过程与汉地举行文昌神的仪式——迎神会如出一辙。只是在贵德地区，六月会的仪式具有多元文化整合的特征。迎文昌神的全体人员着道士服，代表着道教文化，而迎二郎神的人员却穿着藏服，代表着藏文化。这两者结合到一起，便形成了佛道、汉藏融合，颇具多元文化特色的六月会。

4. 多元的供奉体系

文昌神庙宇的供奉体系，具有多元整合的特征。贵德文昌宫内神灵众多，名目繁杂。其内供奉有佛教、道教、苯教和民间崇拜的神灵。如佛陀、马头明王、黑文殊菩萨、火神、牛王等藏传佛教神灵；文昌神及其属神、城隍爷、王母娘娘、关公、赵公明等道教神灵；阿米加堂、八扎爷等地方神灵；护法神翰巴拉果（羊师大将）、山神等苯教神灵。还有十世班禅大师和其他一些藏传佛教高僧的唐卡和照片，形成了共同供奉佛、道、民间神灵的供奉体系。他们同处一庙，有的同处一殿，和谐相处，共同佑护着当地的山山水水和一方民众，表现出多元供奉体系的特征。

在安多藏区，一些文昌庙和佛教寺院合建在一起，形成了藏传佛教诸神和文昌神并存的特殊神灵供奉体系。化隆的卡夏德寺由文昌神殿、护法神殿和卡夏德佛塔三部分组成。其中，文昌神殿内供奉有主神文昌神及伴神翰巴梓潼和翰巴拉果，殿门外侧是诸葛亮、关羽等四位大将的壁画。还有两位当地的地域守护神的壁画。护法神殿内主要是宗喀巴三师徒、六手大黑护法神、马头明王、大威德金刚等护法。卡夏德塔的塔底四周都建有佛堂和转经筒，主要供奉有佛陀、观世音菩萨、色康巴活佛等。由此可见，多元的神灵供奉体系是藏区文昌庙的基本特征。这种体系，显示出藏传佛教神灵和文昌神并行不悖、和睦相处的原则。

二、藏文化视野中的文昌神信仰

文昌神信仰通过本土化的文化传播方式在安多藏族地区地区得到发展，形成了比较独特的宗教文化现象，是藏传佛教高僧大德与僧俗百姓以本民族文化自身内在逻辑发展的认知对外来文化内在性交融的典型个案。[①] 藏族文化在其发展的历史进程中，不断吸收外来文化，为藏族文化注入新鲜血液，从而形成了内容丰富、形式多样的文化体系。面对外来文化，藏族文化用自身的内在逻辑加以认知和理解，并在藏族文化体系中给予适当的位置，从而使藏族人以藏族文化的符号接受这种外来文化。文昌神信仰虽然在安多藏区影响较大，在藏族文化体系中

① 加央平措：《关帝信仰与格萨尔崇拜》，载《中国社会科学》，2010（2）。

占有一席之地，但面对强势的藏族文化，文昌神信仰处处依附藏族文化而存在，其对藏族主流文化的影响微乎其微。因此，文昌神信仰在藏族文化体系中以两种方式存在，即与藏传佛教并存的关系和与藏传佛教的等级关系。

（一）民间守护神信仰与藏传佛教的并存关系

藏传佛教在藏族文化中占主导地位，是藏族的正统文化。我们在讨论藏族宗教时，往往提到藏传佛教，而忽视了民间守护神信仰体系，从而导致许多人不能全面了解藏族宗教，并且产生认识层面的误区。如果要获得对藏族人民生活的完整理解，就必须对潜藏在藏族人民生活背后的文化的深层结构与逻辑加以考察，而无论忽略了佛教和民间守护神两者中任何一方面的内容，都会对理解藏族人民的生活模式带来困难。[①] 因此，我们有必要将藏传佛教和民间守护神信仰结合一起进行探讨。

藏传佛教神灵从宏观上分为世间神和出世间神两大类，作为世间神的文昌帝君，在民间守护神体系中有一定的地位，但其未真正纳入藏传佛教神灵体系之中，他只是担负着护卫佛法、维护佛教教义的职责，而没有救赎众生以达解脱的终极目标的能力，他的这种使命也是佛教赋予的。其在藏传佛教神灵体系中处于从属地位，始终受藏传佛教的牵制。并且在藏传佛教皈依法中，有僧不拜世间神的信条。在人类生存的世界里，人们既要面对世俗的事情，又必须追求人生的终极意义。民间守护神便承担起关注现实生存的职责，帮助人们解决世俗世界里遇

① 索端智：《藏族信仰崇拜中的山神体系及其地域社会象征》，载《思想战线》，2006（2）。

到的各种困难，而佛教则使人获得人生的意义及追求彼岸世界的至高境界。这种双重信仰，体现了人们对现实与彼岸、入世和出世的信仰需求，从而形成了藏传佛教和民间守护神并存的信仰格局。

（二）文昌神信仰与藏传佛教的等级关系

从宏观角度看，在安多藏区，文昌神信仰和藏传佛教之间形成了两者兼容并包的信仰格局。但是也不难发现，在藏传佛教处于强势文化的背景下，文昌信仰为了发展而不至于消亡，处处迎合和依附藏传佛教，形成了文昌神信仰与藏传佛教间的从属、主次、中心—边缘的等级关系。其主要表现在以下几个方面：

1. 藏传佛教僧人的认可

首先，我们看几则有关文昌神起源的民间传说：（1）认为文昌神是黑文殊菩萨的化身。（2）据说是塔尔寺寺主、藏族著名高僧阿佳活佛将文昌神供奉为护法神，由此传到藏区。（3）据说藏族著名高僧色康巴·洛桑丹增嘉措大师曾在卡夏德（今化隆县境内）地方坐禅静修，见当地人生性懦弱，认为需要一位威力无比的神来护佑，遂选择了文昌神，派人从贵德文昌庙将文昌神迎请至此处。从上述传说可以看出，文昌信仰在安多藏区的传播过程中，得到藏传佛教界高僧大德的认可和信仰，并将其纳入护法神或地方保护神灵体系之中，然后在他们的扶持和推崇下，这一信仰逐渐传播到民间，得到广大藏族民众的认可和崇信。笔者在调查中发现，几乎每座文昌庙都与藏传佛教僧人有着密切的联系。有些庙是在高僧的主持下修建的，有些庙则按高僧们的意愿修建。每一座新文昌庙建成后，必须邀请高僧大德开光加持。从而看出，文昌神信仰在安多藏区的传播和扎根，必须得到藏传佛教的认可，才能生存和发展。

2. 藏传佛教的神灵观决定了文昌神与藏传佛教的等级关系

佛教传入安多藏区后，在与苯教和藏族本土文化的碰撞、整合、重构的过程中，把苯教和地方的诸多神灵作为其护法神或地方保护神，以传播、维护其教义。从而，藏传佛教也逐渐成为神灵体系庞杂、名目繁多的宗教信仰体系。但是，诸多护法神都担负着护卫佛法、维护佛教教义的职责，而未能在佛教中占据主要的地位。在藏传佛教皈依法中，还有僧不拜世间神这一说法。与其他护法神一样，文昌神同样在藏传佛教文化的舞台上扮演着保卫佛法或护佑一方的角色，处于比较次要的位置。在藏区，大多数信徒都知道，护法神或地方神灵主要管理今世的事务，而佛教的神明以终极关怀为主。在青海海南藏区，有“文昌管今生，佛教管来世”的说法。笔者在贵南茫曲镇文昌庙调查时，庙管僧人说，在藏传佛教寺院内修一座文昌庙，主要是迎合了当地民众宗教信仰的需求，佛教以出世为主，他有救赎和帮助人类解脱的能力，可地方神灵处在六道轮回中的“非天界”，他自身尚未解脱，处在轮回之中，也就没有救赎和帮助人类解脱的能力。由此可见，不管是藏传佛教僧人，还是一般信徒都认为，文昌神是世间神，掌管世间俗事，而佛教神明则相反。神明的功能迥异，人们对此的看法也不同，文昌神的这一功能导致了其从属的地位。这主要是受藏传佛教神灵观的影响而导致的。

3. 从文昌庙的建筑风格和神灵布局可看出其从属地位

首先，我们看看文昌庙内的神灵布局。笔者在调查过程中发现，文昌庙内所供奉的主神是文昌神，但在其顶部或后面的墙上，置一佛陀、莲花生大师、黑文殊菩萨等的小塑像或壁画。

藏传教寺院内神灵的布局是很讲究的，它不是随心所欲置放的。从上述这一布局看，文昌庙内文昌固然是主神，但其上面还有藏传佛教的神明，从而显现出神明的主次之布局，充分说明了藏传佛教神明与文昌神的从属关系。其次，从建筑的布局看，除独立修建的文昌庙外，藏传佛教寺院或嘛呢康内修建的文昌庙，都处在整个庙宇的侧面或大门内侧，而主殿则供奉佛教神明。因此，从神明和建筑物的布局可以看出，文昌神在藏传佛教神明体系中所处的位置。

三、道教与藏传佛教的关系

道教和藏传佛教都是中国的宗教，前者主要继承了内地的古代宗教和文化，形成地主要为汉族地区，后者主要由印度佛教和西藏苯教融合而成，形成地为藏族地区。在历史上，两者之间进行了不同程度的交流，对彼此有一定的影响。

关于道教与藏传佛教的关系，首先要从苯教与道教的关系说起。王尧先生认为，“賨王”的封号与賨人是藏族的一支有关，并根据《晋书·李特载记》中的记述：“汉末，张鲁据汉中，以鬼道教百姓，賨人敬信巫觋，多往奉之。”进而认为道教在早期藏族社会中产生影响。[①] 并根据相关藏文史料和敦煌古藏文记载，早期道教的阴阳五行思想、九宫八卦义理曾在藏区流行，后影响到苯教的仪轨。朱越利先生在《藏传佛教与道教》一文中认为：苯教和道教之间有很多相似之处，主要有四点：第一，苯教垒石为祭坛的做法，令人想到中原地区自先秦开始的巫祭和封禅之坛。

① 孙悟湖：《汉族、藏族、蒙古族宗教思想文化交流研究》，89页，北京，中央民族大学出版社，2006。

第二，苯教贵数字“九”，认为天和地皆有九层，创世之神有九位。按照中原文化的阴阳说，偶数为阴，奇数为阳，“九”为阳数，故《周易》八卦的阳爻称为“九”。第三，苯教宣称人体内附有战神、阳神，他们是人最重要的保护神。这令人想到道教存思人体内各部位各器官众多的神灵并服气的方术。第四，“参”被苯教说成是女神向大地吐下的药物唾液，具有万能的解毒的功能。这令人想到道教修炼方术和祈禳法术中对叩齿、咽唾液的重视。[①] 藏族史书《土观宗派源流》中记载：道教的教主为老君，先师汤吉勤巴说，老君与苯教教主敦巴辛绕为一人。[②] 由上述文献可见，道教和苯教的某些神灵系统、宗教功能、仪式方面有很多相似之处，并且进行了一定的交流。

道教传入雪域藏土最早可追溯到唐朝文成公主入藏时期，文成公主入藏，带去了道教的地脉风水五行等思想。历史上道教与藏传佛教的正面接触，应该是元代时期。在元代，佛道之间进行了一场史无前例的辩论。自1255至1258年，佛道之间共举行了两次辩论。第一次辩论由蒙哥汗主持，佛教方面以那摩国师为首，道教方面以李志常为首。辩论的内容是《八十一化图》的真伪问题，并罗列了全真教强占僧舍、殴打僧人等罪状。第二次辩论，时间是1258年春夏之交，主持人为忽必烈。八思巴国师也参加了辩论，并赢得了胜利。对此《萨迦世系史》记载：（八思巴）前往王宫奉行佛法之时，见有信奉太上老君之教、修习神仙之道士多人，沉溺邪见，害己害人。于是，遵照皇帝之命，八思巴与多年修习道教的道士辩论，折服了所有的

① 朱越利：《藏传佛教与道教》，载《中央民族大学学报》，2000（4）。

② 土官·洛桑却吉尼玛：《土观宗派源流》，412页，兰州，甘肃民族出版社，1984。

道士，使他们出家为僧，持佛教正见。[①] 这一事件，加深了佛道彼此的了解，也是一次文化交流的结果。之后的明清时期，尤其在清代，关帝、文昌帝君、二郎神等道教神灵逐渐传播到包括安多在内的其他藏区，被吸收进藏传佛教的护法神灵体系，成为护法神或地方保护神。藏传佛教高僧大德用藏文撰写了道教神灵的历史以及众多祭祀祈愿文，并翻译了道教典籍《文昌帝君阴骘文》，将道教与藏传佛教文化的交流不断深入和深化。

综观道教与藏传佛教关系的历史，从唐以前苯教与道教的初次接触，到元代佛道之间的冲突，之后到明清时期藏传佛教与道教的融合，它们之间既有冲突，又有融合，在不断的互动和整合中，形成了一种比较独特的宗教文化体系。文昌神作为道教的主要神灵之一，其在安多藏区传播和发展的历程，正是道教与藏传佛教交流的真实写照。安多藏区的文昌神信仰不仅反映了藏族宗教文化的多元性，而且体现了道教与藏传佛教可以和睦相处的关系。道教与藏传佛教文化在特定的时间和空间下，进行长期碰撞、交融，形成了“你离不开我，我离不开你；你中有我，我中有你”的民族文化亲缘关系，体现了多民族文化“和而不同”的相处原则。

安多藏区的文昌神信仰个案，不仅仅对藏文化与他文化的关系、藏文化接受采纳异文化的方式和路径等方面有许多的启发和价值，而且对一个多民族国家中具有不同文化传统的民族如何和睦相处，如何进行文化交流，如何和谐发展等问题，也具有非常重要的意义。本书为读者提供了一个可供借鉴的典型个案。

① 孙悟湖：《汉族、藏族、蒙古族宗教思想文化交流研究》，221 页，北京，中央民族大学出版社，2006。

附录：部分藏文文昌神祈愿文

一、五世达赖阿旺洛桑嘉措《酬补祈供上神尤拉法》

༄༅། །ལྷ་མཆོག་ཡུལ་ལྷའི་བསྐང་གསོལ་བཞུགས་སོ། །༄༅། །དཔལ་ཕྱག་ན་རྡོ་རྗེ་ལ་ཕྱག་འཚལ་ལོ། འདིར་ལྷ་མཆོག་ཡུལ་ལྷའི་རྒྱལ་པོ་ལ་བསྐང་གསོལ་གཏོང་བར་འདོད་པས། རང་ཉིད་ཡི་དམ་གང་རུང་གི་སྒོ་ནས། ཨོཾ་སྭ་བྷཱ་ཤས་སྦྱངས། སྟོང་པའི་ངང་ལས་རང་ཉིད་ཡི་དམ་དུ་གསལ་བའི་མདུན་དུ་འཇའ་ཚོན་སྣ་ལྔའི་འོད་ཟེར་འཁྲིགས་པའི་ཕོ་བྲང་ན་སྒྱུར་མགྱོགས་ཤ་འབེན་ཡུལ་ལྷ་གཉན་པོ་འཛིགས་སུ་རུང་བ་སྐུ་མདོག་དཀར་པོ་ཞི་བའི་ཉམས་ཅན་འཛུམ་ཞིང་དམར་ལ་ཀླུམ་པའི་

སྤྱན་གཉིས་སྤྱང་མིག་ཏུ་བགྲད་པ། སྨིན་མ་དང་སྨ་ར་དབུ་སྐྲ་ནག་ཅིང་འཚེར་བ། སྲིན་པོ་ཁྲོས་པའི་ཆ་བྱད་ཅན་དབུ་ཞྭ་ནག་པོ་གསེར་རིལ་དབུ་ལ་བསྣམས་པ། གཡས་མདུང་དཀར་པོ་ནམ་མཁའ་ལ་འཕྱར་ཞིང་། གཡོན་འདོད་དགུའི་བུམ་པ་ཐུགས་དཀར་འཛིན་པ། སྐུ་ལ་ཟ་འོག་གི་བེར་ཆེན་ནག་པོ་གསོལ་བ། གསེར་གྱི་སྐ་རགས་དང་སག་ལྷམ་ནག་པོ་གྱོན་ནས་དྲེའུ་རྐྱང་དཀར་སྟེང་ན་འགྱིངས་ཤིང་བཞུགས་པར་གྱུར། དེའི་འཁོར་དུ་གསང་ཡུམ་སྔོན་པོ་ཛ་འདྲེན་ཚང་འདྲེན་དམག་མི་དཔག་ཏུ་མེད་པའི་འཁོར་གྱིས་བསྐོར་བའི་གཙོ་འཁོར་ཐམས་ཅད་ཀྱི་སྤྱི་བོར་ཨོཾ་དཀར་པོ། མགྲིན་པར་ཨཱ་དམར་པོ། ཐུགས་ཀར་ཧཱུྃ་སྔོན་པོས་མཚན་པར་གྱུར། བདག་ཉིད་ཀྱི་ཐུགས་ཀའི་ཧཱུྃ་ལས་འོད་ཟེར་འཕྲོས་པས་རྒྱ་བོད་གཉིས་ཀྱི་ས་མཚམས། ཁྲི་ཀའི་ཡུལ་ལྷའི་ཕོ་བྲང་ནས་ལྷ་མཆོག་ཡུལ་ལྷ་གཉན་པོ་འཁོར་དང་བཅས་པ་སྐད་ཅིག་གིས་གནས་འདིར་སྤྱན་དྲངས། བཛྲ་སཱ་མ་ཡ་ཛཛ ར་གསུར་དང་ཚང་ཕུད་དང་གསེར་སྐྱེམས་བཏང་ལ་རོལ་མོའི་སྒྲ་དྲག་ཏུ་བསྒྲགས་ཏེ་སྤྱན་དྲང་། ཀྱཻ༔ རྒྱ་ཡུལ་ཁྲི་ཀའི་ཤ་འབེན་ཕོ་བྲང་སོགས། །གར་བཞུགས་གནས་ནས་མཐུ་ཆེན་དྲེགས་པའི་གཙོ། །མྱུར་མགྱོགས་ཡུལ་ལྷ་གཉན་པོ་གནས་འདིར་གཤེགས། །ཤ་འབེན་ཡུལ་ལྷ་མྱུར་མགྱོགས་རྫུ་འཕྲུལ་ཅན། །ཡིད་ལ་བསམ་པ་ཙམ་གྱིས་དོན་ཀུན་སྒྲུབས། །ཐོགས་པ་མེད་པར་གནས་འདིར་གཤེགས་སུ་གསོལ།། རྒྱ་ནག་ཤིང་མ་ཐེན་ཙེ་ཞེས་གྲགས་ཁྱོད། །བོད་ཡུལ་སྲུང་མ་མཛད་པར་ཁས་བླངས་པ།། རྣལ་འབྱོར་

འདོད་དོན་བསྒྲུབ་ཕྱིར་གཤེགས་སུ་གསོལ། །སྤྲུལ་པ་ཡང་སྤྲུལ་བློན་པོ་དམག་གི་དཔུང་།། གྲགས་མེད་དྲེགས་པའི་འཁོར་ཚོགས་དང་བཅས་པ། །བདག་གིས་མོས་པའི་ཡུད་ཀྱིས་ད་ཆུར་བྱོན། །ཞེས་སྤྱན་དྲངས་པ་དང་། །གདན་འབུལ་བ་ནི། ཀྱཻ༔མདུན་དུ་ཡིད་འོངས་ས་གཞི་ཉམས་དགའི་དབུས། །རྨད་བྱུང་བཀོད་ལེགས་མཛེས་པའི་ཕོ་བྲང་དུ། །གསེར་ཁྲི་དར་ཟབ་བརྩེགས་པའི་གདན་གྱི་སྟེང་། །དགྱེས་པའི་ཚུལ་གྱིས་བརྟན་པར་བཞུགས་སུ་གསོལ། །དེ་ནས་གདུང་ཤུགས་དྲག་པོའི་སྒོ་ནས་བཤགས་པ་བྱ་བ་ནི། ཀྱཻ༔ བདག་ཅག་མ་རིག་ཉོན་མོངས་དབང་གྱུར་པས། །མཆོད་པ་ངན་ཞིང་ཕུ་དང་མི་གཙང་སྦྲགས། །གཏང་རག་དུས་སུ་མ་ཐོངས་པ་ལ་སོགས། །མཐོལ་ཞིང་བཤགས་ན་བརྩེ་བས་བཟོད་པར་མཛོད། །ཡིག་བརྒྱ་ལན་བདུན་བཟློད། དེ་ནས་བསྐང་རྫས་བྱིན་གྱིས་བརླབས་ལ། ཐུགས་དམ་བསྐང་བ་ནི། ཀྱཻ༔ མདུན་དུ་དངོས་སུ་བཤམས་དང་ཡིད་སྤྲུལ་བའི། །དཀར་གསུམ་མངར་གསུམ་ཤིང་ཏོག་འབྲས་ཆན་དང་། །འཁྱུར་བ་ལ་སོགས་བཟའ་བཅའ་བཏུང་བའི་ཚོགས། །བདུད་རྩིའི་རང་བཞིན་རོ་མཆོག་བརྒྱ་ལྡན་འདིས། །ལྷ་མཆོག་ཡུལ་ལྷ་གཉན་པོའི་ཐུགས་དམ་བསྐངས།། བློན་ཆེན་སྡེ་བཞི་བྲན་གཡོག་ཐུགས་དམ་བསྐངས། །སྤྲུལ་པ་ཡང་སྤྲུལ་དམག་མིའི་ཐུགས་དམ་བསྐངས། །ཐུགས་དམ་སྐོངས་ལ་གང་བསམ་དོན་ཀུན་སྒྲུབས། །དྲག་པོའི་ཆུ་གཉིས་ཉེར་སྤྱོད་འདོད་ཡོན་ལྔ། །བཀྲ་ཤིས་རྟགས་བརྒྱད་རྒྱལ་སྲིད་རིན་ཆེན་བདུན།། དྲི་བཟང་བསྲེགས་པའི་བསང་དུད་ཤ་ཚིལ་གསུར། །གཙང་སྦྱར་གསེར་སྐྱེམས་ཞལ་

ཟས་རོལ་མོ་འདིས། །ལྷ་མཆོག་x དོན་ཀུན་སྒྲུབས། །ཧ་དྲེལ་གཡག་ལུག་ཁྱིམ་བྱ་ར་ལ་སོགས། །ཡིད་འོང་སྤྲོག་ཆགས་རྣམ་པ་སྣ་ཚོགས་དང་། །བཅུད་ལྡན་ཁྲག་ཁུ་བསྲེགས་བཙོས་རྫེན་པའི་རིགས། །རི་ལྟར་སྤུངས་ཤིང་མཚོ་ལྟར་བསྐྱིལ་བ་འདིས། །ལྷ་མཆོག་xxxx དོན་ཀུན་སྒྲུབས། །ཁྲབ་རྨོག་ཕུབ་སོགས་གོ་ཆ་སྣ་ཚོགས་དང་། །རལ་གྲི་དགྲ་སྟ་མདའ་གཞུ་མདུང་ལ་སོགས། །སྣ་ཚོགས་མཚོན་ཆའི་ཁྱད་པར་རྫི་སྙེད་དང་། །རྫུ་འཕྲུལ་ཤུགས་ལྡན་བཞོན་པ་སྣ་ཚོགས་འདིས། །ལྷ་མཆོག་xxxx གང་བསམ་དོན་ཀུན་སྒྲུབས། །ཀློག་པ་བྱ་བ་ནི། དགྲ་ལྷའི་རྒྱལ་པོ་ཡུལ་ལྷ་འཁོར་བཅས་རྣམས། །མཐུན་རྫས་མཆོད་གཏོར་ཕུལ་བ་བཞེས་ནས་ཀྱང་། །རྣལ་འབྱོར་ཡོན་མཆོད་མི་ནོར་འཁོར་བཅས་ལ། །དགྲ་དང་ཆོམ་རྐུན་བསམ་ངན་སྦྱོར་རྩུབ་ཟློག། མི་ལམ་ངན་དང་མཚན་མ་ངན་པx ལྟས་ངན་ཆོ་འཕྲུལ་ངན་པ་ཐམས་ཅདx ནད་རིགས་བཞི་བརྒྱ་རྩ་བཞིའི་ངན་པx གདོན་རིགས་སུམ་བརྒྱ་དྲུག་ཅུའི་གནོད་པ་x དུས་མིན་འཆི་དང་ཚེ་ཡི་བར་ཆད་x བགེགས་རིགས་སྟོང་ཕྲག་བརྒྱད་ཅུ་རྩ་བཞི་x ཕ་རོལ་བྱས་པའི་བྱད་ཁ་ཕུར་ཁ་x མཐུ་དང་ངན་སྔགས་རྦད་འདྲེ་རྦད་གཏོང་x མི་འོས་གླེང་འགལ་མི་ཁ་གཏམ་ངན་x བསམ་སྦྱོར་ངན་པའི་གནོད་པ་ཐམས་ཅད་x ཆེ་སྲི་ཆུང་སྲི་ཕུང་སྲི་ངན་པ་x ལོ་ཟླ་ཞག་དུས་སྐེག་རྩུབ་བདུན་ཟུར་x གླུ་དང་ས་བདག་རྒྱལ་པོའི་གནོད་པ་x ཕྱི་དང་ནང་གི་བར་ཆད་མ་ལུསx མདོར་ན་བདག་གིས་དམ་ཆོས་སྒྲུབ་པའི་གེགས། །མི་མཐུན་ཕྱོགས་ཀྱི་བར་ཆད་ཐམས་ཅད་ཟློག།

ཟློག་ཅིག་སྐྱུར་ཅིག་དགྲ་དང་བགེགས་ལ་ཧྲཱྀ བདག་ཅག་དཔོན་སློབ་ཡོན་མཆོད་འཁོར་བཅས་ཀྱི། །ཚེ་དང་བསོད་ནམས་སྙན་གྲགས་ལོངས་སྤྱོད་དང་། །ཆོས་དང་སྲིད་ཀྱི་ཡོན་ཏན་མ་ལུས་པ། །ཡར་ངོའི་ཟླ་བཞིན་གོང་འཕེལ་རྒྱས་པར་མཛོད། །རང་ཡི་དམ་དུ་གསལ་བའི་ཐུགས་ཀའི་ཧཱུྃ་ལས་འོད་ཟེར་འཕྲོས། །ཤ་འབེན་ཡུལ་ལྷའི་ཐུགས་དཀར་ཕོག དེ་དག་གི་ཐུགས་རྒྱུད་བསྐུལ་བས་བདག་གིས་ཅི་འདོད་པའི་ལས་ཐམས་ཅད་ཐོགས་མེད་དུ་སྒྲུབ་པར་གྱུར། ཨོཾ་ནཱ་ག་ཧོར་རན་དེ་བེད་སི་ཧི་མཱུ་ཡེ་སྭཱ་ཧཱ། ཐུགས་ཅི་མང་བཟླས་མཐར་ཡིག་བརྒྱ་བརྗོད། དེ་ནས་ནང་མཆོད་ལྷར་བྱིན་གྱིས་བརླབས་ལ། གཏོར་མ་བསྔོ་བ་ནི། ཤ་འབེན་དེ་བའི་ལྷ་མཆོག་ཡུལ་ལྷ་གཉན་པོ་འཁོར་དང་བཅས་པའི་ལྗགས་འོད་ཟེར་གྱི་སྦུ་གུས་གཏོར་མའི་བཅུད་ཐམས་ཅད་དྲངས་ཏེ་གསོལ་བར་གྱུར། ཨོཾ་ཨ་ཀ་རོ་ཞེས་སོགས་ཁཱ་ཧི་ཁཱ་ཧི། ཞེས་ལན་གསུམ་གྱིས་འབུལ། ཨ་ཀཱྃ་སོགས་ཀྱིས་མཆོད། ཤ་འབེན་དེ་བའི་ལྷ་ཚོགས་ཡུལ་ལྷ་གཉན་པོ་ཧོར་རན་དེ་བེད་ཤིང་མ་ཐེན་ཅེ་རྒྱ་ནག་ཤ་འབེན་འབུམ་ཚོགས་མཐུ་སྟོབས་རྫུ་འཕྲུལ་གྱི་བདག་པོ་དྲག་རྩལ་སྒྱུར་མགྱོགས་ཀྱི་བདག་པོ་འཁོར་དང་བཅས་པ་ཁྱེད་རྣམས་ཀྱིས་དམ་རྒྱན་གྱི་གཏོར་མ་འདི་བཞེས་ལ། སངས་རྒྱས་ཀྱི་བསྟན་པ་སྲུངས། དཀོན་མཆོག་གི་དབུ་འཕང་སྟོད། རྣལ་འབྱོར་ཡོན་མཆོད་འཁོར་དང་བཅས་པ་རྣམས་ལ་ཉིན་གསུམ་གྱི་བྱ་ར་མཛོད། མཚན་གསུམ་གྱི་མེལ་ཚེ་མཛོད། ཚེ་དང་བསོད་ནམས་སྤེལ། དོན་དང་བསམ་པ་སྒྲུབས། སྡང་བྱེད་ཀྱི་དགྲ་སོད། གནོད་བྱེད་ཀྱི་

བགེགས་ཚོགས། བར་ཆད་ཀྱི་རྐྱེན་ཟློག མི་མཐུན་པའི་ཕྱོགས་ཐམས་ཅད་ཞི་བ་དང་མཐུན་རྐྱེན་བསམ་དོན་ཡིད་བཞིན་དུ་འགྲུབ་པའི་འཕྲིན་ལས་མཛོད། བསྟོད་པ་བྱ་བ་ནི། ཀྱཻ༔ གང་གི་བསྙེན་ཅིང་མཆོད་དང་དྲན་པའི་མོད། །ཡིད་ལ་འདོད་པའི་དོན་ཀུན་སྒྲུབ་པ་ལ། །ཐོགས་མེད་མངོན་ཤེས་རྫུ་འཕྲུལ་དྲག་རྩལ་དང་། །ལྡན་པའི་ཡུལ་ལྷའི་དབང་པོ་ཁྱོད་ལ་བསྟོད། །འཇམ་ཁྲོ་བརྗིད་སོགས་སྣ་ཚོགས་རྣམ་འགྱུར་དང་། །སྤྲུལ་བ་ཡང་སྤྲུལ་མྱུར་མགྱོགས་མཐའ་ཡས་ཀྱིས། །སྟོང་གསུམ་གང་ནས་ལས་ཀུན་སྒྲུབ་པ་ལ། །མཐུ་ལྡན་དྲེགས་པ་ཆེན་པོ་ཁྱོད་ལ་བསྟོད། །ཁྱོད་ཀྱི་བཀའ་ཡི་འཁོར་དུ་གཉེར་གཏད་པའི། །བློན་པོ་དམག་མི་ཕྱི་འཁོར་ནང་འཁོར་སོགས། །སྣ་ཚོགས་གཟུགས་འཛིན་རྫུ་འཕྲུལ་རྩལ་ལྡན་པ། །མཁའ་དང་ས་གཞི་གང་བ་རྣམས་ལ་བསྟོད། །ཅེས་ལྷ་མཆོག་ཡུལ་ལྷའི་བསྐང་མཆོག་བཀྲ་ཤིས་ཆར་འབེབས་ཞེས་བྱ་བ་འདི་ནི། ཟ་ཧོར་གྱི་བཙུན་པ་ངག་དབང་བློ་བཟང་རྒྱ་མཚོས་དགའ་ལྡན་ཕོ་བྲང་དུ་སྦྱར་བའོ། ། །

二、二世嘉木样·晋美旺布文昌神祈愿文

། །ཀྱཻ་མཐུ་སྟོབས་དྲེགས་པའི་དབང་ཕྱུག་ལྷ་གཉན་ཆེ། །ཁྲི་ཀའི་ཡུལ་ལྷ་གཉན་པོ་འཁོར་བཅས་རྣམས། །མ་ཐོགས་འདིར་སྤྱོན་དམ་རྫས་མཆོད་གཏོར་བཞེས། །བཅོལ་བའི་ལས་རྣམས་མྱུར་དུ་འགྲུབ་པར་མཛོད། ། །ཀྱཻ་མཐུ་སྟོབས་འོད་འཕྲེང་མཆོག་ཏུ་

འབར་བ་ཡིས། །མ་ཏུང་དགྲ་སྡེའི་དཔུང་ཚོགས་མཐར་བྱེད་ཅིང་། །དགོས་འདོད་མ་
ལུས་ཡིད་བཞིན་སྩོལ་མཛད(མཛོད)་པ། །ཁྲི་ཀའི་ཡུལ་ལྷ་གཉན་པོ་སྤྱན་འདྲེན་ནོ། །
འཇིགས་ཏུང་ཁྲག་ཞག་འཁྱིལ་བའི་སྐྱ་མཁར་ནས། །ཀླུ་བཙན་ཡོངས་ཀྱི་རྗེ་བོ་སྐྱུར་
བཞེངས་ཤིག། རྣལ་འབྱོར་གདུང་བའི་ཡིད་ཀྱིས་སྤྱན་འདྲེན་ན། །དུས་མཐའི་རླུང་
གི་ཤུགས་ལྟར་གནས་འདིར་གཤེགས། །མདུན་དུ་དབང་པོའི་གཞུ་ལྟར་རྣམ་བཀྲ་
བའི། །སྣ་ཚོགས་དར་ཟབ་བརྩེགས་པའི་གདན་སྟེང་དུ། །དགྱེས་པའི་ཚུལ་གྱིས་དེང་
འདིར་ལེགས་བཞུགས་ནས། །བཅོལ་བའི་འཕྲིན་ལས་མ་ལུས་བསྒྲུབ་པར་མཛོད། །
དངོས་སུ་བཤམས་དང་ཡིད་སྤྲུལ་མཆོད་པའི་ཚོགས། །རྫོགས་ལྡན་སྤྲིན་ལྟར་གཡོ་
བའི་རོལ་རྩེད་འདི། །སྟོབས་ལྡན་ཡུལ་ལྷ་གཉན་པོ་འཁོར་བཅས་ལ། །འབུལ་ལོ་བཞེས་ལ་
བཅོལ་བའི་འཕྲིན་ལས་མཛོད། །མི་ཏོག་བདུག་སྤོས་མར་མེ་དྲི་ཆབ་དང་།། ཞལ་ཟས་རོལ་མོའི་
སྒྲ་དབྱངས་འབྲུག་ལྟར་སྒྲོགས། །གཟུགས་སྒྲ་དྲི་རོ་རེག་བྱ་མཆོད་པའི་ཚོགས། །ཡུལ་ལྷ་
གཉན་པོ་འཁོར་དང་བཅས་ལ་འབུལ། །རྟ་དྲེའུ་ར་ལུག་སྒྲོག་ཆགས་ཚོགས་རྣམས་
དང་། །གཡུལ་ལས་རྣམ་རྒྱལ་རྡོ་རྗེ་གོ་མཚོན་དང་། །ཕྱུག་མཚན་རྒྱན་དང་བགོ་བའི་
གོས་ཀྱི་རིགས། །ཡུལ་ལྷ་གཉན་པོ་འཁོར་དང་བཅས་ལ་འབུལ། །གསེར་དངུལ་དར་
ཟབ་སྣ་ཚོགས་འབྲུ་ཟན་དང་། །ཁང་བཟང་སྐྱིད་ཚལ་ཁྲུས་ཀྱི་རྫིང་བུ་སོགས། །ཡིད་
འོང་མགོ་དགུའི་འབྱོར་པ་ཅི་མཆིས་པས། །ཡུལ་ལྷ་གཉན་པོ་འཁོར་བཅས་མཆོད་
པར་བགྱི། །དྲི་འཛིན་དབང་པོ་སིམ་བྱེད་སྨན་སྣ་དང་། །སྟག་ཤུག་མཁན་པ་བ་ལུ་སུ་
ལུ་སོགས། །ཁྲག་ཆང་ཤ་ཆེལ་སྦྱར་བའི་བསངས་རྫས་ཚོགས། །རབ་འབར་མེ་ལ་

བསྲེགས་པའི་དུད་སྤྲིན་གྱིས། །ཁྲི་ཀའི་ཡུལ་ལྷ་གཉན་པོ་འཁོར་བཅས་བསངས། །
བསང་ངོ་ཉམས་གྲིབ་མ་ལུས་དག་གྱུར་ཅིག ། བདག་བློའི་མཁའ་དབྱིངས་རྨོངས་
པའི་ཆུ་འཛིན་གྱིས། །ཉེ་བར་བསྒྲིབས་ཏེ་ལྷ་ཁྱོད་གསང་གསུམ་དང་། །འགལ་བའི་
ཕོག་ཐུག་ཉོངས་པ་གང་བགྱིས་པ། །བཟོད་པར་བཞེས་ལ་ཚངས་པའི་དངོས་གྲུབ་
སྩོལ། །ཕྲོན་སྨོན་ཐུགས་བསྐྱེད་དབང་གིས་བསྟན་འགྲོ་ཀུན། །བསྲུང་ཕྱིར་རྒྱ་བོད་ས་
མཚམས་ཁྲི་ཀ་རུ། །འཇིག་རྟེན་དྲེགས་པའི་རྒྱལ་བཟུང་ལྷ་ཁྱོད་ལ། །རྣལ་འབྱོར་
བདག་ཅག་དང་བའི་ཡིད་ཀྱིས་བསྟོད། །དེ་ལྟར་གུས་པས་ལེགས་སྦྱར་མཆོད་སྤྲིན་
འདི། །ལྷ་གཉན་ཆེན་པོས་དགྱེས་བཞིན་ལེགས་བཞེས་ནས། །བདག་ཅག་གཞི་བྱེས་
གང་དུ་གནས་ཀྱང་རུང་། །ཉིན་གྱི་བྱ་ར་མཚན་གྱི་མེལ་ཚེ་མཛོད། །ནད་རིམས་
འཐབ་རྩོད་ཁ་སྨྲས་གླེང་གཞི་སོགས། །མི་མཐུན་རྐྱེན་ངན་བར་ཆད་ཀུན་ཞི་ཞིང་། །
ཚེ་བསོད་སྟོབས་འབྱོར་ལོངས་སྤྱོད་སྙན་གྲགས་དང་། །རྣམ་དཀར་ལེགས་ཚོགས་
མཚོ་ལྟར་རྒྱས་པར་མཛོད། །མི་བསྲུང་དགྲ་བོའི་དཔུང་དང་འཐབ་པའི་ཚེ། །ལྷ་ཁྱོད་
མཐུ་དང་རྫུ་འཕྲུལ་སྟོབས་བསྐྱེད་ལ། །ཕ་རོལ་དགྲ་སྡེའི་དཔུང་ཚོགས་ཉེར་བཅོམ་
ནས། །རང་ཕྱོགས་ཕྱོགས་ལས་རྒྱལ་བའི་འཕྲིན་ལས་མཛོད། །རྣམ་འབྱོར་བདག་
ཅག་རྒྱུ་སྦྱོར་འཁོར་བཅས་ཀྱི། །ལྷ་ཁྱོད་ཡང་ཡང་དྲན་པས་གསོལ་འདེབས་ན། །རྩེ་
གཅིག་དགོངས་ལ་ཐོགས་མེད་རྫུ་འཕྲུལ་གྱིས། །རྟག་ཏུ་འབྲལ་མེད་བུ་བཞིན་སྐྱོངས་
པར་མཛོད། །ཅེས་པ་འདི་ནི་དཀོན་མཆོག་གསུམ་བླ་མར་འཛིན་པའི་ས་ཡི་དབང་
ཕྱུག་བེ་ཤུ་པྲ་ཐུར་ཏའི་ཆེང་གིས་བསྐུལ་བ་ལ་བརྟེན་ནས། དཀོན་མཆོག་འཇིགས་
མེད་དབང་པོའི་སྡེས་རྩེ་འགྲམ་དུ་སྦྱར་བའི་ཡི་གེ་པ་ནི་བློ་བཟང་དོན་གྲུབ་པོ། །

三、四世阿嘉·洛桑加央嘉措《祭祀、会供瑜珈厉神赤噶尤拉法·圆满时之祥云》

༄༅། །རྣལ་འབྱོར་སྐྱེས་ལྷ་གཉན་པོ་ཁྲི་ཀའི་ཡུལ་ལྷ་གསེར་ཞལ་ཅན་ལ་མཆོད་གཏོར་ཚོགས་མཆོད་འབུལ་རྫོགས་ལྡན་རྒྱུ་འཛིན་ཞེས་བྱ་བ་བཞུགས་སོ། །

༄༅༅། །ན་མོ་གུ་རུ་མཉྫུ་ཤྲཱི་ཡ་སཏྭ་ཀ་ཡ། ཆོས་དབྱིངས་ཞི་བའི་ངང་ལས་ཁྲོས་པའི་སྐུར། །ཉེར་བསྟན་བླ་མ་གཤིན་རྗེ་གཤེད་པོ་ལ། །གུས་པས་བཏུད་ནས་བླ་མ་ལྷ་ཡི་ཚོགས། །དགྱེས་བསྐྱེད་ཚོགས་ཀྱི་འཁོར་ལོའི་ཚོ་ག་འདྲི། །དེ་ཡང་མགོན་པོ་འོད་དཔག་མེད་དང་ཡི་དམ་པད་མ་དབང་གི་རྒྱལ་པོའི་ཡེ་ཤེས་སྣང་ཆ་འཇིག་རྟེན་སྐྱོང་བའི་སྡེ་དཔོན་གྱི་སྐུའི་རྣམ་པར་བསྟན་པ། ཚུལ་བསྟན་ཐུན་མོང་གི་རྣམ་ཐར་དུ་ཡང་སྐྱེ་བ་བཅུ་བདུན་དུ་ཟམ་མ་ཆད་པར་བློན་པོ་མཆོག་གི་རོལ་བས་གཞན་ཕན་ཕོ་ན་མཛད་པའི་མཐུས་གནམ་གྱི་ལྷའི་གོ་ས་ཐོབ་པར་བསྔགས་ཤིང་། དེང་དུས་མ་ཧཱ་ཅི་ནའི་རྒྱལ་ཁམས་ཆེན་པོར་ཡི་གེའི་སྲུང་མར་མཆོད་ཅིང་། རང་རེའི་ཞྭ་སེར་བསྟན་པ་ཡོངས་རྫོགས་ཀྱི་བདག་པོ། སྐྱབས་མགོན་རྒྱལ་དབང་ཡབ་སྲས་རྣམ་གཉིས་ནས་སྲུང་མ་འདི་ཉིད་གསོལ་ཅིང་མཆོད་པའི་རིམ་པ་བཀའ་རྩོམ་མཛད་འདུག་པར་མ་ཟད། ཁྱད་པར་དགེ་ལྡན་བསྟན་པའི་གསལ་བྱེད་ཁྲི་ཆེན་རྒྱ་ནག་པ་ཆེན་པོ་སྐུ་འཕྲེང་གཉིས་པ་དང་། མཁས་གྲུབ་འཁོར་བསྒྱུར་སྟོང་འཁོར་

བསོད་ནམས་རྒྱ་མཚོ་རྣམ་གཉིས་ལ་སྐུ་ལུས་དང་གྲིབ་མ་བཞིན་དུ་འགྲོགས་ཏེ་ཅི་གསུང་བཀའ་བཞིན་མངོན་སུམ་དུ་བསྒྲུབ་པའི་སྲུང་མ་ཁྱད་པར་ཅན་དུ་གྱུར་གཤིས། དམ་པ་རྣམ་གཉིས་ནས་མཛད་པའི་ལྷ་མཆོག་འདི་ཉིད་ཀྱི་གསོལ་མཆོད་དེང་དུས་བོད་དབུས་གཙང་ནས་བཟུང་། ཤར་ཕྱོགས་རྒྱ་མཚོ་ཆེན་པོ་ལ་ཐུག་གི་བར་གྱི་བླ་དཔོན་ཆེ་ཕྲ་སེར་སྐྱ་དྲག་ཞན་མཐའ་དག་ནས་ཁ་ཏོན་ལྷ་བུར་བྱས་ཏེ་ལྷ་མཆོག་འདི་ཉིད་ཀྱི་འཕྲིན་ལས་ལ་ཡིད་ཆེས་ཀྱི་མོས་གུས་དྲག་པས་འབད་འབད་དུད་དུད་བགྱིད་བཞིན་འདི་ལྟར་ལགས་ལ། དེ་ཡང་ལྷ་མཆོག་འདི་ཉིད་ཀྱི་རྣམ་པར་ཐར་པ་རྒྱས་པར་ནི་རྒྱའི་ཡིག་ཚང་ལས་འབྱུང་ཞིང་། དེང་སྐབས་ཡོངས་སུ་གྲགས་པ་ནི། སྐྱབས་མགོན་ཆོས་ཀྱི་རྒྱལ་པོ་ཙོང་ཁ་པ་ཆེན་པོ་སྐུ་བལྟམས་པའི་གནས་མཆོག ལུམ་བིའི་དགའ་ཚལ་གཉིས་པ་སྐུ་འབུམ་ཆོས་སྡེ་ཆེན་པོ་དང་མི་རིང་བའི་སའི་ཆ། སྔོན་ཆོས་རྒྱལ་མྱ་ངན་མེད་ཀྱིས་བཞེངས་པའི་མཆོད་རྟེན་བྱེ་བའི་ནང་ཚན་གྱི་མཆོད་རྟེན་ཞིག་ལ། བོད་ཆོས་རྒྱལ་ཁྲི་རལ་པ་ཅན་དངོས་སུ་ཕྱིན་ནས་མཇལ་ཏེ། དབུ་རལ་ལྕང་ལོ་གཟུངས་གཞུགས་སུ་ཕུལ་ཏེ་ཞིག་གསོས་མཛད་པའི་མཆོད་རྟེན་དཀར་པོར་གྲགས་པ་དང་། གཞན་ཡང་། ཐུགས་རྗེ་ཆེན་པོ་རང་བྱོན་ལྷ་དཀར་པོ་དང་སྒྲོལ་མ་རང་བྱོན། ཁྱད་པར། འཇམ་མགོན་ས་སྐྱ་པཎྜི་ཏ་ཆེན་པོས་བཞེངས་པའི་གྲིན་ཏུ་ལྷ་ཁང་དུ་གྲགས་པའི་ནང་རྟེན་དུས་གསུམ་སངས་རྒྱས་ཀྱི་སྐུ་མཇལ་བ་ཙམ་གྱིས་ནད་གདོན་སོགས་སེལ་བ་མངོན་སུམ་གྱིས་གྲུབ་པའི་རྟེན་མཆོག་ཁྱད་པར་ཅན་མང་དུ་བཞུགས་ཤིང་མཁས་བཙུན་གྲུབ་པའི་སྐྱེས་མཆོག་དུ་

མ་ཟམ་མ་ཆད་པར་བྱོན་པའི་གནས་མཆོག་ཁྲི་ཀ་གསེར་མོ་ལྗོངས་ཞེས་ཡོངས་སུ་གྲགས་པའི་དགེ་བཅུ་འཛོམས་པའི་གནས་ཀྱི་ཐེག་ལེ་ཤ་འབུམ་གྱི་གདོང་སྣར་འཇིག་རྟེན་མཐུན་སྣང་དུ་བློན་ཆེན་གྱི་རྣམ་པར་བསྟན་པ་དེ་ཉིད་ཀྱི་སྐུ་གདུང་རིལ་པོ་མ་ཉམས་པར་བཞུགས་པའི་སྟེང་ཏུ་ལྷ་བཟོ་མཁས་པས་སྨན་སྐུར་བཞེངས་པ། ད་ལྟ་གསེར་མཆོད་འབུལ་སྐབས་ཀྱང་སྲ་རྩི་སོགས་མི་དགོས་པར་དངོས་སུ་བཞེས་པ་སོགས་བྱིན་རླབས་གཟི་འོད་འབར་བ་ཁྲི་ཀའི་ཡུལ་ལྷ་གཉན་པོ་གསེར་ཞལ་ཅན་ཞེས་ཁྱབ་གདལ་དུ་གྲགས་ཤིང་། དབང་ཕྱོགས་གོང་མ་ཆེན་པོའི་བཀས་བཀུར་བའི་མཚན་ཤིང་སྣ་ཐེན་ཙོ་འམ། པེན་ཆེང་ཧིས་ཧྲུན་དུ་བསྟགས་པའི་ལྷ་མཆོག་འདི་ཉིད་ལ་ཚོགས་ཀྱི་མཆོད་པ་དང་འབྲེལ་བའི་གསོལ་མཆོད་བྱེད་པར་འདོད་པས། ཡིད་དང་མཐུན་པའི་གནས་སུ་ལྷ་མཆོག་འདི་ཉིད་ཀྱི་བྲིས་འབུར་གྱི་སྐུ་ཡོད་ཚེ་ཞལ་ཤར་ཕྱོགས་སུ་བསྟན་ཏེ་བཀྲམ་པའི་མདུན་དུ། སྟེགས་མཐོན་པོའི་ཁར་རྟེན་ཁེབས་སོགས་ཀྱིས་གཡོགས་ཏེ། ལྷ་མཆོག་འདི་ཉིད་ཀྱི་ཐུན་མོང་མ་ཡིན་པའི་གཏོར་མ་མཐོང་བརྒྱད་ལྟར་དང་། ཐུན་མོང་གི་གཏོར་མ་དམ་རྫས་བདུད་རྩི་རིལ་བུ་སོགས་བསྲེས་ཤིང་མར་གསར་དང་ཆང་གིས་སྦྲུས་པའི་ཟན་ལེབ་གྲུ་བཞི་རྩིགས་ཀྱི་སྟེང་དུ་རི་རབ་གྲུ་བཞི་པ། དེའི་སྟེང་དུ་གཏོར་མ་ཀེད་དཀྲིས་ཅན་མར་གྱི་རྒྱན་ལྡན་སྦྲུལ་དཀར་པོ་གཡས་འཁྱིལ་གྱིས་སྦྲུས་པ། དེའི་ཟུར་གཉིས་བཟོས་ཆུང་བཞི། མདུན་དུ་དབང་ཕྱོགས་ཙོ་ནའི་ཡུལ་གྱི་དགྲ་ལྷ་ཆེན་པོ་སྤྲིན་རིང་རྒྱལ་པོར་འབུལ་རྒྱུའི་ཀེད་དཀྲིས་ཅན་གཅིག་དང་། རྒྱབ་ཏུ་གཞི་བདག་སྤྱི་ལ་ཀེད་དཀྲིས་མ་གཅིག་

མཐའ་ལ་ཅང་ཁམ་དང་རིལ་བུས་བསྐོར་བའི་གཏོར་མ་དམར་རྩེས་བྱུག་པའམ། ཉ་སྟོང་བརྒྱད་གསུམ་སོགས་དུས་བཟང་ལ་མར་ཁུས་བྱུག་པ་བཤམས། གཞན་ཡང་། ཆུ་གཉིས་ཞེར་སྦྱོད་སོགས་ཕྱེ་མཆོད། བདུད་རྩི་རིལ་བུ་བཏབ་པའི་ནང་མཆོད། རྟ་བོང་ཇ་མཛོ་བ་ལང་གི་མ་གཏོགས་པའི་སྲོག་ཆགས་ཀྱི་ཤ་ཁྲག་དོན་སྙིང་ནང་ཁྲོལ་སོགས་བསྲེག་བཅོས་རྫེན་པའི་གསང་མཆོད། རིན་ཆེན་སྣ་ཚོགས་ཀྱི་ཕྱེ་མ་བརྡར་བའི་ཟན་རིལ་དང་འབྲས་དཀར་བཏབ་པའི་གསེར་སྐྱེམས། ཁྱད་པར་རྒྱའི་ལུགས་སྲོལ་དང་བསྟུན་པའི་དོང་ཚེའི་རི་མོ་ཅན་གྱི་ཤོག་སེར། གསེར་དངུལ་གྱི་རྟ་མིག་གཟུགས། སྤོས་སྣ་ཚོགས། ཤོག་མེའི་མདའ་མཆོད། ལའི་མར་མེ་སོགས་དང་། གཞན་ཡང་། གསེར་དངུལ་གོས་དང་། བཟའ་བཅའ་བཏུང་བ་འཛོམ་ཚད། ཁྲབ་རྨོག་རལ་གྲི་མདའ་མདུན་སོགས་གོ་མཚོན་རིགས། རྟ་དྲེལ་རྟ་བོང་བ་ལང་ར་ལུག་བྱ་ཁྱི་སོགས་སྲོག་ཆགས་པགས་རིགས་བཅས་བསྐང་རྫས་སྤྱན་གཟིགས་ཀྱི་རིམ་པ་རྣམས་དངོས་སུ་བཤམས་པའམ། མ་མཐའ་ཡང་རི་མོར་བྲིས་བ་ཡན་ཆད་གང་འཛོམས་ཀྱིས་བཤམས་བའི་གཡས་གཡོན་གང་བདེར། བླ་མ་ཡི་དམ་གྱི་བྲིས་སྐུ་ཡོད་ན་བཤམས་ཤིང་། མེད་ན་འང་། སྟེགས་མཐོན་པོའི་ཁར། བླ་མ་ཡི་དམ་ལ་འབུལ་རྒྱུའི་གཏོར་མ་ཟླུམ་པོ་རྩེ་མོ་ཉི་ཟླས་སྤྲས་པ་དང་། ཆོས་སྐྱོངས་སྤྱི་ལ་འབུལ་རྒྱུའི་དམར་གཏོར་ཟུར་གསུམ་གཅིག་གམ་གཉིས། མཁའ་འགྲོ་སྤྱི་གཏོར་གཞི་བདག་གཏོར་མ་དང་བཅས་པ་བཤམས། དེའི་མདུན་དུ། ཚོགས་ཀྱི་འཁོར་ལོའི་གཏོར་མ་དམ་རྫས་བསྲེས་ཤིང་དཀར་གསུམ་མངར་གསུམ་གྱིས་སྤྲས་པ་མཁའ་འགྲོའི་ནུ་མའི་དབྱིབས་ཅན་དམར་

པོ་མར་གྱི་ཉི་ཟླ་དང་མར་དཀར་གྱིས་མར་ཟན་གྱི་ཚུལ་དུ་བརྒྱན་པ་བཤམས་ཤིང་། ཚོགས་རྫས་ཇ་ཕུད་དཀར་གསུམ་མངར་གསུམ་ཁུར་མ་སྤྱི་མར་ཞོ་འོ་མ་ཤ་ཆང་སྒོག་ཙོང་ལ་ཕུག་ཤ་མོ་སི་ཏོག་སོགས་གང་འཛོམས་ལེགས་པར་བཤམས་ཤིང་། ཚོགས་ལྷག་གི་གཏོར་མ་དང་བཅས་པ་བཤམས། གཞན་ཡང་། བསང་བསུར་གྱི་རྫས་དང་། གསེར་སྐྱེམས་ཀྱི་ཆང་གསེར་མཆོད་བཏར་བའི་ཕྱེ་མ་བཏབ་པ་རྣམས་དང་། བསུར་མཆོད་ཀྱི་འབུད་ཤིང་གཙང་མའང་སྣ་གོན་བྱ། དེ་ནས་བསྒྲུབ་པ་པོ་རྣམས་ཁ་ནུབ་ཕྱོགས་སུ་བལྟས་ཏེ་འཁོད་པའི་མདུན་དུ། ཌ་མ་རུ་དང་རྡོར་དྲིལ། ནང་མཆོད་ཀ་པ་ལ། གཞན་ཡང་སྦུག་འཆལ་སིལ་སྙན་ཛ་རྐང་དུར་དུང་ཆེན་རྒྱ་གླིང་སོགས་འབུད་དཀྲོལ་གྱི་རོལ་མོའི་བྱེ་བྲག་ཚར་དུ་དངར་བར་བྱས་ཏེ་སྐྱབས་འགྲོ་སེམས་བསྐྱེད་ཚད་མེད་བཞི་བསྒོམ་པ་སྔོན་དུ་བཤད། བླ་མཆོད་བདེ་སྟོང་དབྱེར་མེད་པའམ། དགའ་ལྡན་ལྷ་བརྒྱ་མ་ལྷ་བུའི་བླ་མའི་རྣལ་འབྱོར་ཡིད་འཁྲུལ་རེས་སུ་བྱས་ཏེ། ཡི་དམ་པད་མ་དབང་ཆེན་གྱི་བཟླས་སྒོམ་ཚད་དུ་འཁྱོལ་བ་བྱ་ཏེ། དེའི་ང་རྒྱལ་བརྟན་པོའི་སྒོ་ནས། ལྷ་མཆོག་འདི་ཉིད་ཀྱི་བསྐང་གསོའི་ཚིག་རྒྱས་བསྡུས་གང་རུང་དབྱངས་རོལ་དང་བཅས་ཏེ་རྫོགས་པར་བཏང་ན་འབྲེལ་ཆགས་ཤིང་ཤིན་ཏུ་ལེགས་མོད་ཀྱང་། འདིར་བསྐུལ་བ་པོའི་བློ་ངོ་དང་འཚམས་པར་ཚོགས་མཆོད་བསང་དང་གསེར་སྐྱེམས་གསུར་མཆོད་མདོར་བསྡུས་སུ་འབུལ་བའི་ཚུལ་ནི་འདི་ལྟར། རང་ཉིད་སྐད་ཅིག་གིས་དཔལ་རྡོ་རྗེ་འཇིགས་བྱེད་ཆེན་པོ་ཞལ་གཅིག་ཕྱག་གཉིས་ཀྱིས་གྲི་གུག་དང་ཐོད་པ་འཛིན་པ་ཡུམ་དང་བཅས་པའི་སྐུར་བཞེངས་པར་

གྱུར་ཅེས་ཡི་དམ་གྱི་ང་རྒྱལ་བརྟན་པོའི་སྒོ་ནས། ནང་མཆོད་མཆོད་གཏོར་བསྐང་
རྫས་སྤྱན་གཟིགས་བསང་མཆོད་དང་བཅས་པ་གཞུང་ལྟར་བྱིན་གྱིས་བརླབས།
སྔགས་དྲུག་དང་ཕྱག་རྒྱ་དྲུག་གིས་རྒྱས་བཏབ་སྟེ། དངོས་གཞི་ནི་རོལ་མོ་དབྱངས་
དང་བཅས་པས་འདི་ལྟར། ཨོཾ་ལྷུན་གྲུབ་བདེ་བ་ཆེན་པོ་ཕོ་བྲང་ནས། དུས་གསུམ་
སངས་རྒྱས་པད་མ་ཐོད་ཕྲེང་རྩལ། རིགས་འཛིན་དཔའ་བོ་མཁའ་འགྲོའི་ཚོགས་
དང་བཅས། ཐོགས་མེད་ཐུགས་རྗེའི་དབང་གིས་གཤེགས་སུ་གསོལ། མདུན་གྱི་ནམ་
མཁར་པད་སྟོང་ཡངས་པའི་སྟེང་། སེང་ཁྲི་པད་མ་ཉི་ཟླའི་གདན་ཁྲི་ལ། །ཡིད་
འཕྲོག་འཇའ་ཚོན་སྣ་ལྔའི་གུར་ཁྱིམ་དབུས། །ཞབས་སེན་འོད་ཆགས་བརྟན་བར་
བཞུགས་སུ་གསོལ། །ཕྱི་ཡི་མཆོད་པ་ས་དང་བར་སྣང་གང་། །ནང་གི་མཆོད་པ་ཟག་
མེད་བདུད་རྩིའི་མཚོ། །གསང་བ་བདེ་ཆེན་སྒྲ་བསམ་བརྗོད་ལས་འདས། །འགྲོ་བའི་
དོན་ཕྱིར་དགྱེས་བཞིན་བཞེས་སུ་གསོལ། །རིགས་འཛིན་གྲུབ་པའི་དབང་ཕྱུག་པད་
མ་འབྱུང་། །ལྔ་བརྒྱའི་གཙུག་རྒྱན་དཔལ་ལྡན་མར་མེ་མཛད། །རྡོ་རྗེ་འཆང་དབང་
བློ་བཟང་གྲགས་པའི་དཔལ། །སྣ་ཚོགས་སྤྲུལ་པའི་གར་མཛད་དེ་ལ་འདུད། །དཔལ་
ལྡན་བསྟན་སྐྱོང་ཆེན་པོ་འཁོར་བཅས་རྣམས། །ཁྱེད་ཀྱི་བཀའ་དང་དམ་ཚིག་ལ་
གནས་པས། །འཕྲིན་ལས་རྣམ་བཞི་ལྷུན་གྱིས་གྲུབ་པ་དང་། །ཆོས་གྲྭ་ཆེན་པོ་གར་
ཞིང་རྒྱས་པར་མཛོད། །ཀྱེ་བཀྲ་ཤིས་བྱིན་ཆགས་རྨ་ཆབ་འཁྱིལ་བའི་འགྲམ། །རྒྱ་བོད་
ས་འཚམས་རྣལ་འབྱོར་སྐྱེས་ཡུལ་དུ། །གནས་བའི་ཡུལ་ལྷ་གཉན་པོ་སྤྱན་འདྲེན་ནོ། །
མ་ཐོག་ད་ལྟ་གནས་འདིར་གཤེགས་སུ་གསོལ། །བསམ་པ་ཙམ་གྱིས་འདོད་དོན་

ཀུན་སྐྱོལ་ཅིང་། །ཡིད་ལྟར་མགྱོགས་ཅིང་སྟོབས་ཀྱི་ཆར་ལྡན་པ། །རྒྱ་ནག་ཤིང་མ་ཐེན་ཅེ་ཞེས་གྲགས་ཁྱོད། ། རྒྱལ་འགྱུར་འདོད་དོན་བསྒྲུབ་ཕྱིར་བཤེགས་སུ་གསོལ། །རྒྱལ་འགྱུར་མཆོད་པའི་གནས་འདིར་གཤེགས་ནས་ཀྱང་། །ཉེས་ཚོགས་གང་བགྱིས་བུ་ལ་མ་བཞིན་དུ། ། བཟོད་པར་གནང་ནས་རྒྱལ་འགྱུར་འདོད་དོན་ཀུན། །དགྱེས་པའི་ཚུལ་གྱིས་བསྒྲུབ་ཕྱིར་བཞུགས་སུ་གསོལ། །ཞེས་སྤྱན་དྲངས་ཏེ་བཞུགས་སུ་གསོལ། ཡིག་བརྒྱ་བརྗོད་དེ། བླ་མ་ཡི་དམ་དམ་ཅན་ཚོགས་རྣམས་དང་། །ཁྱད་པར་ལྷ་མཆོག་ཐུགས་དང་འགལ་གྱུར་པའི། །ཉོངས་པའི་ཚོགས་རྣམས་འགྱོད་དང་བཤགས་བགྱིད་ན། །སྤྲོས་བྲལ་དབྱིངས་སུ་བྱུང་ཞིང་དག་གྱུར་ཅིག ། ཅེས་བཤགས་པ་དང་། ཀྱི་སྔགས་དང་ཕྱག་རྒྱ་ཏིང་ངེ་འཛིན་རྣམས་དང་། །ཆོས་དབྱིངས་བདེན་པའི་མཐུ་ལས་བྱུང་བ་ཡི། །ཁྱོད་ཉིད་དགྱེས་པའི་ཕྱི་ནང་རྟེན་རྫས་འདི། །འབུལ་ལོ་བཞེས་ནས་འདོད་དོན་ལྷུན་གྲུབ་སྐྱོལ། །དངོས་བཤམས་ཡིད་སྤྲུལ་བསྐང་རྫས་སྤྱན་གཟིགས་དང་། །ཕྱི་ནང་གསང་བ་བླ་མེད་རྟེན་རྫས་ཀྱིས། །བླ་མ་ཡི་དམ་ཆོས་སྐྱོང་ཐུགས་དམ་བསྐངས། །ཐུགས་དམ་བསྐོངས་ཤིང་ཉམས་ཆགས་སོས་གྱུར་ཅིག། ཤ་ཁྲག་སྒྲོག་དབུགས་དོན་སྙིང་ནང་ཁྲོལ་སོགས། །བསྲེག་བཙོས་གསུར་དང་རྫེན་པའི་རིགས་སྣ་ཚོགས། །རི་ལྟར་སྤུངས་ཤིང་མཚོ་ལྟར་འཁྱིལ་བ་འདི། །འབུལ་ལོ་བཞེས་ནས་འདོད་དོན་ལྷུན་གྲུབ་སྐྱོལ། །ཏ་དྲིལ་གཡག་ལུག་ཁྱིམ་བྱ་ལ་སོགས་དང་། །ཁྲབ་རྨོག་རལ་གྲི་མདའ་མདུང་གོ་ཆའི་རིགས། །རི་རབ་གླིང་བཞི་གླིང་ཕྲན་ཉི་ཟླ་སོགས། ། འབུལ་ལོ་བཞེངས་ནས་འདོད་དོན་ལྷུན་གྲུབ་སྐྱོལ། །མདོར་ན་ཁང་བཟང་དམག་མི་

མངགས་གཞུག་དང་། ། མཉེས་པའི་མགོ་དགུའི་རྣམ་པ་གང་ཡོད་པ། །དངོས་སུ་བཀྲམས་དང་ཡིད་ཀྱིས་སྤྲུལ་པ་འདི། །སྤྱར་བཙོལ་ལེགས་པའི་གཏང་རག་ཆེད་དུ་འབུལ། །ད་ཆ་སྲུང་སྐྱོབས་མཛད་པའི་བསྐུལ་མར་འབུལ། །སླད་ནས་འཕྲིན་ལས་བསྒྲུབ་པའི་རྟེན་དུ་འབུལ། །བསྙེན་ནོ་ཡུལ་ལྷ་གཉན་པོས་ཉེར་དགོངས་ལ། །རྒྱལ་འབྱོར་ཡིད་ལ་བསམ་ཞིང་གདུང་བའི་དོན། །ཡལ་ཡོལ་བཏང་སློམས་ལེ་ལོ་མ་མཛད་པར། །དྲན་པ་ཙམ་གྱིས་འབད་མེད་ལྷུན་གྲུབ་སྩོལ། །ཞེས་བསྐངས་བ་དང་། ཚོས་སྐུ་མའི་བཟློག་མཐུན་པའི་དངོས་གྲུབ་མ་བཅས་ཚར། བཅུ་གསུམ་ཡན་གྱིས་གྲངས་བསོག་བྱེད། དེ་ནས་གཏོར་མ་ནང་མཆོད་ལྟར་བྱིན་གྱིས་བརླབས་ནས། །ཁྲི་ཀའི་ཡུལ་ལྷ་སྤྲིན་རིང་རྒྱལ་པོ་འཁོར་དང་བཅས་པའི་ཐུགས་རྡོ་རྗེའི་འོད་ཟེར་གྱི་སྦྲུ་གུས་གཏོར་མའི་བཅུད་ཐམས་ཅད་དྲངས་ཏེ་གསོལ་བར་གྱུར། ཨོཾ་མཧཱ་དེ་བ་ཡན་ཆུང་ནཱ་ཛ་ས་ཕྱ་རི་ཕྱ་ར་ཨེ་དཾ་བྷ་ལིང་ད་ཁ་ཁ་ཁཱ་ཧི། ལན་བདུན་ནམ་ཉེར་གཅིག་གིས་གཙོ་བོ་དང་། ཨ་ཀ་རོ་ལན་གསུམ་གྱིས་འཁོར་སྤྱི་ལ་འབུལ། གོང་སྔགས་ལ་མཆོད་སྔགས་དང་འབྲུ་གསུམ་བཏགས་པས་ཕྱི་ནང་གི་མཆོད་པ་ཕུལ། ཀྱཻ་བསྙེན་ཅིང་མཆོད་ན་དྲན་པའི་མོད་ཉིད་ལ། གཞིས་ལམ་བྱེས་གསུམ་གང་དུ་འདུག་ཀྱང་རུང་། འདོད་དོན་ཀུན་སྩོལ་ཐོགས་མེད་མཐུ་ལྡན་པའི། ཡུལ་ལྷ་གཉན་པོ་ཁྱོད་ལ་བདག་བསྟོད་དོ། རྦད་ཅིང་བསྐུལ་ན་གནོད་བྱེད་དགྲ་བགེགས་ཚོགས། །ཞི་ཞིང་གདོན་བགེགས་མ་ལུས་ཚར་གཅོད་པའི། །བཀའ་སློན་ཡུམ་འཁོར་ནང་མི་བཅས་པ་ལ། །བསྟོད་དོ་རྐྱེན་ངན་བར་ཆད་ཐམས་ཅད་བཟློག། མདོར་ན་པད་མའི་གཉེན་དང་པད་ཚལ་བཞིན། །དྲན་ཅིང་

རིག་པའི་མོད་ལ་འདོད་དགུའི་དོན། །ཕུན་ཚོགས་འདབ་བརྒྱ་མ་ལུས་ལེགས་བཞད་པའི། །བཀྲ་ཤིས་ཆར་གྱིས་རེ་བ་ཀུན་བསྐོང་མཛོད། །ཆེས་བསྟོད། སྐབས་འདིར་སྤྱི་སྙེར་གྱི་ཆོས་སྐྱོང་གི་གཏོར་མ་དང་། མཁའ་འགྲོ་སྤྱི་གཏོར། གཞི་བདག་གཏོར་མ་རྣམས་བྱིན་གྱིས་བརླབ་ཏེ་བསྔོ། དེ་ནས་ཚོགས་རྫས་རྣམས་ནང་མཆོད་ལྟར་བྱིན་གྱིས་བརླབས་སོ། རོལ་མོའི་བྱིན་འབེབས་བྱས་ཏེ། ཧཱུ་རང་བཞིན་སྤྲོས་དང་བྲལ་བའི་ཆོས་དབྱིངས་ནས། །རྩ་བའི་བླ་མ་ཁྲི་ཆེན་རྡོ་རྗེ་འཆང་། །དཔལ་ལྡན་འཇིགས་མཛད་རྡོ་རྗེ་ལ་སོགས་པའི། །བླ་མ་ཡི་དམ་ལྷ་ཚོགས་གནས་འདིར་བྱོན། །བསླུ་བ་མེད་པའི་སྐྱབས་གནས་རིན་ཆེན་གསུམ། །གནས་གསུམ་དཔའ་བོ་རྣལ་འབྱོར་མ་ཚོགས་དང་། །མཐུ་ལྡན་དམ་ཅན་སྲུང་མའི་ཚོགས་དང་བཅས། །བདེ་ཆེན་ཚོགས་ཀྱི་མགྲོན་དུ་གཤེགས་སུ་གསོལ། །ཁྱད་པར་བདེ་བ་ཅན་དང་པད་མ་འོད། །ཁྲི་ཀ་གསེར་མོ་ལྗོངས་གི་གནས་མཆོག་ནས། །ལྷ་མཆོག་གསེར་གྱི་ཞལ་ཅན་འཁོར་དང་བཅས། །མ་ཐོགས་ཚོགས་ཀྱི་མགྲོན་དུ་ད་ཆུར་བྱོན། །གཞན་ཡང་དཀར་པོའི་རུ་མཚོན་བསྒྲེངས་པ་ཡི། །ཙོ་ནའི་དགྲ་ལྷ་སྤྲིན་རིང་རྒྱལ་པོ་སོགས། །ལྷ་ཀླུ་གཞི་བདག་སྲི་དང་བྱེ་བྲག་ཚོགས། །མཆོག་དམན་མགྲོན་རྣམས་མ་ལུས་གནས་འདིར་བྱོན། །ཡིད་འཕྲོག་འཇའ་འོད་འཁྲིགས་པའི་གཞལ་ཡས་འདིར། །རང་རང་མཐུན་པའི་གདན་ཁྲི་ཕུན་ཚོགས་ལ། །དགྱེས་བཞིན་བཞུགས་ནས་ཚོགས་ཀྱི་འཁོར་ལོ་ཆེར། །རོལ་བའི་དགེ་མཚན་དེང་འདིར་བསྐུལ་དུ་གསོལ། །ཞེས་སྤྱན་དྲངས་ནས་བཞུགས་སུ་གསོལ་ཏེ་ཚོགས་ཀྱི་འཁོར་ལོ་འབུལ་བ་ནི། ཧོ་ཏིང་ངེ་འཛིན་དང་སྔགས་དང་ཕྱི་

རྒྱ་ཡིས། །བྱིན་རླབས་ཟག་མེད་བདེ་སྟེར་ཚོགས་མཆོད་འདི། །རྩ་བརྒྱུད་བླ་མ་ཡི་
དམ་མཉེས་ཕྱིར་འབུལ། །ཨོཾ་ཨཱཿཧཱུྃ། བདེ་ཆེན་བསྐྱེད་ཕྱིར་དགྱེས་བཞིན་བཞེས་ནས་
ཀྱང་། ཨེ་མ་ཧོ། བྱིན་རླབས་དངོས་གྲུབ་དགའ་སྟོན་སྩོལ། །ཧོ། ཏིང་ངེ་འཛིན་དངX
བྱིན་རླབསX   མཆོག་གསུམ་མཁའ་འགྲོ་ཆོས་སྲུང་ཚོགས་ལ་འབུལ། །ཨོཾ་ཨཱཿཧཱུྃ།
Xཨེ་མ་ཧོ། མཆོག་ཐུན་དངོས་གྲུབ་དགའ་སྟོན་སྩོལ། ཧོ། ཏིང་ངེ་འཛིན་དང་X
བྱིན་རླབསX རྣལ་འབྱོར་དགྲ་ལྷ་རྣམ་གཉིས་མཉེས་ཕྱིར་འབུལ། །ཨོཾ་ཨཱཿཧཱུྃ། Xཨེ་
མ་ཧོ། ལས་བཞི་ལྷུན་གྲུབ་དགའ་སྟོན་སྩོལ། །ཧོ་ཏིང་ངེ་འཛིན་དངX བྱིན་རླབསX
ལྷ་ཀླུ་གཞི་བདག་རིགས་དྲུག་ཚོགས་ལ་འབུལ། །ཨོཾ་ཨཱཿཧཱུྃ། Xཨེ་མ་ཧོ། གཏན་
བདེའི་དཔལ་ལ་རོལ་གྱུར་ཅིག། དེ་ནས་ལས་ཀྱི་རྡོ་རྗེས། ཧོ་དཔའ་ཆེན་པོ་དགོངས་
སུ་གསོལ། །འདི་ལ་ཐེ་ཚོམ་མ་བྱ་སྟེ། །ཁྲམ་ཟེ་ཁྱི་དང་གདོལ་བ་གསུམ། །དབྱེར་མེད་
གཅིག་ཏུ་དགོངས་ཏེ་རོལ། ཞེས་ཚོགས་གཏོར་བླ་མའི་ཕྱག་ཏུ་ཕུལ། བླ་མས། ཧཱ་
བདག་ཉིད་རྒྱལ་བ་ཀུན་གྱི་གཙོ། །བཅོམ་ལྡན་རྡོ་རྗེ་འཇིགས་བྱེད་དངོས། །ཡེ་ཤེས་
བདུད་རྩིའི་རྒྱ་མཚོ་ཆེ། །ལྷ་རྣམས་ཚིམས་པར་བྱ་ཕྱིར་རོལ། །ཨ་ཧོ་མཧཱ་སུ་ཁ། ཞེས་
བརྗོད་དེ་ཚོགས་ལ་རོལ། ལྷག་མ་བསྡུས་ཏེ་ལྷག་གཏོར་ཏུ་བླུག། ཨོཾ་ཨཱཿཧཱུྃ་གིས་བྱིན་
གྱིས་རླབས། ཨ་ཀཱ་རོས་བསྔོས་ལ། ཧོ་ཏིང་འཛིན་སྔགས་དང་ཕྱག་རྒྱ་ཡིས། །བྱིན་
རླབས་ཚོགས་ལྷག་རྒྱ་མཚོ་འདི། །ལྷག་ལ་རེ་བའི་ཞིང་སྐྱོངས་དང་། །དྲེག་པ་སྡེ་
བརྒྱད་ཚོགས་རྣམས་དང་། །སྐལ་ཆད་ལྷག་མགྲོན་ཀུན་ལ་འབུལ། །ཨོཾ་ཨཱཿཧཱུྃ། འདོད་
རྒྱུའི་དཔལ་གྱིས་ཚིམས་གྱུར་ནས། །ཨེ་མ་ཧོ། འགལ་རྐྱེན་སོལ་ལ་མཐུན་རྐྱེན་སྒྲུབས། །ཧོ་

ལྷག་མའི་མགྲོན་རྣམས་འཁོར་བཅས་ཀྱིས། །ཚོགས་ལྷག་རྒྱ་མཚོ་འདི་བཞེས་ནས། །བསྟན་པ་རིན་ཆེན་རྒྱས་པ་དང་། །བསྟན་འཛིན་ཡོན་མཆོད་ཐམས་ཅད་དང་། །ཁྱད་པར་རྣལ་འབྱོར་ཡོན་མཆོད་ལ། །དུས་དང་གནས་སྐབས་ཐམས་ཅད་དུ། །ནད་མེད་ཚེ་དང་དབང་ཕྱུག་དང་། ཞེས་པ་ནས། ཡིད་ལ་འདོད་པ་ཀུན་འགྲུབ་ཤོག །ཅེས་བརྗོད་ཅིང་བསྔོ་བ་སྨོན་ལམ་གྱིས་རྒྱས་འདེབས། དེ་ནས། གསེར་སྐྱེམས་ཨོཾ་ཨཱཿཧཱུྂ་གིས་བྱིན་གྱིས་བརླབས་ཏེ། ཧཱ་ཟག་མེད་བདེ་སྟེར་གསེར་སྐྱེམས་དམ་པ་འདི། །བླ་མ་ཡི་དམ་མཆོག་གསུམ་ཆོས་སྲུང་ཚོགས། །མཉེས་ཕྱིར་འབུལ་ལོ་བརྩེ་བས་བཞེས་ནས་ཀྱང་། །མཆོག་ཐུན་འདོད་རྒྱུའི་དཔལ་ལ་རབ་བསྐུལ་དུ་གསོལ། དེ་ནས། འབུལ་འོས་ཀྱི་གསུར་རྫས་རྣམས་མེར་བསྲེགས་ཏེ། སྔགས་དྲུག་དང་ཕྱག་རྒྱ་དྲུག་གིས་བྱིན་གྱིས་བརླབས་ནས། ཧཱ་རབ་འབར་ཡེ་ཤེས་མེར་བསྲེག་པའི། །སྣ་ཚོགས་བཟང་དང་བསུར་གྱི་དུད། །མཁའ་ལ་སྤྲིན་ལྟར་འཁྲིགས་པ་འདིས། །ལྷ་མཆོག་གསེར་གྱི་ཞལ་རས་ཅན། །འཁོར་བཅས་དགྱེས་ཤིང་ཚིམས་གྱུར་ནས། །བདག་ཅག་དཔོན་སློབ་ཡོན་མཆོད་ལ། །ལུས་དང་གྲིབ་མ་ཇི་བཞིན་དུ། །སྐད་ཅིག་ཙམ་ཡང་གཡེལ་མེད་པར། །ཉིན་གསུམ་རྒྱུད་ནས་བྱ་ར་མཛོད། །མཚན་གསུམ་དྲུང་ནས་མེལ་ཚེ་མཛོད། ། མདུན་དང་རྒྱབ་ནས་བསུ་བསྐྱེལ་མཛོད། །ཅི་བསམ་ལྷུན་གྱིས་གྲུབ་པར་མཛོད། །ཅེས་ལན་བདུན་ནམ་ཉེར་གཅིག་སོགས་བརྗོད་རྗེས། ཧཱ་མཆོག་གསུམ་ངོ་བོ་བླ་མའི་སྐྱབས་འོག་ནས། ། ཞེས་པ་ནས། བདག་ཅག་རྣམས་ལ་ལྷུན་གྱིས་གྲུབ་པར་མཛོད། །ཅེས་དང་། སྲིད་ཞིའི་དཔལ་འབྱོར་མ་དང་། མཐུན་པའི་དངོས་གྲུབ་མ་སོགས་བརྗོད། མཇུག་ཏུ་བཀྲ་ཤིས་རོལ་མོའི་སྒྲ་དང་བཅས་ཤིས་པ་བརྗོད་ཅིང་མེ་ཏོག་གི་ཆར་དབབ་པར་བྱའོ། །སྨྲས་

པ། ལྷ་མཆོག་དགྱེས་པ་བསྐྱེད་བྱེད་པའི། །ཚོགས་མཆོད་རྫོགས་ལྡན་རྒྱུ་འཛིན་གྱིས། །འདོད་རྒུའི་གྲུ་ཆར་རྟག་འབབ་ཏེ། །ཕན་བདེའི་ལོ་ཏོག་རྟག་འཕེལ་ཤོག། ཅེས་རྣལ་འབྱོར་སྐྱེས་ལྷ་གཉན་པོ་ཁྲི་ཀའི་ཡུལ་ལྷ་གསེར་ཞལ་ཅན་ལ་མཆོད་གཏོར་ཚོགས་མཆོད་གསེར་སྐྱེམས་གསུར་མཆོད་དང་བཅས་པ་འབུལ་ཚུལ་རྫོགས་ལྡན་རྒྱུ་འཛིན་ཞེས་བྱ་བ་འདི་ནི། འཇམ་མགོན་བསྟན་པའི་སྲོག་ཤིང་ ༧སྐྱབས་མགོན་ཁྲི་ཆེན་རྒྱ་ནག་པ་ཆེན་པོ་ས་མ་ཏི་པཀྴི་རིན་པོ་ཆེའི་འཕྲིན་ལས་ཀྱི་ཞབས་འདེགས་ལ་ལྷག་བསམ་ཀུན་ཏུ་དགེ་ཞིང་དད་དང་དམ་ཚིགས་ལྡན་པའི་དར་ཤན་དབོན་པོ་ཡེ་ཤེས་ཀྱིས་ལན་གྲངས་དུ་མར་ནན་ཏན་དུ་བསྐུལ་ངོར་མཆོད་ཚོག་རྒྱས་པ་ཞིག་རྩོམ་འདུན་ཡོད་ཀྱང་། ང་ལམ་བྲེལ་བབ་དང་བསྡུན་མདོར་བསྡུས་པའི་ལུགས་སུ་བཀོད་དེ། ཨའི་རིགས་བཙུན་པ་པད་མ་དབྱིངས་ཕྱུག་རྩལ་གྱིས་འཕྲུལ་བདེར་སུག་བྲིས་སུ་མགྱོགས་པར་སྦྱར་བ་སརྦ་མག་ལམ། །འདིའི་བར་གྱི་ཡི་གེ་པ་ནི་དགེ་ཚུལ་སྐལ་བཟང་ལྷ་དབང་ནོ།། །

四、四世阿嘉·洛桑加央嘉措《祭祀、会供瑜珈历神赤噶尤拉法·新圆满时之祥云》

༄། །རྒྱལ་བསྟན་སྲུང་མཛད་དགྲ་ལྷ་ཡོངས་ཀྱི་རྗེ་བོ་ཡུལ་ལྷ་གཉན་པོའི་གསོལ་མཆོད་རྫོགས་ལྡན་རྒྱུ་འཛིན་གསར་བ་ཞེས་བྱ་བ་བཞུགས་སོ། །༄༅། །ན་མོ་གུ་རུ་རཏྣ་པདྨ་ཏ་ཀྲིད་ཡ། ཀུན་གཟིགས་རྒྱལ་དབང་པདྨ་ཐོད་འཕྲེང་རྩལ། །ཀུན་

མཁྱེན་གཉིས་པ་བློ་བཟང་གྲགས་པ་དང་། །ཀུན་ཏུ་དབྱེར་མེད་པད་མ་དབང་ཆེན་ལ། །ཀུན་ནས་མི་ཕྱེད་དད་པས་ཕྱག་བྱས་ཏེ། །འཛམ་མགོན་བླ་མའི་འཁྲུངས་གནས་ལྕམ་བེའི་ཚལ། །ཆོས་སྡེ་ཆེ་དང་རིང་མིན་གནས་འཆའ་བའི། །རྣལ་འབྱོར་སྐྱེས་ལྷ་ཙོ་ནའི་དགྲ་ལྷ་ཆེའི། །གསོལ་མཆོད་ཆུ་འཛིན་གསར་པ་འདི་ན་སྤྲོ། །དེ་ཡང་ངེས་པ་དོན་དུ་བཅོམ་ལྡན་འདས་འོད་དཔག་མེད་པ་དང་། །ཡི་དམ་པདྨ་དབང་གི་རྒྱལ་པོའི་ཐུགས་བདེ་སྟོང་གཉིས་བྲལ་གྱི་ཡེ་ཤེས་བདེ་བ་ཆེན་པོའི་རང་བཞིན་ལས་མ་འདས་ཀྱང་། །དྲང་དོན་ཀུན་རྫོབ་པའི་ངོར་འཛིག་རྟེན་སྐྱོང་བའི་དགྲ་ལྷ་ཆེན་པོའི་ཚུལ་བཟུང་སྟེ། །དསུ་ཀོལ་སྙིགས་དུས་ཀྱི་མི་དང་མི་མིན་འབྱུང་པོའི་རིགས་གྱུར་མཐའ་དག་གང་འཚམ་ཞི་དྲག་ཐབས་ཀྱི་སྒོ་ནས། ཡང་དག་པའི་ལམ་ལ་བཀྲི་བར་མཛད་པའི་ཆོས་སྐྱོང་བའི་སྲུང་མ་མཐུ་རྩལ་དང་ལྡན་པ། །མ་ཧཱ་ཙོ་ནའི་སྐད་དུ་པེན་ཁྲིན་ནམ་ཤིང་མ་ཐེན་ཙེ་ཞེས་པའི་མཚན་ཅན། །དགྲ་ལྷ་ཆེན་པོའི་གསོལ་མཆོད་རྒྱས་པར་བྱེད་འདོད་པ་རྣམས་ཀྱིས། །མཆོད་པའི་ཡོ་བྱད་དང་། བསྐང་རྫས་རྣམས་ལེགས་པར་འདུ་བྱས་ཏེ། །སྐྱབས་སེམས་སྔོན་དུ་བཏང་སྟེ། །ཡི་དམ་པདྨ་དབང་གི་རྒྱལ་པོའི་བདག་བསྐྱེད་རྒྱས་པར་རམ། །བསྡུས་པ་ལ་མོས་ན། །རང་ཉིད་སྐད་ཅིག་གིས་བཅོམ་ལྡན་འདས་དཔལ་ཆེན་ཁྲག་འཐུང་པདྨ་དབང་གི་རྒྱལ་པོ་དབུའི་གཙུག་ཏུ་རྟ་མགོ་ལྗང་ནག་གིས་མཚན་པའི་ཞལ་གསུམ། །ཕྱག་དྲུག་པ་ཞབས་བཞི་གཡས་བསྐུམ་ཞིང་གཡོན་བརྐྱང་བ། །བདེ་སྟོང་ཟུང་དུ་འཇུག་པའི་ཐབས་ཤེས་ཀྱི་སྦྲོ་གཤོག་རབ་ཏུ་རྒྱས་པ། །ཕྱག་མཚན་རྒྱན་དང་ཆ་ལུགས་ཡོངས་སུ་རྫོགས་པ་ཡུམ་དང་བཅས་པའི་

སྐུར་བཞེངས་པར་གྱུར། ཨོཾ་པདྨ་ཏ་ཀྲིད་ཧཱུཾ་ཕཊ། ཨོཾ་སྭ་བྷ་ཝ་ཤུདྡྷཱ་ས་རྦ་དྷརྨཱཿསྭ་བྷཱ་ཝ་ཤུདྡྷོ་ཧཾ། སྟོང་པ་ཉིད་དུ་གྱུར། །སྟོང་པའི་ངང་ལས་མཆོད་རྫས་རྣམས་ངོ་བོ་བདེ་སྟོང་གཉིས་སུ་མེད་པའི་ཡེ་ཤེས་ཡིན་པ་ལ། །རྣམ་པ་མཆོད་རྫས་བྱེད་པ་ལས་མཆོད་ཡུལ་རྣམས་ཀྱི་ཐུགས་རྒྱུད་ལ་ཟག་མེད་ཀྱི་བདེ་བ་བསྐྱེད་ནུས་པས་ས་དང་བར་སྣང་ནམ་མཁའི་ཁྱོན་ཐམས་ཅད་ཡོངས་སུ་གང་བར་གྱུར། །ཕྱགས་དྲུག་ཕྱུག་རྒྱ་དྲུག་གིས་བྱིན་གྱིས་བརླབས་ཏེ། །ཨོཾ་སྭ་བྷ་ཝ་ཤུདྡྷཱ་ས་རྦ་དྷརྨཱཿསྭ་བྷཱ་ཝ་ཤུདྡྷོ་ཧཾ། ཆོས་ཀུན་གདོད་ནས་རྣམ་དག་སྟོང་པར་གྱུར། །སྟོང་པའི་ངང་ལས་མདུན་དུ་སྐད་ཅིག་གིས། །རིན་ཆེན་ལས་གྲུབ་ས་འཛིན་མཐོན་པོའི་རྩེར། །རྣམ་པར་རྒྱལ་བའི་ཁང་བཟང་ལ་འཁྱུ་བའི། །ཡིད་འོང་ངོ་མཚར་གཞལ་མེད་ཁང་ནི། །བྱི་ཏའི་ལྷུན་པོར་འགྲན་བཟོད་ག་བ་ཡིས། །ས་ལེ་སྦྲམ་དང་པད་རག་བཻཌཱུརྱའི། །གདུང་བྲེ་ལྷུམ་རྣམས་ཡོངས་སུ་རབ་བརྟེག་ཅིང་། །ནོར་བུ་ཤེལ་རང་བཞིན་རྩིག་ངོས་སུ། །སྨད་བྱུང་རྣམ་ཐར་དབང་པོའི་གཞུ་རིས་ནི། །འགྲོ་རྣམས་ལྟད་མོར་འབོད་ལ་ཆས་འདྲའི་དབུས། །ཡིད་འཕྲོག་རིན་ཆེན་ཁྲི་འཕར་མཐོན་པོའི་སྟེང་། །རྒྱལ་བསྟན་སྲུང་མཛད་དགྲ་ལྷ་ཡོངས་ཀྱི་རྗེ། །རྣམ་འབྱོར་སྐྱེས་ལྷ་ཤིང་མ་ཐེན་ཙེ་ནི། །ཞལ་གཅིག་ཕྱག་གཉིས་གཞོན་ནུའི་ཚུལ་འཛིན་པ། །དཀར་དམར་མདངས་ཆགས་དགྱེས་པའི་འཛུམ་ཞལ་ཅན། །དབང་ཕྱོགས་བཟོ་བོའི་འཕྲུལ་ལས་ཉེར་ཕོན་པའི། །ཡིད་འོང་ཟ་འོག་ལས་གྲུབ་ནབས་བཟས་གླུབས། ། སྣ་ཚོགས་དར་དང་རིན་ཆེན་རྒྱན་གྱིས་སྤྲས། །ཕྱག་གཉིས་ཐུགས་ཀར་བསྣོལ་བའི་ཚུལ་འཆར་ཞིང་། །རྔམས་བརྗིད་དྲེགས་

པའི་འཁོར་ཚོགས་རྒྱ་མཚོའི་དབུས། །རྒྱལ་པོ་རོལ་པའི་ཚུལ་གྱིས་བགྱིང་བཞིན་བཞུགས། །རེས་འགའ་ཀུན་གསལ་མཛེས་མའི་ངོས་ཡངས་སུ། །གངས་རིའི་མདངས་ལྡན་ཆུ་འཛིན་འཁྲིགས་པའི་དབུས། །རིན་ཆེན་སྣ་སྤེལ་རྒྱན་གྱིས་རབ་སྤྲས་པའི། །ཁ་དོག་མ་ངེས་མཐུ་ལྡན་ཅང་ཤེས་དང་། ། སྐབས་འགར་མཐོང་གསུམ་ཡུད་ཀྱིས་བསྐོར་བ་ཡི། །སྤྲིན་དཀར་གཡོ་འདྲའི་དྲེའུ་ལ་ཞོན་ནས། །བསྟན་དགྲ་མ་ལུས་ཐལ་བར་བརླག་མཛད་ཅིང་། །བསྟན་འགྲོའི་དཔུང་གཉེན་བླ་མའི་འཕྲིན་ལས་སྤེལ། །བསྟན་ལ་དད་པའི་འགྲོ་རྣམས་སྐྱོང་མཛད་པའི། ། བསྟན་སྲུང་དགྲ་ལྷའི་རྒྱལ་པོ་མཐུ་རྩལ་ཅན། །བཙུན་མོ་སྲས་དང་བློན་པོའི་ཚོགས་རྣམས་དང་། །བཀའ་སྡོད་དྲེགས་པ་སྡེ་བརྒྱད་འཁོར་དང་བཅས། །རྣལ་འབྱོར་བས་མཆོད་གནས་འདིར་སྤྱན་འདྲེན་ན། །བདེ་བ་ཅན་སོགས་དག་པའི་ཞིང་མཆོག་དང་། །ཁྲི་ཀ་གསེར་མོ་ལྗོང་གི་ཕོ་བྲང་ནས། །མ་ཐོགས་རིངས་པའི་ཚུལ་གྱིས་འདིར་སྤྱོན་ལ། །བསང་མཆོད་མཆོག་གི་གནས་འདིར་བརྟན་བཞུགས་ནས། །ཅི་འདོད་དངོས་གྲུབ་མྱུར་དུ་སྩོལ་དུ་གསོལ། །

ཀྱཻ་བདག་ཅག་སྙིགས་དུས་སྐྱེ་བོ་རྣམས། །བག་མེད་ཉོན་མོངས་དབང་གྱུར་པས། །བླ་མ་ཡི་དམ་ཆོས་སྲུང་དང་། །དཔལ་ཆེན་དགྲ་ལྷའི་རྒྱལ་པོ་ཡི། །ཐུགས་དང་འགལ་བ་ཅི་བགྱིས་པ། །བརྩེ་ལྡན་སྤྱན་སྔར་བཤགས་བགྱིད་ན། །མ་ཡིས་བུ་ལ་ཇི་བཞིན་དུ། །བཟོད་པར་གནང་སྟེ་རྗེས་བརྩེ་མཛོད། །ཀྱཻ་རྫས་སྔགས་ཏིང་ངེ་འཛིན་གྱི་རོལ་པ་དང་། །ཆོས་དབྱིངས་འགྱུར་མེད་བདེན་མཐུ་ལས་བྱུང་པའི། །ཡིད་འོང་ཕྱི་ནང་གསང་བའི་མཆོད་པའི་སྤྲིན། །ནམ་མཁའི་ཁམས་ཀུན་ཡོངས་སུ་ཁྱབ་པ་འདིས། །

བླ་མ་ཡི་དམ་བཀའ་ལས་མི་འདའ་བའི། །བསྟན་སྲུང་འཁོར་བཅས་དགྱེས་པ་བསྐྱེད་གྱུར་
ཅིག །བསྟན་སྲུང་ཆེན་པོ་འཁོར་དང་བཅས་རྣམས་ཀྱིས། །བདག་ཅག་བསམ་དོན་
འགྲུབ་པའི་འཕྲིན་ལས་མཛོད། །ཡན་ལག་བརྒྱད་ལྡན་ཆུ་གཏེར་མཆོད་ཡོན་དང་། །
རབ་མཛེས་འཁྲིལ་ལེགས་རྫིང་བུའི་ཞབས་བསིལ་མཆོག །ལྷ་མིའི་ཆུ་སྐྱེས་ཡིད་འོང་
ཚོགས་རྣམས་དང་། །དྲི་ཞིམ་ངད་ལྡན་བདུག་སྤོས་དམ་པ་འདིས། །བླ་མ་ཡི་དམ་
བཀའ་ལས་མི་འདའ་བའི། །བསྟན་སྲུང་འཁོར་བཅས་དགྱེས་པ་བསྐྱེད་གྱུར་ཅིག །
བསྟན་སྲུང་ཆེན་པོ་འཁོར་དང་བཅས་རྣམས་ཀྱིས། །བདག་ཅག་བསམ་དོན་འགྲུབ་
པའི་འཕྲིན་ལས་མཛོད། །ཉི་ཟླའི་འོད་ལ་འགྲན་པའི་སྣང་གསལ་དང་། །དམར་སེར་
ལྷུ་བ་འཁྲིལ་བའི་དྲི་ཆབ་མཆོག། རོ་བརྒྱའི་བཅུད་ལྡན་ལྷ་མིའི་བཟའ་བཅའི་ཞུད། །
ཉམས་འགྱུར་འབུམ་ལྡན་རོལ་མོའི་ཚོགས་རྣམས་ཀྱིས། །བླ་མ་ཡི་དམ་བཀའ་ལས་
མི་འདའ་བའི། །བསྟན་སྲུང་འཁོར་བཅས་དགྱེས་པ་བསྐྱེད་གྱུར་ཅིག། བསྟན་སྲུང་
ཆེན་པོ་འཁོར་དང་ཅབས་རྣམས་ཀྱིས། །བདག་ཅག་བསམ་དོན་འགྲུབ་པའི་འཕྲིན་
ལས་མཛོད། །བསྟན་ལ་ལོག་པར་འཁུ་བའི་གདུག་ཅན་གྱི། །ཤ་ཡི་རི་བོ་ཁྲག་གི་རྒྱ་
མཚོ་དང་། །དོན་སྙིང་ནང་ཁྲོལ་བསྲེག་བསྔོས་བརྟེན་པའི་ཚོགས། །རྡོ་རྗེ་གསུམ་གྱིས་
བདུད་རྩིར་བྱིན་རླབས་འདིས། །བླ་མ་ཡི་དམ་བཀའ་ལས་མི་འདའ་བའི། །བསྟན་
སྲུང་འཁོར་བཅས་དགྱེས་པ་བསྐྱེད་གྱུར་ཅིག། བསྟན་སྲུང་ཆེན་པོ་འཁོར་དང་བཅས་
རྣམས་ཀྱིས། །བདག་ཅག་བསམ་དོན་འགྲུབ་པའི་འཕྲིན་ལས་མཛོད། །རྒྱུ་འཕྲུལ་
ཐུགས་ལྡན་ཧ་དྲེལ་ཚོགས་རྣམས་དང་། །གཡག་རོག་ཞོལ་ཆེན་འཁྲིལ་ལེགས་རྟ་

ལྷན་ལུག། མཁའ་དབྱིངས་ངོས་སུ་རྒྱུ་བའི་སྒྲོ་ལྷན་ཚོགས། །དོམ་ལྟར་འཕྱོ་བའི་ནོར་སྐྱོང་འདི་དག་གིས། །བླ་མ་ཡི་དམ་བཀའ་ལས་མི་འདའ་བའི། །བསྟན་སྲུང་འཁོར་བཅས་དགྱེས་པ་བསྐྱེད་གྱུར་ཅིག །བསྟན་སྲུང་ཆེན་པོ་འཁོར་དང་བཅས་རྣམས་ཀྱིས། །བདག་ཅག་བསམ་དོན་འགྲུབ་པའི་འཕྲིན་ལས་མཛོད། །གཡུལ་ལས་རྣམ་པར་རྒྱལ་བའི་གོ་ཁྲབ་དང་། །རྡོ་རྗེའི་ངར་ལྡན་རལ་གྲི་མདའ་མདུང་སོགས། །དགྲ་བགེགས་ཚམ་ལ་འབེབ་པའི་ཆ་རྐྱེན་དུ། །འོས་པའི་རྫས་བརྗེད་མཚོན་ཆའི་ཚོགས་རྣམས་ཀྱིས། །བླ་མ་ཡི་དམ་བཀའ་ལས་མི་འདའ་བའི། །བསྟན་སྲུང་འཁོར་བཅས་དགྱེས་པ་བསྐྱེད་གྱུར་ཅིག། བསྟན་སྲུང་ཆེན་པོ་འཁོར་དང་བཅས་རྣམས་ཀྱིས། །བདག་ཅག་བསམ་དོན་འགྲུབ་པའི་འཕྲིན་ལས་མཛོད། །རབ་འབར་མེ་ནང་ལྷ་མེའི་བསང་རྫས་ནི། །མ་ཚང་མེད་པར་བསྒྲིགས་པའི་དུད་སྤྲིན་གྱིས། །ཀུན་གསལ་ཁྱོན་ཀུན་ཡོངས་སུ་ཁྱབ་པའི། །དྲི་ཞིམ་ངད་ལྡན་བསང་གི་མཆོད་པ་འདིས། །བླ་མ་ཡི་དམ་བཀའ་ལས་མི་འདའ་བའི། །བསྟན་སྲུང་འཁོར་བཅས་དགྱེས་པ་བསྐྱེད་གྱུར་ཅིག། བསྟན་སྲུང་ཆེན་པོ་འཁོར་དང་བཅས་རྣམས་ཀྱིས། །བདག་ཅག་བསམ་དོན་འགྲུབ་པའི་འཕྲིན་ལས་མཛོད། །མདོར་ན་གླིང་བཞི་གླིང་ཕྲན་ཉི་ཟླ་དང་། །གཞལ་མེད་ཁང་བཟང་ནོར་བུའི་བང་མཛོད་སོགས། །དངོས་སུ་བཤམས་དང་ཡིད་ཀྱིས་སྤྲུལ་པ་ཡི། །མགོ་རྒྱུའི་ཡོ་བྱད་མ་ཚང་མེད་པ་འདིས། །བླ་མ་ཡི་དམ་བཀའ་ལས་མི་འདའ་བའི། །བསྟན་སྲུང་འཁོར་བཅས་དགྱེས་པ་བསྐྱེད་གྱུར་ཅིག །བསྟན་སྲུང་ཆེན་པོ་འཁོར་དང་བཅས་རྣམས་ཀྱིས། །བདག་ཅག་བསམ་དོན་འགྲུབ་པའི་འཕྲིན་

ལས་མཛོད། །བསྟན་སྲུང་དགྲ་ལྷའི་རྒྱལ་པོ་འཁོར་བཅས་ཀྱིས། །མཐུན་པའི་དམ་རྫས་འདི་དག་དགྱེས་བཞེས་ལ། །སངས་རྒྱས་བསྟན་པ་ཕྱོགས་བརྒྱར་རྒྱས་པ་དང་། །བདག་ཅག་བསམ་དོན་འགྲུབ་པའི་གྲོགས་མཛོད་ཅིག། གསེར་སྐྱེམས་འབུལ་བ་ནི། །ཨོཾ་ཨཱཿཧཱུྃ། ལན་གསུམ། །གསེར་སྐྱེམས་གཙང་མ་ཕུད་ཀྱི་མཆོད་པ་འདི། །བསྟན་སྲུང་དགྲ་ལྷའི་རྒྱལ་པོ་འཁོར་བཅས་ཀྱིས། །དགྱེས་བཞིན་བཞེས་ཏེ་ཞྭ་སེར་བསྟན་པ་འདི། །དར་རྒྱས་ཡུན་རིང་གནས་པའི་འཕྲིན་ལས་སྒྲུབས། །ཚིག་རྐང་གོང་མ་གཉིས་འདྲ། །XX དགྱེས་བཞིན་བཞེས་ཏེ་དཔལ་ལྡན་བླ་མ་ཡི་། ཞབས་བརྟན་མཛད་འཕྲིན་རྒྱས་པོ་གྲོགས་མཛོད་ཅིག། །XXདགྱེས་བཞིན་བཞེས་ཏེ་རྣམ་འབྱོར་དཔོན་སློབ་ཀྱི། །ཚེ་བསོད་དཔལ་འབྱོར་རྒྱས་པའི་གྲོགས་མཛོད་ཅིག། །XXདགྱེས་བཞིན་བཞེས་ཏེ་བདག་ཅག་མི་ནོར་རྣམས། །གཞི་ལམ་བྱེས་གསུམ་ཀུན་ཏུ་སྐྱོང་བར་མཛོད། །XXདགྱེས་བཞིན་བཞེས་ཏེ་བདག་ཅག་དཔོན་སློབ་ཀྱི། །བསམ་དོན་ལྷུན་གྱིས་འགྲུབ་པའི་འཕྲིན་ལས་མཛོད། །ཀྱཻ་དངོས་བཤམས་ཡིད་ཀྱིས་སྤྲུལ་པ་ལས། །བྱུང་བའི་མཆོད་སྤྲིན་རྒྱ་མཚོ་འདི། །ཡུལ་ལྷ་གཉན་པོ་འཁོར་བཅས་ལ། །སྔར་བཅོལ་ལེགས་པའི་གཏང་རག་དང་། །ད་འཆོལ་སྒྲུབ་པའི་རྟེན་དུ་འབུལ། །ཚུལ་འདི་ཁྱོད་ཀྱིས་རྗེས་དགོངས་ལ། །རྐྱེན་ངན་བར་ཆད་ཞི་བ་དང་། །ཅི་འདོད་དངོས་གྲུབ་སྩོལ་དུ་གསོལ། །ཀྱཻ་བླ་མ་ཡི་དམ་རྣམས་ཀྱི་བཀའ་བཞིན་དུ། །སངས་རྒྱས་བསྟན་པ་སྲུང་ལ་མ་གཡེལ་ཞིང་། །བསྟན་དགྲ་རྡུལ་དུ་བརླག་པའི་མཐུ་རྩལ་ཅན། །དགྲ་ལྷ་གཉན་པོ་འཁོར་བཅས་བསྐྱོད་ཞར་བགྱི། །དྲན་པའི་མོད་ལ་འདོད་དོན་ཀུན་སྒྲུབ་ཅིང་། །ཉེར་འཚོའི་མཚན་མ་མཐའ་

དག་རབ་བསལ་ཏེ། །ལུས་དང་གྲིབ་མ་བཞིན་དུ་གྲོགས་མཛད་པའི། །བསྟན་སྲུང་ཡུལ་ལྷ་གཉན་པོ་འཁོར་བཅས་བསྟོད། །མཐུ་སྟོབས་ནུས་པའི་མཆེ་སྡེར་རབ་རྣོ་ཞིང་། །མཐུ་ཆེན་རི་དྭགས་དབུས་ན་རབ་འགྱིང་བའི། །མཐུ་ལྡན་ནགས་ཀྱི་དཔའ་པོ་དགྲ་ལྷ་ཆེ། །མཐུ་ཆེན་རིགས་རྒྱུད་སྲུང་མ་ཁྱོད་ལ་བསྟོད། །སྟོབས་ལྡན་དྲེགས་ཧྲམ་བསྟན་དགྲ་གཉིས་འཐུང་གི། སྟོབས་དང་གླད་པ་གཅིག་ཆར་བཅོམ་བྱས་ཏེ། །སྟོབས་བཅུ་མངའ་བའི་བསྟན་པ་སྲུང་པའི་གཙོ། །སྟོབས་ཆེན་གདོང་ལྡའི་དབང་པོ་ཁྱོད་ལ་བསྟོད། །ཕུན་ཚོགས་ལས་བཞིའི་སྒྲོ་གཤོག་རབ་རྒྱས་ཤིང་། །ཕུན་ཚོགས་མཐུ་སྟོབས་མཆུ་སྡེར་རྣོན་པོ་ཡིས། །ཕུན་ཚོགས་ཀུན་སྐྱོལ་བགེགས་དཕྱུང་མཐར་མཛད་པའི། །ཕུན་ཚོགས་མཁའ་ལྡིང་གཙོ་བོ་ཁྱོད་ལ་བསྟོད། །དཔལ་ལྡན་སྔོན་གྲགས་ཛ་གསང་མཐོན་པོ་ཡིས། །དཔལ་ལྡན་དྲེགས་པ་ཅན་རྣམས་སྐྱེངས་བྱེད་ཅིང་། །དཔལ་ལྡན་དངོས་གྲུབ་ཆར་ཆེན་འབེབས་མཁས་པའི། །དཔལ་ལྡན་སྤྲིན་གྱི་ལུས་ཅན་ཁྱོད་ལ་བསྟོད། །རྣལ་འབྱོར་བདག་ཅག་དཔོན་སློབ་འཁོར་བཅས་ཀྱི། །རྐྱེན་ངན་བར་ཆད་མཐའ་དག་ཉེར་བསལ་ཏེ། །ཅི་འདོད་བསམ་དོན་ཡིད་བཞིན་སྒྲུབ་པ་ཡི། །འཁོར་ཚོགས་རྒྱ་མཚོར་བཅས་ལ་བདག་བསྟོད་དོ། །བསྟན་སྲུང་ཐོན་མེད་ཟླ་ཤེལ་གསར་པ་ཡིས། །འཕྲིན་ལས་བསིལ་ཟེར་འོད་འཕྲེང་ཡོངས་སྤྲོས་ཏེ། །བདག་ཅག་དཔོན་སློབ་མི་ནོར་ཕྱོགས་བཅས་ལ། །གནོད་བྱེད་གདོན་བགེགས་ཚ་གདུང་ཞི་བར་མཛོད། །ཡི་དམ་པདྨའི་བཀའ་སྲུང་ཉེན་བྱེད་ཆེ། །དགྲ་ལྷའི་རྒྱལ་པོའི་འཕྲིན་ལས་འོད་སྟོང་གིས། །ཚེ་བསོད་དཔལ་འབྱོར་ཆོས་སྲིད་ལེགས་ཚོགས་རྣམས། །ཕུ་ཏྟ་རི་ཀའི་ཚལ་

ལྷར་གྲུས་པར་མཛོད། །སྡེ་བརྒྱད་བྲན་དུ་བཀོལ་བའི་མཐུ་སྟོབས་བདག། དགྲ་ལྷ་གཉན་པོ་འཁོར་དང་བཅས་རྣམས་ཀྱིས། །ཁམས་གསུམ་ཟས་ནོར་འདོད་རྒྱུའི་ལོངས་སྤྱོད་སོགས། །ཅི་འདོད་དབང་དུ་འདུ་བའི་འཕྲིན་ལས་མཛོད། །རྒྱལ་འབྱོར་སྐྱེས་ལྷ་གཉན་པོ་འཁོར་བཅས་ཀྱིས། །བསྟན་ལ་གནོད་ཅིང་བདག་ཅག་དཔོན་སློབ་ལ། །འཚོ་བའི་བསམ་ངན་མི་དང་མི་མིན་ཚོགས། །དྲག་པོའི་ལས་ཀྱིས་རིང་མིན་ཚར་གཅོད་མཛོད། །མཐུ་སྟོབས་དྲེགས་པའི་ང་རོ་ཆེར་སྒྲོགས་པའི། །མཐུ་ལྡན་ལྷ་ཀླུ་འབྱུང་པོའི་རིགས་གྱུར་ཀུན། །མཐུ་ལྡན་ཁྱོད་ཀྱི་བཀའ་ལས་མི་འདའ་བས། །མཐུ་སྟོབས་བསྐྱེད་དེ་འཕྲིན་ལས་སྒྲུབ་པར་མཛོད། །མདོར་ན་བདག་ཅག་མི་ནོར་དགོན་གནས་དང་། །བདག་ལ་རེ་ལྟོས་འཆའ་བའི་ལུས་ཅན་རྣམས། །ཡུལ་ལྷ་གཉན་པོ་ཁྱོད་ལ་གཉེར་གཏད་ན། །ཉིན་མཚན་དུས་དྲུག་གཡེལ་མེད་སྲུང་སྐྱོབས་མཛོད། །སངས་རྒྱས་བསྟན་པ་ཕྱོགས་བཅུར་རབ་རྒྱས་ཤིང་། །རྗེ་བཙུན་བླ་མའི་ཞབས་པད་བསྐལ་བརྒྱར་བརྟན། །འཇིག་རྟེན་ཁམས་སུ་མི་འདོད་ཀུན་ཞི་སྟེ། །ལེགས་ཚོགས་ལྷུན་གྱིས་འགྲུབ་པའི་འཕྲིན་ལས་མཛོད། །ཡིག་བརྒྱ་བརྗོད། མ་རྙེད་ཡོངས་སུ་xxརིགས། །ཆག་པ་དང་ནི་xxགསོལ། །ཨོཾ་ཁྱེད་ཀྱིས་བདག་གི་བྱ་བ་མཛད། །རྗེས་སུ་མཐུན་པའི་xxམཛད་དུ་གསོལ། །ཨོཾ་ཨཱཿབཛྲ་མུཿདྲན་པའི་མོད་ལ་མཆོག་དང་ཐུན་མོང་གི ། དངོས་གྲུབ་མཐར་དག་བདེ་བླག་སྩོལ་མཛད་པའི། །བླ་མ་ཡི་དམ་དབྱེར་མེད་ཞབས་པད་ལས། །བཀྲ་ཤིས་དགེ་མཚན་སྣང་སྲི་ཆར་དུ་ཕོབ། །ཞི་རྒྱས་དབང་དང་དྲག་པོའི་འཕྲིན་ལས་ཀྱིས། །བསྟན་དགྲ་མ་ལུས་རྡུལ་དུ་བརླག་མཛད་ཅིང་། །

རྒྱལ་བསྟན་ཕྱོགས་བརྒྱུར་སྤེལ་ལ་མི་གཡེལ་བའི། །དཔལ་ལྡན་བསྟན་སྲུང་རྣམས་ཀྱི་བཀྲ་ཤིས་ཤོག། མཐུ་སྟོབས་རྫོ་རྗེའི་མེ་ཆར་དྲག་པོ་ཡིས། །གདོན་བགེགས་བྲག་རི་གཞོམ་དང་ཆབ་གཅིག་པར། །རྣལ་འབྱོར་འདོད་དོན་ཐོགས་མེད་སྒྲུབ་མཛད་པའི། །བསྟན་སྲུང་དགྲ་ལྷའི་རྒྱལ་པོའི་བཀྲ་ཤིས་ཤོག བདག་སོགས་རྣམས་ཀྱི་xགསོལ། །ཕན་བདེའི་འབྱུང་གནས་xརྒྱས་གྱུར་ཅིག །བསོད་ནམས་དར་རྒྱས་xབཀྲ་ཤིས་ཤོག །འབད་དང་རྩོལ་བ་མི་དགོས་པའི། །ཡིད་བཞིན་ནོར་བུ་དཔག་བསམ་ཤིང་། །སེམས་ཅན་རེ་བ་སྐོར་མཛད་པའི། །བསམས་པ་འགྲུབ་པའི་བཀྲ་ཤིས་ཤོག །ཅེས་རྒྱལ་བསྟན་སྲུང་མཛད་དགྲ་ལྷ་ཡོངས་ཀྱི་རྗེ་བོ་ཁྲི་ཀའི་ཡུལ་ལྷ་གཉན་པོར་གསོལ་མཆོད་རྒྱས་པར་བྱེད་ཚུལ་རྫོགས་ལྡན་ཆུ་འཛིན་གསར་པ་བྱ་བ་འདི་ནི། ལྷ་མཆོག་འདི་ཉིད་ཀྱི་ཕོ་བྲང་ཆེན་པོ་དང་མི་རིང་བའི་ཡུལ་གྲུ་སྔོ་མེ་ཏོག་རྒྱ་སྟག་ལྡེམ་གསེར་མོ་ལྗོངས་ཀྱི་སའི་ཆར་སྐྱེས་པའི་བཙུན་ཆུང་སྟོམས་ལས་ཀྱི་ཁོལ་པོར་གྱུར་པ་རྒྱལ་དབང་ཕྲུག་ན་པདྨོའི་བཀའ་ལུང་གིས་བསྟན་པའི་གསལ་བྱེད་ཨེར་དེ་ནི་པཎྜི་ཏ་ཞེས་འབོད་པ་ཨ་ཀྱཱ་ཧོ་ཐོག་ཐུ་༧བློ་བཟང་འཇམ་དབྱངས་རྒྱ་མཚོས་ལྷུགས་ཕག་ལོར་བོད་དབུས་ནས་ཕ་ཡུལ་དུ་བསྐྱོད་སྐབས་བྱང་ནག་ཆུའི་སའི་ཆ་བཀྲ་ཤིས་རྒྱ་མཚོའི་སྐར་ཐོག་ཏུ་སྣང་བར་གང་ཤར་ཐོལ་བྱུང་དུ་བྲིས་པ་ལ་ནོངས་འགལ་གྱི་རིགས་མཆིས་ཆེ་༧བླ་མ་ཡི་དམ་གྱི་སྤྱན་སྔར་བཟོད་པར་གསོལ་ཞིང་། །འདི་བྲིས་རྣམ་དཀར་གྱི་མཐུ་ལས་ལྷ་མཆོག་འཁོར་དང་བཅས་པ་དགྱེས་པ་བསྐྱེད་པར་གྱུར་ཅིག། འདིའི་པར་གྱི་ཡི་གེ་ནི་དགེ་སློང་བློ་བཟང་དམ་ཆོས་སོ། །

五、哈萨纳丹巴坚参《酬补大神尤拉祈请法·任运成就》

ལྷ་ཆེན་ཡུལ་ལྷའི་བསྐང་གསོལ་འཕྲིན་ལས་ཀུན་འབྱུང་བཞུགས་སོ།

༄༅། །མཐུ་སྟོབས་དབང་ཕྱུག་བླ་མ་གཤིན་རྗེའི་གཤེད། །མཐུ་ལྡན་སྐྱབས་གནས་ཀུན་ལ་བྱས་ནས། དྲེགས་པའི་སྡེ་དཔོན་ལྷ་ཆེན་ཡུལ་ལྷ་ཡི། །བསྐངས་བཤགས་མཆོད་པའི་ལས་རིམ་འགོད། །འདིར་འཛམ་པའི་དབྱངས་ཀྱི་སྤྲུལ་པ་རྒྱ་ནག་གོང་མ་ཆེན་མོའི་ཕྱི་ནང་གི་ས་མཚམས་སྲུང་ཞིང་སྐྱོང་བའི་ཡུལ་ལྷ་རྒྱ་ནག་ཤིང་མ་ཐེན་ཅོ་ནེ་འཕྲིན་ལས་ནུས་མཐུ་གཞན་ལས་ཤིན་ཏུ་མྱུར་བའི་སྲུང་མ་ཁྱད་པར་ཅན་ལ་མཆོད་གཏོར་འབུལ་བར་གཙང་ཞིང་དབེན་པའི་གནས་སུ་མཆོད་གཏོར་འདོད་ཡོན་དམ་རྫས་སྤྱན་གཟིགས་དང་ཁྱད་པར་དུ་ཤ་ཁྲག་དབང་པོ་སྣ་ཚོགས་དོན་སྙིང་སྣ་ལྔ་སོགས་བསྒྲིགས་པའི་དམར་མཆོད། ཇ་ཕུད་ཆང་ཕུད་གསེར་སྐྱེམས་སམ་བསངས་རྫས་སོགས་དང་གཏོར་མ་རྩེ་མོ་ཟླུམ་པོ་གསུམ་གཉིས་གྲུ་གསུམ་ཆ་གཅིག་གྲུ་བཞི་རྩ་བ་ཟླ་གམ་ལྟ་བུ་ལ་བཅད་ཁམ་བཅུ་གསུམ་གྱིས་སྐོར། ཡབ་ཡུམ་གཉིས་ལ་དཀར་གཏོར་སྦྱལ་དཀྲིས་ཅན་གཉིས་དང་། བློན་ཆེན་སྡེ་བཞི་ལ་ཡང་དཀར་གཏོར་སྦྱལ་དཀྲིས་ཅན་བཞི་དང་། བསྡུས་ན་གཙོ་འཁོར་ཐམས་ཅད་ལ་དཀར་གཏོར་སྦྱལ་དཀྲིས་ཅན་ལ་སོགས་གང་བདེ་བཤམས། མཆོད་གཏོར་གསུར་རྫས་རྣམས་དང་། སྒྲུབ་པ་པོ་

རྣམས་ཀྱིས་བ་གླང་གི་ཤ་ཁྲག་ལ་འཛེམ་དགོས། དྲི་ཆམ་གྱིས་ཀྱང་མ་ཐོག་པ་གལ་ཆེའོ། །རང་ཡི་དམ་གང་བྱེད་ཀྱང་མདུན་རྟོགས་དམིགས་པ་དང་བཅས་བསྐྱབ། ཁྱད་པར་ཡི་དམ་གང་ཉུང་གི་རྒྱལ་དང་ལྡན་པའི་སྒོ་ནས། ཨོཾ་སྭ་བྷཱ་ཤས་སྟོང་པར་སྦྱངས། སྟོང་པའི་ངང་ལས་རང་གི་མདུན་དུ་རིན་པོ་ཆེ་སྣ་ཚོགས་ལས་གྲུབ་པའི་ཁང་བཟང་དམ་པ་ཕྱི་བལྟས་ནང་གསལ་བ། ནང་བལྟས་ཕྱི་གསལ་བས། སྟེང་གི་ནམ་མཁའ་ལ་འཇའ་དང་ཆར་སྤྲིན་སྒློག་ཕྲེང་འཁྲིགས་པ། བར་སྣང་མེ་རླུང་འཚུབ་མས་འགེངས་ཤིང་། ས་གཞིར་རྒྱ་མཚོ་ཆེན་པོ་དྲག་ཏུ་འཁྲུགས་པའི་ནང་དུ་གསེར་ཁྲིའི་བཀོད་པ་མཛེས་ཤིང་ཡངས་པའི་སྟེང་དུ་ཡི་གེ་ཏྲི་ཡོངས་སུ་གྱུར་བ་ལས་ལྷ་ཆེན་གཉན་པོ་གསེར་ཞལ་ཅན། རབ་ཏུ་བརྗིད་པའི་ཉམས་དང་ལྡན་པ་སྙིག་ཅིང་འགྱིང་བའི་ཚུལ་གྱིས་ཕྱག་གཉིས་ཐུས་མོར་བརྟེན་པ། ཅོ་པེར་སེར་པོའི་སྟོད་གོས། ཟ་འོག་གོས་ཀྱི་ན་བཟའ་གསོལ་བ། རྒྱ་ནག་སྐྱེ་བོའི་ཆ་བྱད་ཅན། ཞབས་ལ་རྒྱ་ལྷམ་ནག་པོ་གསོལ་བ། གསེར་གྱི་ཁྲི་ལ་བཟང་པོའི་འདུག་སྟངས་ཅན། བདེན་རྫུན་ལེགས་ཉེས་ཤན་འབྱེད་པའི་ཚུལ་གྱིས་བཞུགས་པ། ཐུགས་ཀྱི་སྤྲུལ་པ་ཤ་འབེན་ཡུལ་ལྷ་གཉེན་པོ་སྐྱུ་མདོག་དཀར་ལ་དམར་བའི་མདངས་ཅན། ཤིན་ཏུ་ཁྲོས་ཤིང་བཟོད་པར་དཀའ་བའི་གཟི་བརྗིད་ཅན། ཕྱག་གཡས་རལ་གྲི་མེ་འབར་བ་ནམ་མཁར་འཕྱར་ཞིང་། གཡོན་ཞགས་པ་དང་དགྲ་བོའི་དོན་སྙིང་འཛིན་པ། ཉག་ཕྲན་གྱིས་བཀང་བའི་སྣག་དོང་དང་། གནམ་ཉུས་བརྒྱན་པའི་གཟིག་ཤུབས་རྐེད་ལ་བཅིངས་པ། ཅོ་པེར་སེར་པོའི་སྟོད་གོས་དང་། ལྷ་

རྫས་གོས་ཀྱི་ན་བཟའ་གསོལ་བ། ཞབས་ལ་སག་ཧའི་རྒྱ་ལྷམ་ནག་པོ་གྱོན་ཞིང༌། སྟོང་གསུམ་ཡུད་ཀྱིས་བསྐོར་བའི་མགྱོགས་འགྲོ་དྲེལ་དཀར་འཕུར་མ་རླུང་གཞོག་ཅན་ལ་ཞོན་པ། དེའི་སྟེང་གི་ནམ་མཁར་སྤྲིན་དཀར་འཁྲིགས་པའི་དབུས་སུ་ཡབ་སྲིན་པོ་དང་ཡུམ་ཀླུ་མོ་ཚ་བྱེད་ཅན། སྤྲུལ་གྱི་ཆུ་བོའི་གདན་ལ་བཞུགས་པ། གཡས་སུ་བཤན་པ་ཙེ་ཐུང༌། གཡོན་ན་བཤན་པ་ར་མགོ མདུན་དུ་བློན་ཆེན་སྤྱེ་བཞི། མཐའ་བསྐོར་དུ་ལས་བྱེད་རི་ལང་བཅུ་དྲུག་བྲན་གཡོག་སུམ་ཅུ་བཤན་པ་སྟོང་དང་སྤྲུལ་བ་ཡང་སྤྲུལ་འཁོར་ཚོགས་གྲངས་མེད་པས་བསྐོར་བ། གཙོ་འཁོར་ཐམས་ཅད་ཀྱི་ཐུགས་ཀར་སྲོག་ཡིག་ཧྲི་དམར་ནག་གིས་མཚན་པར་གྱུར། རང་གི་ཐུགས་ཀའི་ས་བོན་ལས་འོད་ཟེར་དམར་ནག་ལྕགས་ཀྱུ་ལྟ་བུར་འཕྲོས། རྒྱ་ཡུལ་ཁྲི་ཀའི་ཤ་འབེན་གདོང་གི་ཕོ་བྲང་ཁང་བཟང་གནས་མཆོག་ནས་ཡུལ་ལྷ་གཉན་པོ་འཁོར་དང་བཅས་པ་སྐད་ཅིག་གིས་གནས་འདིར་སྤྱན་དྲངས་ལ་དབྱངས་དང་བཅས་པས་འདི་སྐད་དོ། ཀྱེ། རྒྱ་ཡུལ་ཁྲི་ཀའི་ཤ་འབེན་ཕོ་བྲང་ནས། བུན་ཁྲང་ཡུལ་ལྷ་གཉེན་པོ་འཁོར་དང་བཅས། གདུང་བའི་ཡིད་ཀྱིས་གནས་འདིར་སྤྱན་འདྲེན་ན། །མ་ཐོགས་རིངས་པའི་ཚུལ་གྱིས་གནས་འདིར་གཤེགས། །བཀའ་དྲིན་གསུམ་ལྡན་རྩ་བའི་བླ་མ་དང༌། །འཇམ་དབྱངས་གོང་མ་ཆོས་ཀྱི་རྒྱལ་པོ་ཡིས། །༄། །བཀའ་ཁྲིམས་ཇི་བཞིན་བསྟན་པ་སྤེལ་བ་དང༌། འཕྲིན་ལས་བསྒྲུབ་ཕྱིར་གནས་འདིར་ད་ཚུར་སྤྱོན། དང་པོ་ཧན་ཁྲོན་ཡུལ་དུ་ཤེས་བྱ་སྦྱངས། བར་དུ་ཟེ་ཁྲོན་ཡུལ་གྱི་མངའ་བདག་མཛད། ད་ལྟ་རྒྱ་བོད་ས་མཚམས་ཁྲི་ཀ་ཡི། གནས་བདག་ཡུལ་ལྷ་འཁོར་བཅས་གཤེགས་སུ་

གསོལ། བཛྲ་ས་མ་ཡ་ཛཿཛཿཛཿཧཱུྃ་བ་ཧོཿ གཉིས་སུ་མེད་པར་འགྱུར། ཅེས་སྤྱན་དྲངས་བཞུགས་སུ་གསོལ། མཆོད་པ་ནི། ཀྱཻ། མདུན་དུ་ཡིད་ཀྱིས་སྤྲུལ་བ་ལས་བྱུང་བའི། །སྣ་ཚོགས་དར་ཟབ་བརྒྱགས་པའི་གསེར་ཁྲི་སོགས། །རང་རང་འདོད་པའི་གདན་ལ་རབ་བཞུགས་ནས། །མཐུན་རྫས་མཆོད་པ་འབུལ་གྱི་བཞེས་སུ་གསོལ། །མཆོད་ཡོན་ཉེར་སྤྱོད་རོལ་མོ་འདོད་ཡོན་ལྔ། །བཀྲ་ཤིས་རྟགས་བརྒྱད་ལ་སོགས་མཆོད་པ་རྣམས། །དངོས་བཤམས་ཡིད་ཀྱིས་སྤྲུལ་ཏེ་འབུལ་ལགས་ན། དགྱེས་བཞིན་བཞེས་ལ་མཐུན་པའི་སྒྲོངས་གྲོགས་མཛོད། ཨོཾ་ལ་གེ་མ་ཧཱ་དེ་བ་ས་པཱ་རི་ཝ་ར་ཨརྒྷཾ་ནས། ཧཱུ་བ་སོགས་ཀྱིས་མཆོད། བཤགས་པ་བྱ་བ་ནི། ཧཱུྃ། ༄༅། །བླ་མ་ཡི་དམ་མཆོག་གསུམ་ལྷ་ཚོགས་དང་། ཡུལ་ལྷ་གཉན་པོ་འཁོར་བཅས་དགོངས་སུ་གསོལ། ཁྱོད་ཀྱི་སྐུ་གསུང་ཐུགས་དང་འགལ་བ་ཡི། ཉེས་པའི་ཚོགས་རྣམས་ལྷ་ཁྱོད་སྤྱན་སྔར་བཤག མཆོད་གཏོར་ངན་ཞིང་གཙང་སྦྲ་ཆུང་བ་གང་། རྒྱུ་ཆུང་ཕུན་ཉམས་ལྷག་མའི་མཆོད་པ་དང་། གཏང་རག་མཆོད་གཏོར་ཚུལ་བཞིན་མ་བྱས་པར། ལོ་ལོའི་དབང་གྱུར་ཉེས་པ་ཐམས་ཅད་བཤགས། མདོར་ན་སྒོ་གསུམ་བྱ་སྤྱོད་མི་མཁས་པས། ཁྱེད་ཀྱི་ཐུགས་དང་འགལ་བ་ཅི་མཆིས་པ། མ་ལུས་འགྱོད་པའི་སེམས་ཀྱིས་རབ་བཤགས་ན། བཟོད་པ་བཞེས་ལ་བུ་བཞིན་སྐྱོང་བར་མཛོད། བསྐང་རྫས་བྱིན་གྱིས་རླབས་ལ། ཀྱཻ། ཆོས་དབྱིངས་ཐུགས་དང་ཏིང་འཛིན་ཕྱག་རྒྱའི་མཐུས། འཛད་མེད་ནམ་མཁའ་མཛོད་ཀྱི་མཆོད་པའི་སྤྲིན། ལྷ་ལམ་ཁྱོན་ཀུན་མ་ལུས་ཡོངས་བཀང་བས། ལྷ་ཆེན་འཁོར་བཅས་དགྱེས་པ་སྐྱེད་གྱུར་ཅིག། གཉྫའི་མཆོད་ཡོན་དབང་པོའི་མེ་ཏོག་དང་།

དྲི་ཞིམ་བདུག་སྤོས་གསལ་བྱེད་མར་མེའི་ཕྲེང་། ཡིད་འོང་དྲི་ཆབ་རོ་བརྒྱའི་ཞལ་ཟས་མཆོག། སིལ་སྙན་རོལ་མོ་འདོད་ཡོན་རྣམ་ལྔ་ཡིས། །ལྷ་ཆེན་ཡུལ་ལྷ་གཉན་པོའི་ཐུགས་དམ་བསྐངས། །ཐུགས་སྤྲུལ་ཤ་འབེན་ཡུལ་ལྷའི་ཐུགས་དམ་བསྐངས། །བཀའ་ཉན་ལས་བྱེད་འཁོར་བཅས་ཐུགས་དམ་བསྐངས། །ཐུགས་དམ་བསྐངས་ལ་འཕྲིན་ལས་མ་ལུས་སྒྲུབས། །རྫུ་འཕྲུལ་ཤུགས་ལྡན་སྣ་ཚོགས་འགྲོས་ཀྱིས་མཛེས། །རིན་ཆེན་སྒ་སྲབ་མཛེས་པའི་ཆིབས་ཀྱིས་བརྒྱན། ། སྟོང་གསུམ་ཡུད་ཀྱིས་བསྐོར་ལ་ཐོགས་མེད་པའི། །སྨུར་མགྱོགས་དྲེལ་དཀར་འཕུར་མ་ལྷུང་གཡོག་འདིས། །ལྷ་ཆེན་ཡུལ་ལྷ་གཉན་པོའིX། །ཐུགས་སྤྲུལ་ཤན་འབེན་ཡུལ་ལྷའིX། །བཀའ་ཉན་ལས་བྱེད་འཁོར་བཅས་X། །ཐུགས་དམ་བསྐངས་ལ་འཕྲིན་ལས་མ་ལུས་སྒྲུབས། །ཅང་ཤེས་རྟ་དང་འབྲོང་གཡག་ཞོལ་ཆེན་ལུག། མཛེས་ལྡན་ར་སྐྱེས་བྱ་ཁྱི་གཅན་གཟན་རིགས། །གནམ་ལ་འཕུར་དགུ་ས་ལ་འཛུལ་དགུ་སོགས། ། སྤྲོག་ཆགས་སྣ་ཚོགས་རྒྱན་གྱིས་ཉེར་མཛེས་པས། །ལྷ་ཆེན་ཡུལ་ལྷ་X། ཐུགས་སྤྲུལ་X། །བཀའ་ཉན་X། །ཐུགས་དམ་བསྐངས་ལ་X། །གཞན་ཡང་ལྷ་ཁྱོད་མཉེས་པའི་དམ་རྫས་མཆོག། རྩེ་ཏུས་གཞོན་པའི་བ་དམར་འོ་དང་དྲོན། །རྩལ་མཐུས་བསད་པའི་ཤ་ཁྲག་དོན་སྙིང་དབུགས། །ཚོ་ནའི་སྲོག་སེར་དཔོན་གྱི་མཆོད་པ་ཡིས། །ལྷ་ཆེན་X། །ཐུགས་སྤྲུལ་X། །བཀའ་ཉན་X། །ཐུག་དམ་བསྐངས་ལ་X། །མདོར་ན་ཁང་བཟང་དམག་མི་མངག་གཞུགས་སོགས། །ཉེ་བར་མཁོ་བའི་རྣམ་པ་གང་ཡོད་པ། ། དངོས་སུ་བཤམས་དང་ཡིད་ཀྱིས་སྤྲུལ་བ་ཡི། །མཆོད་གཏོར་སྤྲིན་གཟིགས་མ་ཚང་མེད་པ་འདིས། །ལྷ་ཆེན་X། །ཐུགས་སྤྲུལ་X། །

བཀའ་ཉན་X། །ཐུགས་དམ་བསྐངས་ལ་X། །འཕྲིན་ལས་བཙོལ་བ་ནི། ཀྱཻ། དེ་ལྟར་གུས་པས་ལེགས་སྦྱར་མཆོད་སྦྱིན་འདི། ལྷ་ཆེན་འཁོར་བཅས་མཉེས་ཤིང་ཆེམ་གྱུར་ནས། བདག་ཅག་དཔོན་སློབ་ཡོན་མཆོད་འཁོར་བཅས་ཀྱི། །ནད་གདོན་ཉེར་འཚེ་ཞི་བའི་འཕྲིན་ལས་མཛོད། །ཚེ་བསོད་སྟོབས་འབྱོར་མངའ་ཐང་ལོངས་སྤྱོད་དང་། །སྙན་གྲགས་རླུང་རྟ་ནམ་དཀར་ལེགས་ཚོགས་གཡང་། །མི་ནོར་ཟས་གསུམ་མགོ་དགུའི་འབྱོར་བ་རྣམས། །རྣམ་ཀུན་དར་ཞིང་རྒྱས་པའི་འཕྲིན་ལས་མཛོད། །དྲེགས་ལྡན་སྐྱེ་བོའི་ཚོགས་རྣམས་ཐམས་ཅད་དང་། །ཕྱོགས་རྣམས་ཀུན་གྱི་གདུལ་བྱ་མ་ལུས་པ། །ཆོས་སྲིད་ཟུང་གི་ལེགས་ཚོགས་འབྱོར་བ་ཀུན། །ཐམས་ཅད་དབང་དུ་འདུ་བའི་འཕྲིན་ལས་མཛོད། །གནོད་ཅིང་འཚེ་བ་དགྲ་ཇག་ཆོམ་རྐུན་དང་། །བསམ་ངན་སྦྱོར་རྩུབ་འཆང་བའི་ལོག་འདྲེན་སྡེ། ། མི་དང་མི་མིན་རྐྱེན་གྱིས་བྱུང་བ་ཀུན། །མདོར་སྤྱོད་ལས་ཀྱིས་ཚར་གཅོད་འཕྲིན་ལས་མཛོད། །གློག་པ་སྤྱི་ལྟར་རོ། །བཟླས་པ་བྱ་འདོད་ན། རང་ཡི་དམ་དུ་གསལ་བའི་ཐུགས་ཀའི་ས་བོན་ལས་འོད་ཟེར་འཕྲོས། །ཡུལ་ལྷ་འཁོར་བཅས་ཀྱི་ཐུགས་ཀར་ཕོག ཐུགས་རྒྱུད་བསྐུལ་བས་ཅི་འདོད་ལས་རྣམས་ཡིད་བཞིན་དུ་སྒྲུབ་པར་གྱུར། ཨོཾ་ལོ་ཀི་མ་ཧཱ་དེ་བ་ཙེ་ཧྲ་ཧྲི་ཧྲི་ཛ་ཛ། ཞེས་བཟླས་པ་ཅི་འགྲུབ་བྱ། ཡིག་བརྒྱ་བརྗོད། གཏོར་མ་བྱིན་རླབས་བྱས། ཡུལ་ལྷ་འཁོར་དང་བཅས་པའི་ལྗགས་འོད་ཟེར་གྱི་སྦྲུ་གུས་གཏོར་མའི་བཅུད་ཐམས་ཅད་དྲངས་ཏེ་གསོལ་བར་གྱུར། ཨོཾ་ལོ་ཀི་མ་ཧཱ་དེ་བ་ས་པཱ་རི་ཝཱ་ར་ཨི་དཾ་པ་ལིང་ཏ་ཁ་ཁ་ཁཱ་ཧི་ཁཱ་ཧི། ལན་གསུམ་གྱིས་འབུལ། ཨརྒྷཾ་སོགས་ཀིས་མཆོད་ལ། ཡུལ་ལྷ་གཉན་པོ་འཁོར་

བཅས་ལ། །བདག་གིས་མཆོད་གཏོར་ཕུལ་བ་ཡིས། །དཀོན་མཆོག་དབུ་ཕྱང་སྨོད་པ་དང་། །ཐེག་པ་ཆེན་པོ་སུན་འབྱིན་དང་། །བསྟན་པ་འཇིག་དང་དབྱེན་བྱེད་པ། །བླ་མའི་སྐུ་ལ་བརྫུ་བ་དང་། ། རྣལ་འབྱོར་བདག་ལ་སྡང་བ་རྣམས། །དེ་དག་ཡུལ་ལྷ་གཉན་པོས་སྒྲོལ། །ཨ་མུ་ག་མཱ་ར་ཡ་ཕགས། །བསྟོད་པ་བྱ་བ་ནི། ཀྱཻ། དབང་ལྡན་མ་དྷ་ཙེ་ནའི་ཡུལ་གྲུ་མཆོག། མཆོག་གི་མངའ་བདག་ཁྲི་རལ་ཅན་གྱི་གནས། །གནས་བདག་ཆེན་པོ་འཇིག་རྟེན་སྐྱོང་བའི་ལྷ། །ལྷ་ཆེན་ཡུལ་ལྷ་གཉན་པོ་ཁྱོད་ལ་བསྟོད། །གསེར་གྱི་རི་ལ་ཉི་འོད་འཁྱིལ་འདྲའི་ཞལ། །ལྷ་རྫས་གོས་ཀྱིས་མཛེས་པར་གླུབས་པའི་སྐུ། །རིན་ཆེན་ཁྲི་ལ་བཟང་བོའི་འདུག་སྟངས་ཅན། །རྒྱལ་བོའི་ཚུལ་འཆང་རྣམ་རོལ་འཛིན་ལ་བསྟོད། ། རིགས་འགའ་དྲིལ་དཀར་ཞོན་ཞིང་ཡུལ་ཀུན་སྐོར། །སྐུ་མདོག་རབ་དཀར་དཔའ་ཆས་འཁོར་གསུམ་བརྒྱན། །རལ་གྲི་ཞགས་པ་འཛིན་ཅིང་སྲོག་ལ་རྩམ། །ཤ་འབེན་ཡུལ་ལྷ་གཉན་པོ་ཁྱོད་ལ་བསྟོད། །སྲོག་བདག་བཤན་པ་ཆེན་པོ་ཙེ་ཐུང་དང་། །ཕྱིག་ཅན་བཤན་པ་ནག་པོ་ར་མགོ་ཅན། །བློན་ཆེན་སྡེ་བཞི་ལས་བྱེད་བཅུ་གསུམ་སོགས། ། འཁོར་གྱི་སྡེ་དཔོན་ཆེན་པོ་རྣལ་འབྱོར་གྱི། །ཏུ་འདྲེན་ཆེན་པོ་རི་ལང་བཅུ་དྲུག་དང་། །བཤན་པ་སྟོང་དང་བྲན་གཡོག་སུམ་ཅུ་སོགས། །སྤྲུལ་པ་ཡང་སྤྲུལ་འཁོར་བཅས་བསམ་གྱིས་མི་ཁྱབ། །དམག་མི་མངགས་གཞུག་པོ་ཉ་བཅས་ལ་བསྟོད། །དེ་ལྟར་མཆོད་ཅིང་བསྟོད་པའི་མེ་ཏོག་འཕྲེང་། །འཕྲེང་བ་སྤེལ་ལེགས་ལེགས་སྤྲར་ཉེར་སྤྱོད་བརྒྱན། །མདུན་གྱི་རབ་མཛེས་མཛེས་པའི་མཆོད་གཏོར་འདི། །བཞེས་ལ་འདོད་དོན་རྣམས་ཡིད་བཞིན་སྒྲུབས། །ཁྱད་པར་བདག་ཅག་རེ་བའི་འབྲས་བུ་

ནི། ། ཚེ་དང་བསོད་ནམས་ལོངས་སྤྱོད་འཕེལ་ཞིང་རྒྱས། །ཕས་ཀྱི་རྒོལ་བ་དགྲ་ཇག
ཆོམ་རྐུན་སོགས། །གནོད་འཚེ་བྱེད་ལ་དྲག་པོའི་ཆད་པ་ཕོབ། །མདོར་ན་བདག་ཅག་མི་
ནོར་འཁོར་བཅས་ལ། །ཉིན་གསུམ་བྱ་ར་མཚན་གསུམ་མེལ་ཚེ་དང་། །གནས་སྐབས་
ཀུན་ཏུ་གཡེལ་མེད་གྲོགས་མཛོད་ལ། །འཕྲིན་ལས་རྩོལ་བཞིན་སྒྲུབ་ལ་མ་གཡེལ་
ཅིག། ཅེས་བསྟོད་ཅིང་འཕྲིན་ལས་བཅོལ། མངའ་གསོལ་བྱ་བ་ནི། ཀྱེ། ལྷ་ཡི་ལྷ་
མཆོག་ལྷ་ཆེན་ཡུལ་ལྷ་ཁྱེད། མཐུ་དང་མཐུ་ལྡན་མཐུ་ཆེན་ནུས་མཐུ་ཡིས། །བསྟན་
དང་བསྟན་འཛིན་བསྟན་པའི་རྗེས་འཇུག་ཀུན། །མཐུ་དང་མཐུ་ལྡན་མཐུ་ཆེན་
ནུས་མཐུ་ཡིས། །བསྟན་དང་བསྟན་འཛིན་བསྟན་པའི་རྗེས་འཇུག་ཀུན། ། སྲུང་ཞིང་
སྲུང་མཛད་སྲུང་མར་མངའ་གསོལ་ལོ། །ཡང་ཡང་མཆོད་པའི་དད་ལྡན་རྣལ་འབྱོར་
ངས། །མངགས་བཅོལ་འདོད་པའི་ལས་རྣམས་མ་ལུས་པ;།འཛུམ་འཛུམ་དགྱེས་པའི་སྒོ་
ནས་སྒྲུབ་མཛད་པ། །འཇིགས་འཇིགས་སྐྱོབ་པའི་དགྲ་ལྷར་མངའ་གསོལ་ལོ། །ཞི་
རྒྱས་དབང་དྲག་དྲག་པོའི་འཕྲིན་ལས་ཀྱིས། །རྣམ་མང་དགྲ་སྡེ་སྡེ་རྣམས་བརླག་པར་
མཛོད། །སྐྱུར་མགྱོགས་མཐུ་སྟོབས་སྟོབས་ཀྱིས་བསྟན་འཛིན་ཀུན། ། སྐྱོང་མཛད་གནས་
ཀྱི་བདག་པོར་མངའ་གསོལ་ལོ། །ཁྱོད་ཉིད་བསྟོད་ཅིང་མཆོད་པའི་ཡོན་ཏན་གྱིས། །
མི་འདོད་ཉེར་འཚེ་ཀུན་ལས་རྣམ་རྒྱལ་ཞིང་། །ཕུན་ཚོགས་སྡེ་བཞིའི་དཔལ་འབྱོར་
ལེགས་ཚོགས་ཀུན། །འཕེལ་ཞིང་རྒྱས་པར་མཛོད་ཅིག་ལྷ་ཆེན་པོ། །མཐུན་པའི་དངོས་
གྲུབ་མ་ལུས་པXX། རྒྱས་པར་མཛོད་ཅིག་ཡུལ་ལྷའི་ཚོགས། ། སྲིད་ཞི་དཔལ་འབྱོར་མ་
ལུས་འབྱུང་བའི་གནས། །ཐུབ་པའི་བསྟན་པ་ཡུན་རིང་གནས་པ་དང་། །དེ་འཛིན་བྱེད་

པའི་སྐྱེས་བུ་དམ་པ་རྣམས། །དཔལ་འབྱོར་གྱིས་སྐྱོང་ཡུན་རིང་ཞབས་བརྟན་ཤོག། སོགས་ཀྱིས་འཕྲིན་ལས་བཅོལ། །ཡིག་བརྒྱ་འདོན་ཅིང་བཟོད་གསོལ་བྱས་མཐར། ། ལོ་ཀི་གཙྪ་སུ ཡུལ་ལྷ་འཁོར་བཅས་རང་གནས་སུ་གཤེགས་པར་བསམ། མཁའ་ལ་བཀྲ་ཤིས་ཉི་ཟླའི་སྣང་བརྒྱ་འགྱེད། །བར་སྣང་བཀྲ་ཤིས་དགེ་མཚན་ཆར་ཆེན་འབེབས། ། ས་ལ་བཀྲ་ཤིས་རྩི་བཅུད་འབྲུ་དྲུག་སྨིན། །བཀྲ་ཤིས་དབྱར་གྱི་ལང་ཚོ་རྒྱས་གྱུར་ཅིག། འདི་ནི་ཤ་ས་ནའི་མིང་ཅན་གྱིས་བྲིས་པའོ།། །

参考文献

藏文文献

1. 著作类

[1] 五世达赖·阿旺洛桑嘉措．五世达赖·阿旺洛桑嘉措文集．拉卜楞寺木刻版，西南民族大学藏学文献中心藏．

[2] 四世阿嘉·洛桑加央嘉措．四世阿嘉·洛桑加央嘉措文集．塔尔寺木刻版，西南民族大学藏学文献中心藏．

[3] 二世嘉木样·晋美旺布．二世嘉木样·晋美旺波文集．拉卜楞寺木刻版，西北民族大学图书馆藏．

[4] 章嘉若必多杰．章嘉若必多杰文集．拉卜楞寺木刻版，西北民族大学图书馆藏．

[5] 土观洛桑曲吉尼玛．土观洛桑曲吉尼玛文集．拉卜楞寺木刻版，西北民族大学图书馆藏．

[6] 赛多洛桑次成嘉措．赛多洛桑次成嘉措文集．塔尔寺木刻版，西北民族大学图书馆藏．

[7] 阿嘉雍增洛桑东智．阿嘉雍增洛桑东智文集．塔尔寺木刻版，西北民族大学图书馆藏．

[8] 七世达赖·罗桑格桑嘉措．赛赤洛桑丹白尼玛传．拉

卜楞寺木刻版，西北民族大学图书馆藏．

［9］聂洛桑丹巴坚参．赛康巴·洛桑丹增嘉措传．塔尔寺木刻版，西北民族大学图书馆藏．

［10］智贡巴·贡去乎丹巴绕布杰．安多政教史．兰州：甘肃民族出版社，1982.

［11］才旦夏茸．夏琼寺志．西宁：青海民族出版社，1984.

［12］巴竹·吉美却旺．普贤上师言教．成都：四川民族出版社，2005.

［13］东噶·洛桑赤列编纂．东噶藏学大辞典．北京：中国藏学出版社，2002.

［14］青海省海南州佛教协会、中国藏语系高级佛学院藏传佛教研究室编写．海南州藏传佛教寺院简介．西宁：青海民族出版社，1999.

［15］索南本编著．祭祀颂词集．北京：民族出版社，2003.

［16］莱隆·谢毕多杰．藏族神祇名录．北京：民族出版社，2003.

［17］贵德县政协文史资料室编．贵德文化史．1997 年内部印刷．

［18］角绒夏珠加措．文昌神祈愿文．民间手抄本．

［19］部分署名不清的民间手抄本文昌祈愿文及酬补经．

2. 期刊类

［1］夏吾卡先．浅谈藏区的文昌帝君信仰．群文天地．2007（3）．

［2］卡尔泽加．论安多热贡六月会的仪式实施者——神巫．中国藏学，2006（2）．

［3］恰嘎旦正．藏民族与地方保护神．中国藏学，2001（3）．

[4] 索南东珠．略谈来自中原的藏族护法神——关云长．中国藏学，2007（1）．

[5] 才让加．论西藏地方政府的护法神．中国藏学，2009（2）．

二、汉文文献

1. 著作类

[1] 黄枝生．文昌帝君．成都：巴蜀书社，2000.

[2] 黄枝生．文昌祖庭探秘．北京：中国三峡出版社，2003.

[3] 高梧．文昌信仰习俗研究．成都：四川出版集团，2008.

[4] 卿希泰主编．中国道教．北京：知识出版社，1994.

[5] 明史·西域传．西番诸卫传．.

[6] 西宁府新志．卷二十八．

[7] 青海省民委少数民族古籍整理规划办公室编．青海地方旧志五种．西宁：青海人民出版社，1989.

[8] 青海省志编纂委员会编．青海历史纪要．西宁：青海人民出版社，1987.

[9] 贵德县地方志编纂委员会编．贵德县志．西安：陕西人民出版社，1995.

[10] 多识·洛桑图丹琼排．爱心中爆发的智慧．兰州：甘肃民族出版社，1998.

[11] 多识仁波且．藏学研究甘露．兰州：甘肃民族出版社，2003.

[12] 丹珠昂奔．藏族文化发展史（上下），兰州：甘肃教育出版社，2001.

[13] 丹珠昂奔．藏族神灵论．北京：中国社会科学出版

社，1990.

［14］刘夏蓓．安多藏区族际关系与区域文化研究．北京：民族出版社，2003.

［15］秦永章．甘青宁地区多民族格局形成史研究．北京：民族出版社，2005.

［16］德吉卓玛．圣殿中的莲花——度母信仰解析．北京：中国藏学出版社，2007.

［17］刘海燕．翰墨英风——文昌帝君与关圣帝君．北京：宗教文化出版社，2006.

［18］费孝通．费孝通集．北京：中国社会科学出版社，2005.

［19］费孝通．中华民族多元一体格局．北京：民族出版社，1989.

［20］王铭铭．村落视野中的文化与权力：闽台三村四论．北京：三联书店，1997.

［21］王铭铭．溪村家族——社区史、仪式与地方政治．贵阳：贵州人民出版社，2000.

［22］王铭铭．社会人类学与中国研究．桂林：广西师范大学出版社，2005.

［23］王铭铭．西方人类学思潮十讲．桂林：广西师范大学出版社，2005.

［24］夏建中．文化人类学理论学派——文化研究的历史．北京：中国人民大学出版社，1997.

［25］黄淑娉，龚佩华．文化人类学理论方法研究．广州：广东高等教育出版社，1998.

［26］庄孔韶主编．人类学通论．太原：山西教育出版社，2004.

［27］庄孔韶主编．人类学概论．北京：中国人民大学出版

社，2006.

[28] 彭兆荣．人类学仪式的理论与实践．北京：民族出版社，2007.

[29] 褚建芳．人神之间：云南芒市一个傣族村寨的仪式生活、经济伦理与等级秩序．北京：社会科学文献出版社，2005.

[30] 甘满堂．村庙与社区公共生活．北京：社会科学文献出版社，2007.

[31] 司马云杰．文化社会学．北京：中国社会科学出版社，2001.

[32] 李亦园．宗教与神话．桂林：广西师范大学出版社，2004.

[33] 郑杭生主编．民族社会学概论．北京：中国人民大学出版社，2005.

[34] 戴康生、彭耀主编．宗教社会学．北京：社会科学文献出版社，2000.

[35] 孙尚扬．宗教社会学．北京：北京大学出版社，2001.

[36] 才让．藏传佛教信仰与民俗．北京：民族出版社，1999.

[37] 班班多杰．藏传佛教思想史纲．上海：三联书店，1992.

[38] 吕大吉主编．宗教学纲要．北京：高等教育出版社，2003.

[39] 林继富．灵性高原——西藏民间信仰源流．武汉：华中师范大学出版社，2004.

[40] 郭净．心灵的面具：藏密仪式表演的实地考察．上海：三联书店，1998.

[41] 马成俊主编．神秘的热贡文化．北京：文化艺术出版社，2003.

[42] 蒲文成主编．甘青藏传佛教寺院．西宁：青海人民出

版社，1990.

［43］刘志扬．乡土西藏文化传统的选择与重构．北京：民族出版社，2006.

［44］拉科·益西多杰编译．藏传佛教高僧传略．西宁：青海人民出版社，2007.

［45］吴均．吴均藏学文集（上）．北京：中国藏学出版社，2002.

［46］陈序经．文化学概观．北京：中国人民大学出版社，2005.

［47］王明珂．羌在汉藏之间．北京：中华书局，2008.

2. 期刊类

［1］才让．《文殊占卜书·幻化之镜》的基本内容及其佛教文化特征．西北民族大学学报，2001（4）．

［2］才让．藏传佛教中的关公信仰．中国藏学，1996（1）．

［3］班班多杰．汉地佛教与藏传佛教本土化之历史考察．中国社会科学，2004（5）．

［4］班班多杰．和而不同：青海多民族文化和睦相处经验考察．中国社会科学，2007（6）．

［5］班班多杰．论藏传佛教的价值取向及藏人观念之现代转换．世界宗教研究，2001（2）．

［6］加央平措．关帝信仰与格萨尔崇拜——以拉萨帕玛日格萨尔拉康为中心的讨论．中国社会科学，2010（2）．

［7］贾伟，李臣玲．安多藏区的二郎神信仰．民族研究，2005（6）．

［8］先巴等．贵德三屯民间文化调查报告．青海民族研究，2006（1）．

[9] 张海云，宗喀·漾正冈布．神圣和世俗间的信仰之旅——青海贵德汉族信仰习俗研究．青海社会科学，2006（5）．

[10] 芈一之．青海汉族的来源、变化和发展．青海民族研究，1996（3）．

[11] 索端智．藏族信仰崇拜中的山神体系及其地域社会象征——以热贡藏区的田野研究为例．思想战线，2006（2）．

[12] 索端智．信仰与仪式中的文化、权力和秩序．青海民族学院学报，2008（3）．

[13] 朱越利．藏传佛教和道教．中央民族大学学报，2000（4）．

[14] 刘志军．对于关公信仰的人类学分析．民族研究．2003（4）．

[15] 吴健礼．试探巫文化和道教文化在青藏高原的足迹．西藏研究．1996（1）．

[16] 孙林．西藏民间宗教中的山神．中国藏学，2009（3）．

[17] 孙林，张泽洪．藏区乡村与民间社会中巫师．世界宗教研究，2009（3）．

3. 论文集类

[1] 郭于华主编．仪式与社会变迁．北京：社会科学文献出版社，2000.

[2] 郑振满，陈春声主编．民间信仰与社会空间．福州：福建人民出版社，2003.

[3] 国外藏学研究译文集．第十一辑．拉萨：西藏人民出版社，1994.

[4] 王兴平等编．中华文昌文化——国际文昌学术研究论

文集．成都：四川出版集团·巴蜀书社，2004.

［5］刘霞．青海海南地区的文昌信仰调查研究．见唐景福主编．西北宗教论丛 1．兰州：甘肃人民出版社，2006.

4. 译著类

［1］勒内·德·内贝斯基·沃杰科维茨．西藏的神灵和鬼怪．谢继胜译．拉萨：西藏人民出版社，1993.

［2］图齐．西藏宗教之旅．耿升译．北京：中国藏学出版社，1999.

［3］马凌诺斯基．文化论．费孝通译．北京：华夏出版社，2002.

［4］C·恩伯 M·恩伯．文化的变异——现代文化人类学通论．杜杉杉译．沈阳：辽宁人民出版社，1988.

［5］奥菲纳·鲍伊．宗教人类学导论．金泽、何其敏译．北京：中国人民大学出版社，2004.

［6］布林·莫利斯．宗教人类学．周国黎译．北京：今日中国出版社，1992.

［7］克利福德·格尔茨．文化的解释．韩莉译．南京：译林出版社，1999.

［8］克利福德·吉尔兹．地方性知识：阐释人类学论文集．王海龙、张家瑄译．北京：中央编译出版社，2004.

［9］史宗主编．20 世纪西方宗教人类学文选．上海：三联书店，1995.

［10］维克多·特纳．仪式过程．黄剑波等译．北京：中国人民大学出版社，2006.

［11］E·杜尔干．宗教生活的初级形式．林宗锦、彭守义译．北京：中央民族大学出版社，1999.

［12］马塞尔·莫斯、昂利·于贝尔．巫术的一般理论：献

祭的性质与功能．杨渝东等译．桂林：广西师范大学出版社，2007.

［13］马塞尔·莫斯．论馈赠——传统社会的交换形式及其功能．卢汇译．北京：中央民族大学出版社，2002.

［14］马克斯·韦伯．宗教社会学．康乐、简惠美译．桂林：广西师范大学出版社，2005.

［15］罗伯特·比尔．藏传佛教象征符号与器物图解．向红笳译．北京：中国藏学出版社，2007.

［16］埃德蒙·利奇．文化与交流．卢德平译．北京：华夏出版社，1991.

［17］拉德克列夫·布朗．原始社会的结构与功能．潘蛟等译．北京：中央民族大学出版社，1999.

后　记

本书是在我的博士论文基础上进行修改后的成果。博士毕业后，我曾于2010年和2011年夏天，前往田野调查地点进行补充调查，并以此为基础增加了一些内容。

2006年9月，我进入西南民族大学民族学研究院，攻读民族学专业博士研究生。在跟随万果老师学习的3年时间里，他对我的谆谆教导和无微不至的关怀，使我终生难忘。还要感谢为我上课的陈庆英老师、张建世老师、杨正文老师、赵心愚老师等，使我增加了知识，开阔了视野。

感谢李绍明、石硕、张建世、刘俊哲、任建新五位教授，在开题报告会上对我的开题报告提出了许多修改意见。与中国藏学研究中心陈庆英研究员、西北民族大学才让教授的讨论，使我获益匪浅，茅塞顿开。

在此，还要感谢我的同窗好友公保才让、仁青多杰、才项多杰、拉先、李加才让、仁欠卓玛等，与他们度过了一段美好的学习时光，并且茶余饭后与他们进行的探讨和辩论，给了我很多启发。西南民族大学藏学文献中心的夏吾李加老师为我提供了许多藏文资料，在此表示感谢。

在田野调查中，得到了许多人士的帮助，在此深表谢意。

他们是：夏琼卡夏德寺的端智等5位僧人，黄南州卫校的谢巴，海南州民语办的兰珠加，共和县民族中学的文巴才让，贵德县人大的才巴主任，西北民族大学的更噶博士，西北民族大学藏学院本科生冲本加等，在他们的帮助下，我才得以完成这些田野调查。

最后，我要感谢我的爱人这几年在学业上对我的支持和鼓励，并陪我去热贡、贵德等地进行实地调查，帮助记录和拍摄照片，使我的田野调查充满温馨与色彩。

愿我的亲人及所有帮助过我的人们，平安健康，扎西德勒！

2014年6月

于西北民族大学13号楼